读客文化

← 由此翻开

“牛津欧洲史”系列丛书阅读说明

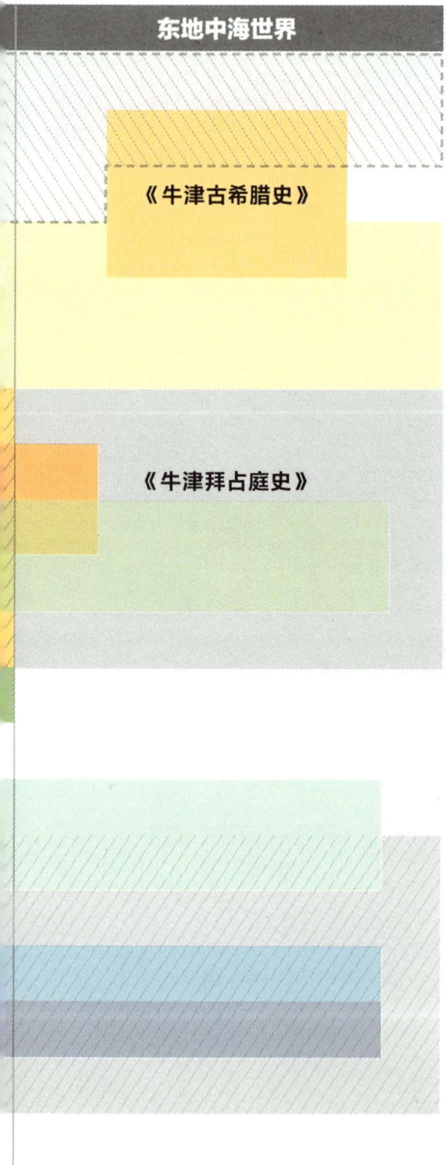

坦丁堡陷落，拜占庭帝国灭亡
德·维加去世，西班牙文艺复兴黄金期结束
战争爆发
市民攻陷巴士底狱，法国大革命爆发
仑成为法兰西共和国终身执政
斯大公夫妇遇刺，第一次世界大战爆发
国战败，魏玛共和国建立
西国战败，第二次世界大战结束
约”生效，欧盟正式成立

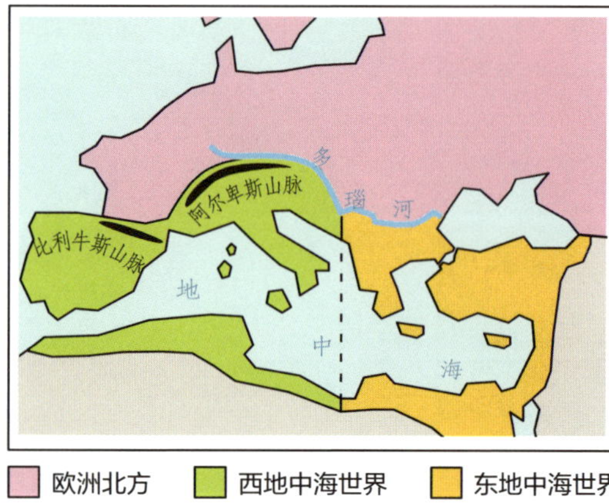

欧洲地域辽阔，民族众多，国家林立。以往的欧洲史，大多将“欧洲”视作不言自明的概念，从而忽略了欧洲自身的多元性，使读者误以为历史的演进是单线程的。

因此，“牛津欧洲史”系列丛书务求打破这一窠臼，将欧洲划分为欧洲北方、西地中海世界、东地中海世界三大历史分区。如上图所示，北非、小亚细亚等历史上与欧洲联系紧密的地区同样囊括其中。

三大分区在历史上有着各自的文化底色，不同的族群穿梭其间，带来战争与交流。罗马人征服了地中海世界，哥特人跨过了多瑙河；维京人在斯堪的纳维亚半岛扬帆起航，奥斯曼人进入君士坦丁堡；法兰西人带着大革命的信念翻越阿尔卑斯山，德意志人点燃的狼烟从欧洲蔓延至全球……当枪炮声停息，多元的欧洲开始思考同一性，“欧洲人的欧洲”成了新的追求，但一体化的理想又能否挣脱分裂的现实？

“牛津欧洲史”系列丛书致力于使读者在时空双维度中领略欧洲历史。如左图所示，本系列以空间为横坐标，以时间为纵坐标，覆盖了70万年前至21世纪的欧洲历史，希望能给您今后的阅读提供些许参考。

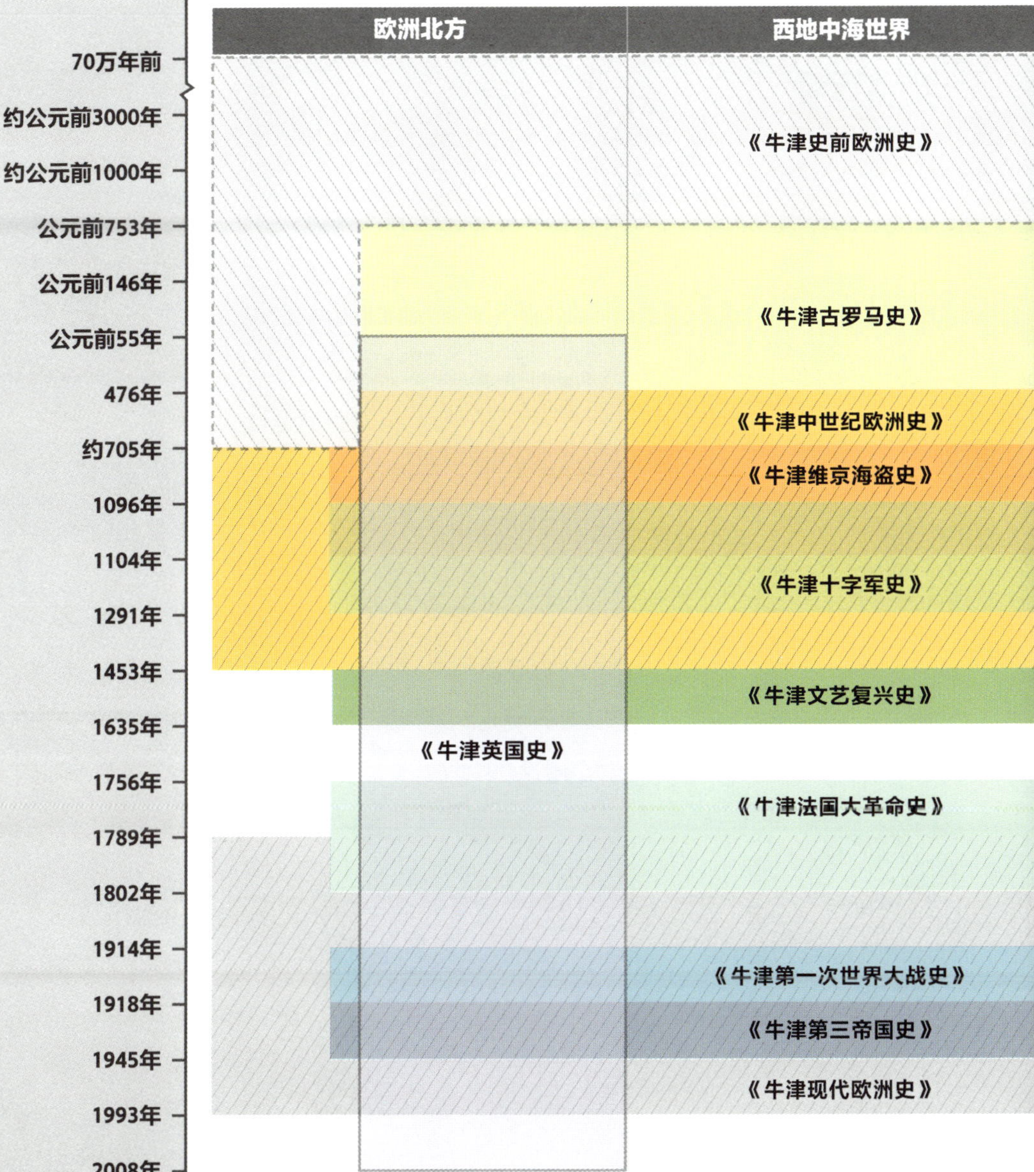

- 约公元前3000年　米诺斯文明于克里特岛萌芽
- 约公元前1000年　爱琴文明崩溃
- 公元前753年　传说中罗马建城，王政时代开始
- 公元前146年　第四次马其顿战争结束，罗马征服希腊
- 公元前55年　恺撒远征不列颠
- 476年　罗慕路斯被废黜，罗马帝国在西部的统治崩溃
- 约705年　里伯建城，斯堪的纳维亚半岛贸易兴起
- 1096年　第一次十字军东征开始
- 1104年　隆德被确立为全北欧的大主教区
- 1291年　马穆鲁克攻陷阿卡，耶路撒冷王国灭亡

- 1453年　君士
- 1635年　洛佩
- 1756年　七年
- 1789年　巴黎
- 1802年　拿破
- 1914年　斐迪
- 1918年　同盟
- 1945年　第三
- 1993年　“马

牛津
欧洲史

牛津拜占庭史

THE OXFORD HISTORY OF BYZANTIUM

[英] 西里尔·曼戈 编
陈志强 武鹏 译著

人民日报出版社
北京

图书在版编目（CIP）数据

牛津拜占庭史 /（英）西里尔·曼戈编；陈志强，武鹏译著 . -- 北京：人民日报出版社，2020.11

ISBN 978-7-5115-6635-5

Ⅰ . ①牛… Ⅱ . ①西… ②陈… ③武… Ⅲ . ①拜占庭帝国—历史 Ⅳ . ① K134

中国版本图书馆 CIP 数据核字 (2020) 第 210713 号

著作权合同登记 图字号：01-2019-2851

书　　名	牛津拜占庭史 NIUJIN BAIZHANTINGSHI
编　　者	［英］西里尔·曼戈
译　　者	陈志强　　武　鹏
出 版 人	刘华新
责任编辑	林　薇　　梁雪云
特邀编辑	王智杰　　赵芳葳
封面设计	温海英
出版发行	人民日报出版社
出版社地址	北京金台西路 2 号
邮政编码	100733
发行热线	（010）65369527 65369512 65369509 65369510
邮购热线	（010）65369530
编辑热线	（010）65369526
网　　址	www.peopledailypress.com
经　　销	新华书店
印　　刷	北京中科印刷有限公司
开　　本	710mm x 1000mm 1/16
字　　数	191 千
印　　张	17.5
印　　次	2021 年 5 月第 1 版　2021 年 5 月第 1 次印刷
书　　号	ISBN 978-7-5115-6635-5
定　　价	79.90 元

如有印刷、装订质量问题，请致电 010-87681002（免费更换，邮寄到付）

目　录

序 言

我想我不必重复拜占庭一直并继续被人们不适当地忽视了这样的话。这种情况直到百年前，甚至五十年前还是如此：当然目前不再是这样了。孟德斯鸠（Montesquieu）和爱德华·吉本（Edward Gibbon）那些人对拜占庭的诋毁诟病在当代人中还有余毒，有些人还保持着某些维多利亚时代的敌意。但是在19世纪末以前这种看法总体而言被摒弃，对拜占庭的评价变得更为积极。尽管情况还不尽如人意，拜占庭被排斥在学术课程之外的现象还是得到了纠正。如今，欧洲和美国的许多大学都讲授拜占庭研究课程；有12种以上的国际学术期刊专门刊登拜占庭研究资料；相关专著的数量也以令人惊讶的速度大量增加；国际会议、讨论会、圆桌会议、专题讨论会的数量难以计数，而拜占庭文物展览也出现了相同的情况。新一届拜占庭研究国际会议（2001年在巴黎举行）就有上千名出席者。

拜占庭帝国的昭雪在19世纪和20世纪欧洲历史观念和审美倾向的发展中构成了一个有趣的篇章。曾经被视为只有堕落腐朽、阴谋诡计和邪恶丑陋的传说转变成为令人激动、丰富多彩的史诗；曾被吉本看作迷信的东西变为精神性十足、富有灵气的东西；曾被嘲讽为呆滞僵化、毫无生气的拜占庭艺术在20世纪初变成了反对僵死的学院经典的精神资源。这些变化的发生是因为我们比前人拥有更多的资料吗？大约从1850年起，我们确实拥有更多关于拜占庭“物质文化”的知识，但是这种情况并未出现于文献方面。实际上，如果有人认真梳理一下就会知道，我们今天看到的所有拜占庭文献早在1850年就被整理出来了。拜占庭帝国并没有发生变化，而是我们的研究态度发生了变化，毫无疑问将来还会变的。

拜占庭无须任何辩解，其在欧洲和近东历史上的重要作用已经是确定的事实；其文献（如果有人愿意用这个术语来指称所有文本集成的话）虽然广泛，但是却遭受了比较严重的损失；其保存在岩石、绘画和其他媒介上的遗产遭到更严重的破坏，成为许多不可再生遗产的突出代表。以此为基础，就有可能将拜占庭的成就与其他同时代的文明，特别是中世纪欧洲文明和伊斯兰文明进行对比，从而得出有据的结论——尽管不是每个人都认同这一结果。然而，这类对比工作至今还很少有人从事。

如今，倡导质疑和重新解释公认观点之风对拜占庭历史的影响比任何其他时期都要深刻。在许多极为重要的问题上，学术界也不再有一致的看法。因此，我并不想把我自己的观点或相互一致的看法强加给本书的各位作者。

西里尔·曼戈（Cyril Mango）

绪　论

拜占庭（Byzantion）这个名词的拉丁语形式为Byzantium，是一个位于色雷斯地区博斯普鲁斯海峡入海口的希腊殖民地的名字——这是一个自然风光极其秀丽，同时兼具重要战略价值的地方。大约在建城一千年之后，拜占庭被君士坦丁大帝（Constantine the Great）选为皇帝的驻地（324年），并将其改名为君士坦丁堡新罗马（Constantinopolis nova/altera Roma）。这种行为在当时并非没有先例：君士坦丁伟大的先辈戴克里先皇帝（Diocletian，284—305年在位）就曾经把自己的宝座安置在附近的尼科米底亚城（Nicomedia，今伊兹米特），并且致力于“使它与罗马难分伯仲”。但是，与尼科米底亚和其他几个临时的首都很快失去其地位不同，君士坦丁堡取得了长久的成功，这座“统治之城”延续了11个世纪，这还不包括之后奥斯曼苏丹5个世纪的统治史。

从历史的长期发展来说，君士坦丁这一充满灵感的举动表面上看起来是一次统治权的迁移（translatio imperii），即在一个新宗教的护佑下，在一个新地方开启了一个新进程，也就是一次革新。然而，实际上并非如此，这样做并不一定是要与过去的传统一刀两断。新罗马包含了旧罗马的元素。甚至有传言说，君士坦丁秘密地将特洛伊的守护神从罗马移出，并将其埋于他在君士坦丁堡竖立的那根巨大的斑岩石柱之下。顺便提一句，这根石柱历尽沧桑，至今依然屹立不倒。安淑撒（Anthusa）其实就是罗马弗罗拉神（Flora）的复制品，君士坦丁堡就是献给这位神秘的命运女神的。

君士坦丁的继任者继续自视为合乎法统的罗马皇帝，正如他们的臣民自称罗马人（Romaioi）一样，尽管许久以后，他们已经忘记了这个词的拉丁语读音。他们没有为自己寻找其他的祖先。我们任举一例，当11世纪的博学家米海尔·普塞罗斯（Michael Psellos）为了指导他的学生——皇帝米海尔七世（Michael Ⅶ）而编纂一部入门的史书时，是从罗慕路斯（Romulus）和雷穆斯（Remus）开始记述的。他寥寥数笔就带过了王政时代的诸王和共和国时期的执政官，接下来详细地记录了皇帝的世系传承。这一谱系开始于君主政体的创立者尤里乌斯·恺撒（Julius Caesar），直到巴西尔二世（Basil Ⅱ）和君士坦丁八世（Constantine Ⅷ）为止。奥古斯都（Augustus），而非君士坦丁，是其历史中的关键人物，因为他的统治时期恰好与我主上帝道成肉身的时间相吻合，这是当时普世历史中的核心事件。基督教和罗马的君主政体，实际上是同时产生的。

直到十字军时代，古罗马的外衣才渐渐被脱去。那个时候，东部帝国和西欧逐渐被迫拥抱在一起，而双方却都不怀有任何爱意。在西欧人看来，君士坦丁堡的王国毫无疑问是个希腊人的国家，而且还是个分裂出去的政权。作为回应，一些希腊的知识分子则将他们自己与古希腊的荣光联系在了一起（见第十一章）。然而，“种族认同”在那个时代广受关注的说法是不正确的。当时，导致裂痕产生的重大争议在于宗教，即是否顺从罗马教宗、圣灵如何临在、炼狱、教士的独身生活、在圣餐仪式中使用发酵面饼还是无酵面饼等问题。正是它们导致希腊人和拉丁人彼此分隔。只有解决了这些问题，基督教世界才能在教宗的领导下，重新以罗马之名联合在一起。

约翰·曼德维尔（John Mandeville）爵士在14世纪中叶依然可以使用

“希腊皇帝”这一称呼，但是，这在文艺复兴时期更富学者气息的环境中却不那么恰当了。“希腊”此时特指古希腊或者地理上正被土耳其人占领着的希腊地区。已经于1453年灭亡的君士坦丁堡的王国需要一个独有的称谓，这就是“拜占庭的”（byzantinus）这个形容词产生的背景。这个词比“君士坦丁堡的”（Constantinopolitanus）更为简便，同时带有让人愉快的“古典”光环。现在，人们可以使用“拜占庭文献”（scriptores byzantini）、“拜占庭历史”（historia byzantina）和“拜占庭帝国”（imperium byzantinum）这些概念了，尽管由历史学家路易·库赞（Louis Cousin）撰写的最早的关于拜占庭的大部头史书（1672—1674年完成）依然被冠以《君士坦丁堡史》（*Histoire de Constantinople*）之名。如果我没有记错的话，最早一部在书名中使用“拜占庭”这一名称的英语作品是乔治·芬利（George Finlay）于1853年撰写的《从716年到1057年的拜占庭帝国史》（*History of the Byzantine Empire from 716 to 1057*）。在英语世界中，“拜占庭”（Byzantium）这个词用来形容一个帝国而非那座城市的现象要到20世纪时才变得普遍，而在法国、德国和俄国则要更早一些。

这样，当“拜占庭”这个概念不再带来不便的时候，它就成了一个方便的术语。在合理的界定下，拜占庭必须被视为罗马帝国在地中海世界东部的直接延续者，即罗马帝国在语言和文化上受到希腊影响的那个部分。作为一个延续的概念，它没有起始，尽管一些有象征意义的日期已经被用来当作其历史的开端：如戴克里先登基（284年）、君士坦丁堡奠基（324年）、君士坦丁堡落成典礼（330年）、将基督教作为帝国唯一排他性的宗教（380年）、帝国被划分为东西两个部分（395年）、西部帝国的灭亡（476年），乃至利奥三世（Leo Ⅲ）自立为王（716年）等，其中最后一个时间点目前依然被《剑桥中世纪史》（*The Cambridge Medieval History*）采用。对于这些日期，或多或少都会产生一些有说服力的反对意见。然而，这并不能解决问题，很可能更应该归因于感觉，而非一种“客观的”、被假定当作历史分期基础的标准。对于我们来说，罗马是我们的文明之源，根据我们的定义，它属于古典世界的范畴。当我们凝视着和平祭坛（Ara Pacis）、图拉真圆柱（Trajan’s column）上的浮雕，抑或马可·奥勒留（Marcus Aurelius）骑马的雕像时，我们是在和罗马的精神进行交流。但是，当我们在拉韦纳（Ravenna）圣维塔利教堂（San Vitale）著名的描绘有查士丁尼（Justinian）的镶嵌画前沉思时，我们会发现，自己处在一个完全不同的世界。它所描绘的不再是一个自然主义风格的宗教仪式画像（敬奉一个圣杯），而是一个圣像。查士丁尼头顶光环，他和他的随员们正面对我们，身后则是金光灿灿的背景。我们没有即刻理解艺术家的意图，他表现的是一个向右侧行进的队列，这就是为什么这些人物虽以正面示人，却都踩在彼此的脚尖之上。在我们的眼中，圣维塔利教堂的查士丁尼看起来是一个纯正的拜占庭人；然而真正的查士丁尼，这个操着拉丁语、征服了意大利和北非的罗马法最伟大的编纂者，却将自己看作一个纯粹的罗马皇帝，他的后人也是如此。

那么，我们要把分期线划在何处呢？如果能够不再徒劳地寻求一个从罗马到拜占庭转型的精确时间，而去寻找一个或几个更宽泛的、见证了深刻变革的时间段的话，我们就会发现存在着两个这样的分期带。第一个可以被定位在4世纪，第二个则大约在575—650年。这两个时间段的性质并不相同。第一次转变更多地发生在文化领域，而非政治领域，它与基督教被当作国家官方信仰联系在一起。这一说法并非排斥在这一时期发生的其他更有形的变化，如国家机器在行政、军事以及财政方面发生了彻底的变革（财政方面的变革在戴克里先时期就已出现），中央集权的官僚机构得到发展，皇帝的主要驻地东移到君士坦丁堡，以皇帝身边机构为基础的一个新精英阶层开始出现等等。然而，如果从一个长时段予以审视，最引人注目的不是增加省区数量，不是引入税收普查，也不是改革货币，而是将一种崭新的意识形态强加于帝国所有臣民，并压制那些异见者。

第二个切口（coupure）则更为明显和令人伤痛。它的标志不仅是在巴尔干和近东地区丢失了广阔的国土，还包括城市生活的衰落。城市曾经是古代的一个主要特征（见第二章），此时许多城市从地图上被抹去；另一些城市规模显著缩小，沦为防卫要塞，或者被迁移到附近的山顶。曾经是省区政府支柱的城市精英和那些文雅的文学一起消失了。生活变得乡村化和军事化了。

在我们提到的这两个时间段之间的时期，我们把它称作古代晚期（Late Antiquity）。这一概念的独特性仅仅在最近五十年方才得到承认，并且变成学术上的一个热点问题。的确，古代晚期的时间界限有些模糊不清：一些学者将它的起点定在公元200年，另一些学者则将其终点延长至公元1000年。然而，比较常见的是284—602年的说法，这是琼斯（A. H. M. Jones）在其不朽的著作《晚期罗马帝国》（*Later Roman Empire*）中的观点。另一种得到承认的时间定位是284—641年，这种说法见于同样重要的名著《晚期罗马帝国列传》（*Prosopography of the Later Roman Empire*）。这样的界定很符合拜占庭研究的视角。

古代晚期涵盖了罗马人的整个世界，无论是拉丁的还是希腊的部分。它所囊括的罗马、米兰（Milan）、特里尔（Trier）、拉韦纳、迦太基（Carthage）与君士坦丁堡、安条克（Antioch）、亚历山大里亚（Alexandria）、以弗所（Ephesus）一样重要。无论是圣奥古斯丁（St Augustine），还是纳西盎的格里高利（Gregory Nazianzen）；无论是安布罗斯（Ambrose），还是“金口”约翰（John Chrysostom）；抑或阿米安（Ammianus），以及普罗柯比（Procopius），都是这一时期的代表人物。除了语言有所不同，古代晚期的文化氛围是相当一致的。确实，精英群体之间存在的语言沟壑比之西塞罗（Cicero）时代更深了一些（如奥古斯丁就不太懂希腊语，也没有几个东方学者去学习拉丁语），但是有一种文化交流的方法始终存在着，精英教育以相同的准则为基础，翻译工作也在双向进行。阿米安是一个希腊人，却选择用拉丁语进行写作。在东方，直到6世纪下半叶，学习法律或在政府某些部门服务，都需要掌握拉丁语。最权威的拉丁语语法手册，即普利西安（Priscian）

的《语法惯例》（*Institutiones*），是在君士坦丁堡编纂的。狄奥多西（Theodosius）和查士丁尼的法典也是如此。

古代晚期提供了一种文化土壤，在这里同时孕育出了中世纪的西欧与中世纪的东方。一个需要提出的问题是，为什么它们的发展如此不同？或者换句话说，为什么作为欧洲毋庸置疑的一个部分，拜占庭偏离了我们认为的（我们的认识可能是正确的，也可能是错误的）欧洲前进的阳关大道？本书不会直接回答这一问题，但是富有思想的读者可能会在心中深思一番。

拜占庭灭亡的日期没有什么争议，人们一致认为是1453年5月29日，星期二。当奥斯曼苏丹的近卫军（Janissaries）从已有千年历史的狄奥多西城墙的缺口攀过时，当一缕神奇之光从圣索菲亚教堂（St Sophia/Hagia Sophia）的穹顶直射苍穹时，拜占庭的大幕落下了。如果我们将拜占庭首先视为一个国家概念，即一个独立的政治实体的话，那么1453年毫无疑问是它恰当并动人心魄的末日。然而，如果我们遵循阿诺德·汤因比（Arnold Toynbee）的观点，将拜占庭看作一个文明而非国家的话，故事在此时却并没有结束。从地理上看，拜占庭延展并包括了所有信奉东正教的国家——俄罗斯、罗马尼亚、保加利亚、塞尔维亚，以及被征服的希腊。从时间上看，它即使没有延存至今，也至少延存至公元1800年前后，欧洲启蒙运动和受到鼓舞的民族主义浪潮最终破坏了当时还被承认的拜占庭生活方式。尼古拉·约尔加（Nicolae Iorga）撰写的名作《拜占庭之后的拜占庭》（*Byzance après Byzance*，1935年）中的故事，依然体现了它所处地区的错综复杂。

如果说，时至今日我们还能讲述拜占庭往事的话，那么这是因为，大体看来拜占庭有持续修史的传统，尽管有些时代的历史记载粗略一些，而有些时代则更为完整。那些史料的性质和存佚与否很自然地决定了我们的知识范围。就其性质来说，主要有三种形式：古典化的历史作品——基本上源于古代的典范，如修昔底德（Thucydides）和波利比乌斯

（Polybius）的作品、编年史和教会史。古典化的历史作品致力于对重大事件进行详尽和优美的记述，理想上来说是作者记载亲身经历的事情，因此这些著作的时间跨度都比较短。读者群体更为广泛的编年史作品则走向了另一个极端：它们是用日常用语写成的，意在概述自创世之日起，直到编史者所处时代万事万物的全貌。按照时间顺序编成的条目都很简略，并且没有呈现出事件之间的因果联系。编年史更多起到的是历史教育的作用，而不被视作文学著作，这就意味着，一旦有新的或修订后的编年史作品出炉，老版本常常会被束之高阁。恺撒里亚的尤西比乌斯（Eusebius of Caesarea）于公元300年左右始创教会史，这种形式的历史作品关注主教之位的传承，尤其详于记载教义争端，同时也涵盖了一些世俗的内容。该类作品的一个独有特点是引用原始文献，这使其成为现存史料中最具学术气息的一类。不幸的是，用希腊语编写教会史的传统在公元600年左右中断了。拜占庭世界没有怎么出现地方性或修道院的编年史，而在西欧这恰恰是十分普遍的。

现存的史料在拜占庭千年的历史中分布极不均匀。一些时代，如尤里安（Julian，361—363年在位）短暂的在位时期和查士丁尼（527—565年在位）长久的统治时期，史学成就辉煌灿烂，而其他一些时期则极为暗淡无光。非常奇怪的是，4—5世纪，甚至包括君士坦丁的时代，除了教会史之外，很少有重要的长时间跨度的原始文献存留至今。7—8世纪，甚至9世纪都是众所周知的史学黑暗时代。这一时期帝国正开始从内忧外患中复苏，但记录该时期历史事件的文本都是一百年之后编纂的，这就让这些记载受到了质疑。从10世纪中叶开始，历史记录变得丰富起来，直到帕列奥列格时代（Palaiologan period）达到全盛，然而这却是拜占庭历史上最不重要的一个时段。

除了分布不均匀之外，我们还可以发现，大量史料会因宗教或王朝更迭等原因被故意歪曲。支持异端教义的皇帝无一不遭到例行公事般的诋毁，如君士坦斯二世（Constans Ⅱ，641—668年在位）和那些支持毁坏圣像的皇帝，他们实际上一直殚精竭虑地为生存而奋斗，并成功地保护了帝国。而远没有那么美好的伊琳妮（Irene，797—802年在位）统治时期则被粉饰得光彩亮丽，只是因为她恢复了“正统的”信仰。尼基弗鲁斯一世（Nikephoros Ⅰ，802—811年在位）是一个机敏的改革家，却遭到了抹黑，因为他颠覆了伊琳妮的统治。米海尔三世（Michael Ⅲ，842—867年在位）被塑造成了另一个尼禄（Nero），他的形象是一个酒鬼和浪荡子，这是为了衬托谋杀他的巴西尔一世（Basil Ⅰ）的正面形象，后者建立了延续时间长久的马其顿王朝（‘Macedonian’ dynasty）。这些篡改是如此彻底，以至于我们几乎很难了解到历史的真相。

大部分拜占庭历史著作关注的都是皇帝的言行、叛乱、战争、宫廷秘闻以及主教之间的分歧这样的事情。这导致我们今天撰写的拜占庭史依然不可避免地涉及这些内容。当然，也存在一些能够偶尔提供其他信息的史料，如皇帝敕令、圣徒传记（这类史料数量很多，内容高度程式化，并且其风格往往流于虚幻）、书信集、会议法案、辩论文章、华丽的演说词、诗歌，以及其他一些非希腊语的，如拉丁语、阿拉伯语、叙利亚语和亚美尼亚语的文献。然而，即使这些五花八门的材料可以作为补充，其中心内容依然是皇帝逸事、密谋诡计和战争。这些故事至今还吸引着大量的读者。但是大多数专业的历史学家，不管自己的兴趣是什么，他们都更愿意谈论一些不同的话题，即研究隐藏在故事背后的经济、社会或人口统计等机制性问题。这是有形的事件史（histoire événementielle）之下的基石。解释是什么原因让帝国在9世纪中兴，显然比探讨米海尔三世到底是不是个酒鬼更有意义。

如果在这个方面，拜占庭史学看起来是中世纪研究中最落后的领域的话，那么这一缺陷与其从业者并无干系。我们对西欧社会和经济详尽的了解，是建立在数以千计保存至今的宪章、教区记录、税收登记簿、遗嘱和合同等文件基础之上的。而关于拜占庭，我们只有很少的文件资料，并且置为数众多却晦涩难解的、由埃及纸草文书提供的阿拉伯征服之前的佐证于一旁。到了中世纪的时候，我们仅仅拥有一些涉及土地占有的修道院档案〔主要在阿索斯圣山（Mount Athos）、南意大利、希俄斯岛（Chios）、帕特摩斯岛（Patmos），此外还有一小部分来自小亚细亚地区〕、少量修道院创立者制定的章程、涉及黎凡特（Levant）贸易的意大利文件、一份1315—1402年牧首法庭的登记簿，以及其他一些零碎的残篇。我们不能指望这些贫乏杂乱的材料会突然增多，我们也无法依靠石碑上的铭文加以弥补，尽管后者为我们提供了如此之多的古代社会、制度和宗教方面的信息。

虽然几乎没有文件留存至今，但是我们能够看到数量相当可观的铅封（大约有5万件之多）。这本来是文件的附着之物，却逐渐被刊印出来，当作史料利用。其中包含的主要是人名和头衔，但是偶尔也能瞥见其他的内容，如贸易信息，因为携带这些商业（commerciarii）印章的人可能是海关官员。钱币也已经成为极为有用的史料。钱币的金属纯度、在黑暗时代几近消失的小面值硬币、钱币贮藏的地理分布、拜占庭钱币在帝国境外的影响范围等都是研究拜占庭史的历史学家正在发掘的资料。

最后，考古学也许是能够扩充我们知识范围的最有效途径。多亏了考古发现，我们已经对古代晚期东部帝国许多城市的城市生活有了一个所谓视觉印象。这些城市中有一些是大都市，如以弗所；还有一些是中型城市，如马其顿的斯托比（Stobi）或巴勒斯坦的锡索波利斯（Scythopolis）；另外一些则是相对较小的城市，如伊苏里亚（Isauria）的阿奈姆里乌姆（Anemurium）。发掘这些城市的最初目的是发现古代的遗迹，无论是古希腊的、希腊化的，或是罗马帝国时期的。然而，很多时候人们会发现，当罗马帝国时代的城市延续到古代晚期后，神庙和运动场或被遗弃，或被挪为他用；许多教堂与主教宅邸正在被修建；而浴室和剧院则依然保持了原来的功用。今日游客们所见的以弗所城遗址其实是属于查士丁尼时代的。我们对村庄的情况了解很少，尽管北叙利亚地区的那些村庄被建得和城镇一样坚固，并一直保存至今。这些村庄已经吸引了相当多考古学家的注意。

相反，针对中世纪拜占庭的考古在很大程度上依然是片空白。以我们上面提到的四个城市为例，斯托比和阿奈姆里乌姆没有延续到中世纪，而中世纪的锡索波利斯则理所当然地被阿拉伯人所统治。只有以弗所作为拜占庭的城镇存留下来，但是除了向内收缩的城墙和规模缩小的大教堂，我们几乎不能看出其他什么东西。城市里有许多依然挺立的废墟，房屋看起来建得既简陋又小气。我们希望能够发现一些分散的小教堂或修道院，但是最终只能识别出两座而已。我们甚至不知道在城防范围内城市被建筑覆盖的面积有多少。为了找到一幅更完整的拜占庭城市图景，我们不得不前往科林斯（Corinth）和雅典（Athens），甚至克里米亚（Crimea）的赫尔松（Cherson），但要说对其全貌有广博认识的话，我们依然有很长的一段路要走。巨大建筑的缺失，以及砖石建筑的贫乏并不代表当时的经济活动毫无生气，但是毫无疑问对考古学家缺乏吸引力。我们只能期望，有一天能从铲子下发现考古实物，而非仅仅依靠文字记录来更全面地了解中世纪的拜占庭。

叶芝（Yeats）这样写道："伟大的拜占庭……一切都没有改变。"这正是专业历史学家长久以来试图批驳的一种错觉。毋庸置疑，无论在社会、经济还是军事方面，拜占庭的确在变化着，这些变化既源于内部的动力，也受不断变化的境外因素影响。然而，正确描述和理解那些变化的性质不是件容易的事情。例如，我们过去被告知，帝国在9—10世纪的"健康"发展应该被归因于小自耕农经济的繁荣，在不耕种土地的时候，自耕农组成的农兵还要担负保家卫国的职责，之后，这一完美的制度被那些贪婪的大地产者颠覆，导致国家在11世纪人心涣散，走向了全面的衰落。的确，10世纪的皇帝试图通过立法限制"权贵"对农村公社的侵蚀，但是小自耕农经济究竟有多普遍，又是如何在经济上具有重要性的呢？为何据说寡妇达尼爱莉丝（Danielis）在860年的时候，能够占有"伯罗奔尼撒大部分的土地"，同时拥有数百名奴隶呢？为何较之先前时代，帝国在11—12世纪的经济活动显著地达到了新的高度，同时拥有了更多的财富呢？在经济上，将海上的国际贸易拱手让给意大利的城市共和国，拜占庭人是在自毁前程，还是从中获得了利益呢？考虑到我们所掌握文件的局限，这些问题尚没有一个明确的答案，对它们的争论无疑还要持续很长时间。我们只能希望有一天，在兼顾文字资料和考古证据的基础上，可以书写一部内容恰当的拜占庭帝国经济史。

然而，从某种意义上来说，叶芝是正确的。无论其内部如何变化，帝国都呈现出一个永恒不变的外观，这正是其具有神秘性的重要原因之一。科穆宁（Komnenoi）时代的历史学家仲纳拉斯（Zonaras）说过，“延续国家古代的传统习俗”是皇帝的职责。假定一个人生活在9世纪或10世纪，即使他不是学者，也会认为往昔比今朝更加辉煌，这个往昔不是指久远的多神教时代，而是指古代晚期的基督教时期。他只需看看圣索菲亚教堂就会认为，这样一个惊人的建筑奇观是无法复制的，如果说是查士丁尼建造了它的话，那也是因为他获得了天力之助。历史验证了现实，并且一再通过复原、复兴和回春的进程重现，历久弥新，这些进程不同于革新（kainotomia, neoterismos），后者往往具有破坏性和危险性。这就是为什么在国家举行庆典时，皇帝会在一座据称是君士坦丁大帝修建的大厅中大排筵宴，他斜靠在一张长椅上，仿佛自古代以来，一切都没有发生变化，他还会在罗马古历的正月初一（Kalends of January）观看“哥特人”的舞蹈表演，虽然只要有人尚存记忆就能看出，这已经明显与哥特人没有什么关系了；这就是为什么中世纪宫廷中的达官显贵依然保有罗马时代的头衔，如执政官（consul）、大贵族（patrician）、执事官（magister）或财务官（quaestor），并且欣然接受那些过时的东西，如饰针、象牙简或者古代晚期时军官佩戴的金质项圈，以作为自己身份的象征；这也是为什么在钱币上会有几乎看不懂的拉丁文铭文——在很久之前，帝国就已经不再使用这种语言了。

帝国这种虚假的不变性与它超乎寻常的寿数十分匹配。事实上，拜占庭是唯一一个能与中国相提并论的组织有序的国家，从古代开始，后者就没有受到什么干扰，直到近代的曙光出现。的确，拜占庭的长寿是它最明显的特征。其实，它也曾多次命悬一线——最危险的一次是在626年，当时君士坦丁堡在阿瓦尔人（Avars）和波斯人（Persians）的围攻下险些陷落；在717—718年，阿拉伯远征大军兵临首都城下，最后看起来因为一场极其罕见的严冬和保加尔人（Bulgars）的援助才让他们败走；1090—1091年，游牧民族库曼人（Cumans）仿佛从天而降，化解了帕臣涅格人（Pechenegs）与突厥人的致命威胁。甚至在更早的5世纪时，东部帝国险些和西部帝国一样，被左右朝政的日耳曼将领颠覆，这将会带来不可估量的后果。当然，有一种传统说法认为，拜占庭帝国于1453年的灭亡掩盖了一个很明显的事实，即帝国实际在1204年，甚至在这场灾难发生之前的二十年就已然寿终正寝。但是，即使帝国仅仅存在了9个世纪，而非11个世纪，也依然是一个显著的成就，这表明它获得了臣民的忠心或臣服，他们甘于缴纳赋税、在军队服役（至少直到11世纪时），并且尊重皇帝的权威。

一个更为显著的成就也许是，帝国直到12世纪末期都没有遭遇分裂，而不像它的邻居，例如阿拔斯王朝（Abbasid caliphate）。当然，帝国也经历了许多次叛乱，但是这些叛乱的目的都是夺取皇位，而非裂土为王。没有哪个雄心勃勃的将军（strategos）尝试宣布卡帕多西亚（Cappadocia）独立。直到科穆宁时代，才出现了第一次分离运动，将帝国的土地分配给大家族的成员和外国雇佣军首领的做法逐渐侵蚀了帝国的统一。第四次十字军东征极大地加速了分裂的进程，然而这种分裂其实在此之前就已经出现了。

鉴于其种族的多样性，我们越发难以解释12世纪之前帝国的凝聚力从何而来。关于拜占庭人口的构成及其地理分布，我们只能给出大致的描述。但是毫无疑问的是，仅次于古老原住民的是人数众多的斯拉夫人（遍布巴尔干半岛）、高加索人〔亚美尼亚人、格鲁吉亚人和拉兹人

（Laz）〕和各种各样的东方人——主要是叙利亚人、突厥人和那些信仰基督教的阿拉伯人。此外，还有一些规模更小的群体，包括犹太人、吉卜赛人、游牧的乌拉赫斯人和那些来自西欧的商人与冒险家。为了弥补某一地区（如公元800年的伯罗奔尼撒半岛）人口的不足，帝国长期以来实行的大规模移民政策让该问题进一步复杂化。在这些种族之中，斯拉夫人很可能是人数最多的，但却对精英阶层贡献最小。高加索人则非常引人注目，因为他们几乎掌控了整个帝国。他们中涌现出了中世纪那些伟大的皇帝和皇后〔利奥五世、狄奥菲鲁斯（Theophilos）的妻子狄奥多拉（Theodora）及其亲族、巴西尔一世和他的后任罗曼努斯一世（Romanos Ⅰ）及约翰一世·齐米斯基斯（John Ⅰ Tzimiskes）〕，利奥六世时期的斯蒂利亚努斯·扎乌采斯（Stylianos Zaoutzes）这样有影响力的重臣，一大批军事将领和福卡斯（Phokas，至少这个家族有部分高加索人血统）、斯科莱罗（Skleros）、库库阿斯（Kourkouas）、科里尼特斯（Krinites）、莫塞莱（Mousele）、布尔采斯（Bourtzes）、塔罗尼泰斯（Taronites）及托尔尼基奥斯（Tornikios）等拥有广袤土地的大家族。

宏观上的思考无助于我们理解为何这些民族都将自己与帝国联系在一起。有两个具体的例子可能更具启发性。第一个事例来自卡考麦努斯（Kekaumenos），他是一个有着亚美尼亚-格鲁吉亚血统的退伍军人，却拥有典型的希腊姓氏（意为燃烧者）。他往上至少四辈祖先都为帝国服务，尽管并不总是那么忠心耿耿。他受过中等教育，于11世纪70年代写出了那部著名的《训诫书》（*Admonitions*），这是拜占庭时代最真情流露的文献之一。卡考麦努斯在书中讲了很多效忠皇帝的话，他建议："没有任何人在胆敢参与反抗皇帝和罗马人国家的叛乱、破坏和平之后不身败名裂的。因此，我亲爱的孩子们，我恳求你们永远站在皇帝一边并做他忠实的奴仆，因为君士坦丁堡的皇帝陛下永远是胜利者。"换句话说，他在深思熟虑之后命令后人保持忠诚：叛乱是一种过于冒险的行为。然而，卡考麦努斯也并非忠君的完美典范，他并不希望帝国的扩张以损害他人利益为代价。对那些“小邦首领”（帝国周边独立领地上的统治者们），他极力劝诫他们与皇帝保持距离，否则后者就会不带一丝感谢地夺走他们的土地。

在卡考麦努斯之后数年，另一位忠心为帝国服务的格鲁吉亚裔雇佣军头目格里高利·帕库里阿努斯（Gregory Pakourianos），在今日的保加利亚建立了巴奇科沃修道院（Bakovo，1083年）。他曾经被任命为地位崇高的“帝国西部陆军总司令”之职，并获赠大片的土地。尽管他坚定地信仰着希腊人的宗教，但是却明令禁止任何希腊修道士或教士进入他的修道院，因为他觉得希腊人都是贪婪且不可靠的。帕库里阿努斯最后在战斗中为国捐躯，但是终其一生，他也没有学会用希腊文写自己的名字（他习惯用亚美尼亚文写自己的名字）。

也许人们会觉得，我们给出的这两个例子一点都不具有普遍性。卡考麦努斯已经基本被同化了，尽管他很清楚地知道自己的出身，而帕库里阿努斯则没有被同化，他自始至终都是他一点也不信任的那群希腊人之中的异邦人。如果说这两个人都被证明是忠心耿耿的话，那么很明显，很多亚美尼亚的贵族，在他们的王国被帝国吞并（1045年），被迫移居到卡帕多西亚地区以后，对拜占庭深怀怨恨之情。例如被罢黜的国王盖吉克二世（Gagik Ⅱ），就曾下令处死恺撒里亚城的希腊大主教，因为后者胆敢称他的狗为“亚美尼”（Armen）。很可能正是因为亚美尼亚人的离心离德，塞尔柱突厥人（Seljuk Turks）才会如此迅速地仅用10年时间就占领了小亚细亚，这是之前阿拉伯人用了两个世纪都没能做到的事情。1071年，苏莱曼·伊本–库特鲁米什（Süleyman ibn-Kutlumush）定都尼西亚（Nicaea），并且纵兵劫掠博斯普鲁斯海峡沿岸。阿莱克修斯一世（Alexios Ⅰ）派遣一位叫作塔提基乌斯（Tatikios）的将领带领军队予以反击，而这位将军也是一个突厥人。

从更宏观的视角来看，11世纪后期对于拜占庭来说是一个至关重要的转折点。如果我们看看西欧的话，就会发现这一时期引领他们走向了所谓

12世纪“复兴”，如第一座哥特式大教堂的建立、大学的产生、经院哲学的出现、法学研究的恢复、方言诗歌的兴盛等。很明显，在拜占庭也出现了类似的趋势：商人进入了统治阶层（这被含糊地称为元老院）；法学研究暂时兴起；方言诗歌含苞待放；在君士坦丁堡一个意大利人〔约翰·伊达鲁斯（John Italos）〕在教授亚里士多德的哲学；一种新的精神正在被像米海尔·普塞罗斯和帝国高官、诗人米提里尼的克里斯托弗（Christopher of Mitylene，他曾经热衷于收集那些可疑的圣徒遗物）这样的知识分子所彰显。这是一个看上去前途无量的开始，但是最终却收获甚微。为什么会这样？是因为政府无能，让中央权威丧失殆尽的缘故吗？还是因为军事上的灾难让聪慧的阿莱克修斯一世·科穆宁不得不耗尽心力，却只能勉力支撑？抑或因为〔如保罗·勒梅尔（Paul Lemerle）后来所言〕阿莱克修斯一世本身就是个罪人，是一个“虚假的救世主”——他贬抑了新生的中产阶级，将帝国最好的土地分给了亲戚与密友，将帝国的远途贸易与航海运输拱手交给威尼斯人，终止了亚里士多德哲学的传授，将教育交给蒙昧的教会，并且烧死异端信仰者？无论人们作何解释，此时的拜占庭都没能像西欧一样实现文化上的繁荣，而是在前进的道路上越落越远。

就在五十年之前，人们还习惯于把保卫欧洲（或者基督教世界）和对抗来自亚洲的持续入侵看作拜占庭的政治成就，但是这种意见现在已经不为人所接受了。今日，我们不再因其迎击亚洲人而赞赏它，而是为其拥有多种族和多元性的文化而称颂它。多种族如我们所见，是非常明显的；多元文化的出现则更多缘于实际需要，而非主观目的。甚至如犹太教，这个罗马帝国治下的合法教派，也不断遭受压制，被强迫皈依基督教。仅仅是因为这些努力最后都没有收到成效，而犹太人在经济上又很有利用价值，他们才被蔑视地允许按照自己的方式生活。穆斯林商人和战俘也被允许保持自己的信仰，因为不这样做的话将会招致报复。拜占庭的宽容性逊于伊斯兰世界，而比西欧基督教世界则稍胜一筹。

拜占庭的文化遗产无法通过列举那些伟大的思想家、诗人和艺术家的名字来加以概括总结。拜占庭没有阿贝拉尔（Abelard）或托马斯·阿奎那（Thomas Aquinas），没有克雷蒂安·德·特洛亚（Chrétien de Troyes），也没有尼古拉·皮萨诺（Nicola Pisano）或乔托（Giotto）。拜占庭屈指可数的几位出类拔萃的知识分子，如9世纪的佛提乌（Photios）、11世纪的普塞罗斯，以及13—14世纪的普拉努德斯（Planudes）或格里高拉斯（Gregoras），他们并不以独创性著称，而是因博学与鸿篇巨制闻名。拜占庭的艺术多出自匿名者之手。在文学领域，作家的传记，哪怕只是摘要的形式，从6世纪之后就不再多见了，我们只能凭借他们可能拥有的世俗或宗教头衔分辨他们，如助祭、圣器管理人（skevophylax, sacrsitan）、重臣（logothete）、高官（magister）等。但是在很多时候，我们依然无法把那些同名的乔治（Georges）、格里高利（Gregorys）和西蒙（Symeons）等弄清楚，甚至只能大致估计他们所处的时代。

由于缺乏个人主义，拜占庭文化大致应被视为与政府机构、教会和修道生活所体现的观念紧密结合之物，并反映在文学艺术领域。按照19世纪的俄国思想家列昂节夫（K. Leont’ev）的定义，拜占庭主义（Byzantinism）是指君主政治、独特形式的基督教、对一切世俗事物的蔑视，以及对可能存在普世福祉（universal well-being）的否定。这一说法相当接近其特点，但是还需要细微的调整和细节的补充。基督教应该被放在首位，其明显的特征是一个由教父详细论述，并由7次基督教大公会议明确规定的静态教义体系。它被认为是尽善尽美的，不允许有任何进一步的革新出现。在所有的基督教派别中，拜占庭的基督教大概可以说是最正宗的，从某种意义上来讲，它最接近使徒时代的教义。但是，自从787年之后，它就没有任何新的发展，从而将自身置于一个不合逻辑的境地，除此之外，关于圣灵的理论也没有什么变化。

由于君主政治的必要性源于宗教，因此应该把它置于第二位来考察。地上的统治是天堂的映象，其他的体制都无法使上帝愉悦，甚至不值一提。拜占庭最后一篇关于政治哲学的论文写于6世纪早期，至今依然少有人问津。与此相反，同时期的助祭阿加佩托斯（the deacon Agapetos）的“王子之镜”（Mirror of Princes）则大为成功，他用简短的措辞定义了理想皇帝的标准，同时承认上帝赋予皇帝的地位。理所当然，皇帝由上帝挑选，并且只对上帝负责。皇帝的职责是实现臣民精神和物质上的福祉，而前者显然更为重要。

拜占庭君主政治的原理中包含着一些自相矛盾之处，这些问题还没有被给予充分的讨论。首先，皇帝在理论上应该是全体人民，至少是全体基督徒的统治者。这很明显与事实不符。考虑到还有其他独立的基督教国家存在，一个虚幻的“君主之家”的理论传播开来：皇帝就像一个家长，而其他的统治者都是他的子侄。其次，如果说皇帝是由上帝选择的话，那么为什么偶尔会出现邪恶的皇帝（如福卡斯等）、异教徒皇帝（如尤里安等）、信仰异端的皇帝〔如君士坦提乌斯二世（Constantius Ⅱ）和瓦林斯（Valens）等〕，抑或在奥斯曼苏丹统治时期出现穆斯林皇帝呢？一个简单的答案是：为了惩罚基督徒犯下的罪恶。那么要服从这些皇帝的统治吗？答案是肯定的（参见《罗马书》13章，1~4，“凡掌权的都是神所命的”等），尽管在毁坏圣像运动时期，极端分子考虑过要颠覆皇帝的统治。

关于基督教会地位的另一个复杂的问题是教俗关系（sacerdotium versus imperium）。无论一个人如何在拜占庭“至尊权”（caesaropapism）问题上纠缠不清，事实依然是，从君士坦丁开始，皇帝就已经有效地控制了教会。他可以独自召集全体主教参加的大公会议，并主导会议走向；他能够签署在教义方面具有约束力的宣言〔如泽诺（Zeno）的《联合诏令》（*Henotikon*），或是希拉克略（Heraclius）的《信仰模式》（*Ekthesis*）〕；他有权力任命牧首和都主教，并被允许优先进入教堂内殿，只要他愿意，他甚至可以亲自讲经布道（如利奥六世所做的布道），尽管他不能主持圣餐礼；皇帝还例行公事地颁布法令来指导教会那些独有的问题（如神职人员结婚、私人神甫和进入修道院的最小年龄等），正如教会法在日常生活中影响平信徒一样，二者在各自的领域之间并没有明显的差别。当然，我们也能引用一些相反的例子，教会中人也会在某些教义或道德问题上反对皇帝（如果这些教士不屈服的话，就会立即被皇帝驱逐），并且，在帕列奥列格时期，那些无能的继任皇帝试图强行与罗马教会联合，也招致了公众的反抗。这里甚至还有一个绝无仅有的例子（很可能是这样的），牧首佛提乌在一部法律著作中插进了一个类似于西欧“两种权力”学说的表述，但是这部被称作《序言》（*Eisagoge*）的法律，并没有付诸实施。这些特例不能被用来否定通例，拜占庭教会和国家不可分割地紧密结合在一起，因此，拜占庭不像西欧那样在精神和世俗领域之间存在着如此紧张的关系。近代以来，东正教会依然遵循着相同的从属之路，无论是在奥斯曼苏丹、俄国沙皇，还是苏联共产主义的统治下都是如此。

在拜占庭世界，特别流行修道院生活，但即便是修道生活也不能与君主政治抗衡。事实上，“学者”圣狄奥多尔（St Theodore Studite）做出了唯一一次尝试，他试图创造一个能够影响帝国政策的修道士群体，并在教义和道德领域担当仲裁者。在涉及君士坦丁六世“非法”婚姻时（795年），他认为修道院之外的教会表现出软弱是一种罪过，之后，他又反对再次兴起的毁坏圣像运动（815年）。圣狄奥多尔是一个有坚强决心和杰出组织才能的人，他能够利用修道士群体日益增长的声望，因为在毁坏圣像运动的第一阶段，主教们表现得令人大失所望：在第二次尼西亚大公会议上（787年），修道院长有史以来第一次得到承认，被视为教会中具有支配地位的团体。然而，圣狄奥多尔的创举还是遭遇了失败。尽管自此之后，修道士一直为人敬重，有些皇帝还非常重视与他们建立良好的关系，但是我们却没能发现有哪些个人或修道士群体能够赢得圣狄奥多尔为之奋斗的那种影响力。米海尔三世可耻的表现（如果我们相信我们的史料所说的）并没有受到修道士的责备，而巴西尔一世弑君自立的行为也未受谴责。利奥六世的第四次婚姻动摇了教会的基础，但是他的精神导师、伟大圣洁的修道士尤西米乌斯（Euthymios）却站到了他主人那边。之后的历史也是一直这么延续下来的。有几个原因可以解释为何最终没有形成一个有影响力的“修道士党派”。修道院分布过于零散，以至于无法形成一种合力。拜占庭没有像西欧世界那样的修道守则，这些守则能够确保存在一个统一的组织和共同的具体目标。修道院是与各种庇护人联系在一起的。有一些修道院可以被归入国家级别（也就是说属于皇帝的赠赐），另一些的庇护人是主教，还有很多修道院是由平信徒赞助建立的，但是随着中世纪的发展，总的趋势是修道院走向了独立（被称作autexousion或autodespoton），就像修建起树篱，以免遭外界盘剥一样。拜占庭修道院依靠保有并不断扩充捐赠数目逐渐成为大土地所有者，这也是一些修道院能够一直延存至今的原因。它们在其他事业上的作用，如教育领域，则已经被显著地夸大了。即使是在阿索斯圣山，这个由20座修道院组成的“共和国”里，尽管一些修道院已经非常富有，但是直到1753年，才建立了第一座学校，而仅仅八年之后，学校就被永久关闭了。对于修道院来说，学校只能制造麻烦，并且阻碍它们追求“天国的生活”。

如果我们要找出一条原则，以用作拜占庭道德生活观念的基石的话，那么答案就是“规范”（taxis）。它最清楚地彰显于天国之中，并弥散在世界各个角落。而“失范”（ataxia），也就是无序和混乱，则是蛮族与魔鬼具有的特征。在世事中，规范的存在使人们必须遵守那些业已确立的法则。我们称为《礼仪书》（*Book of Ceremonies*）的作品是由君士坦丁七世撰写的，它被形容成一部“展示帝国规范”的著作，并且在它只有一页的前言中，“规范”及其衍生词竟出现了8次之多。我们确信，假如不顾及传统，那么帝国的制度就会变得不那么赏心悦目，并且绝对和那些凡夫俗子建立的未开化政权没有什么区别。如果说“规范”的实质更多地被用来指导皇帝的言行的话，那么平民百姓也会受到它的约束，尤其是在他们进入教堂时更是如此。教会礼仪年（liturgical year）的循环往复以及随之而来的那些固定与变动的节日和斋戒，日常生活中为圣徒举行的那些庆典，那些经文、圣歌和宗教游行对于每个基督徒来说，都最清楚地彰显了人与神之间和谐有序的关系。

如列昂节夫正确地强调的那样，拜占庭文化表现为几乎不关心人的幸福，尤其是对于未来缺乏规划。拜占庭没有对人世间的“千年王国”在物质和精神上进行改良的期盼。对个人而言，所有的冀望不过是最终的末日和一个破旧罪恶的世界，以及随后的基督再临。上帝的裁决将是最终结果。因为拜占庭人拒绝炼狱的教义（这被公认为是一个稍后出现的概念），所以他们坚持认为来世与现世相比不会有任何发展。

西里尔·曼戈

君士坦丁的面孔

“四帝共治”（Tetrarchy）时代的皇帝留下的是那种看上去深思熟虑、冷酷无情，酷似墨索里尼（Mussolini）的肖像，标志性的特征是粗壮的脖子、下巴上的胡子茬，还有严厉的神情——用以彰显军旅生涯中的艰辛与决断。君士坦丁则更喜欢被表现为“和平的创立者”，他的形象永远年轻，胡子刮得干干净净，做出像奥古斯都一样的样子。出自罗马新皇宫（Basilica Nova，315年）的君士坦丁巨型大理石头像有真人头颅的8倍之大。它有一个鹰钩鼻、凸出的下巴和大大的眼睛，这也许是、也许不是其真实的特征，但是不管怎么样，它的确展现了这座被崇拜的雕像的平静与威严。君士坦丁与神之间的关系最初是与阿波罗-赫利俄斯（Apollo-Helios）联系在一起的，这种关系表现在了他的铸币上，他的胸像与“无敌的太阳神”（Sol Invictus）部分地重合在了一起。公元324年之后，出现了另一种不太明显的表现方式，一个凝视天空的头像会让我们联想到亚历山大大帝。

君士坦丁后来成了基督教的圣徒，他事实上获得了“等同于使徒们”〔‘the equal of the Apostles’（isapostolos）〕的地位，这是古往今来唯一获此殊荣的皇帝。同时还出现了几本关于他的圣徒传记，这些作品和实际情况几乎没有什么关联。然而，他杀死了自己的妻子和长子，由一个异端教士洗礼，并在去世后被按照多神教的传统神化。在君士坦丁堡以他名字命名的广场中，他的雕像也再一次被装扮成赫利俄斯的模样。这座雕像矗立在他建立的斑岩石柱之上，成为公众崇拜的对象。无怪乎他的个性会被解读得如此多种多样。他究竟是个恶棍和投机分子，还是一个"真诚的人，在一个黑暗世纪的开端，他看到了真理"〔A. 皮加尼奥尔（A. Piganiol）〕？

作为一名圣徒，君士坦丁的形象常见于拜占庭的教堂装饰之中。在君士坦丁堡圣索菲亚教堂10世纪的镶嵌画上，表现了他正在向圣母敬献他所建立城市的模型。他的形象依然是没有胡须的，也许这是为了遵从古代文物的精神，但是他披着长发，被光环环绕，身披拜占庭皇帝出席重大仪式的盛装。然而，在中世纪，他通常被描绘为有须的形象，就如同每个成年人那样。他和他的母亲圣海伦娜（St Helena）在一起，两个人一起紧握着后者发现的"真十字架"（True Cross）。

西里尔·曼戈

第一章

从君士坦丁到希拉克略的东罗马帝国（306—641年）

彼得·萨里斯（Peter Sarris）

“李锡尼（Licinius）被君士坦丁包围在了尼科米底亚，随后，他放弃了希望，意识到自己没有足够的战士来进行一场战斗。因此，他走出了城市，匍匐在君士坦丁身前苦苦哀求。他为后者披上紫袍，承认他是皇帝和主人……君士坦丁将李锡尼送到了塞萨洛尼基，仿佛能让他就此安度余生，但是不久他就一如既往地背弃了自己的誓言，将李锡尼送上了绞刑台。现在，整个帝国都掌握在君士坦丁一人手中了。”这就是多神教历史学家左西莫斯（Zosimus）在公元500年前后的一段记载，他描述了罗马皇帝君士坦丁于324年对皇位的最后一位竞争者所取得的决定性胜利。这场胜利让君士坦丁成为罗马帝国东部行省无可争议的主人，这也是整个罗马世界最为富庶和人口最密集的地区。

君士坦丁将这些新占领的领土与西部省区合而为一，后者是他在公元306年之后那段动荡冲突的漫长岁月中逐渐掌控的。尽管有时在一些基督徒留下的史料中，这会被看作某种神示天命的结果，但是如左西莫斯所说，君士坦丁霸业的背景，应被理解为一群雄心勃勃的男人残忍血腥而又斗智斗勇的较量，这也正是晚期罗马帝国的政治特征。

尽管还能勾勒出它的大致脉络，但我们已经很难准确无误地重现这一权力斗争的细枝末节。从293年到305年，在皇帝戴克里先的安排下，也就是历史学家所谓“四帝共治”制度下，罗马帝国被两个头衔为“奥古斯都”的皇帝统治着。二者中地位稍高者统治东部，而另一位则驻扎在西部。每位奥古斯都下设一“恺撒”，这是奥古斯都的副职，并有权继承他的权位。305年，已明显年老体衰的东部帝国奥古斯都戴克里先和西部帝国的共治者马克西米安（Maximian）宣布退位。相应地，他们各自的恺撒继承了他们的位置：伽勒里乌斯（Galerius）得到了东部帝国，而君士坦提乌斯则得到了西部帝国。在东部，伽勒里乌斯任命他最年长的外甥马克西明（Maximin）为恺撒。而在西部，他把属下一位叫作塞维鲁（Severus）的军官强加给了君士坦提乌斯，让其成为后者的恺撒。

306年，君士坦提乌斯在征伐皮克特人（the Picts）的途中，于约克去世。尽管他的“太上皇”宣布塞维鲁为继任者，但君士坦提乌斯在不列颠的军队却拥立了他的儿子——君士坦丁为帝。这一篡位行为引发其他人的效仿，罗马军队支持西部帝国先帝马克西米安之子马克辛提乌斯（Maxentius）登上皇位，后者随后有效地控制了意大利和阿非利加。

作为地位更高的奥古斯都，伽勒里乌斯徒劳地尝试重新控制局面。他没有顾及马克辛提乌斯在中地中海地区的实力，在放弃了对塞维鲁的支持之后，任命一位先前在军队中的同袍为新的西部皇帝，这个人叫作李锡尼。帝国此时就有了5位君主：东部的伽勒里乌斯和马克西明，以及西部的李锡尼、君士坦丁和篡位者马克辛提乌斯。戴克里先皇帝在法律和政治上引入的这一制度只存在了不到二十年即告瓦解作废。

310年，伽勒里乌斯做了最后的试图挽救危局的努力，他发动了一场战争，期望能够将罗马从马克辛提乌斯的手中夺回，但是却遭受了可耻的失败。311年，伽勒里乌斯去世，他在小亚细亚和东部地区的权力被全部移交给马克西明，而李锡尼控制着先前隶属于东部奥古斯都管辖的欧洲行省。伽勒里乌斯之死开启了一个新的进程，自此之后，剩余的统治者彼此攻伐，直至消灭所有对手为止。

君士坦丁于312年取得了伽勒里乌斯没能企及的成功，于米尔万桥（Milvian bridge）之战击败了他在帝国西部的主要对手、篡位者马克辛提乌斯。这一令人震惊的胜利让君士坦丁控制了罗马城。君士坦丁稍后将他的胜利归因于在这场战争之前他放弃祖先的宗教而皈依基督教这件事。确实，从312年之后，我们可以发现君士坦丁公开表达对基督教会的支持，并且给予它最为慷慨的馈赠。313年，李锡尼也取得了相应的胜利，他在色雷斯击败了马克西明，并使自己成为东部帝国的统治者。接下来，这两个坚持到最后的奥古斯都之间产生了一系列的军事摩擦。然而，直到323年，君士坦丁和李锡尼才不约而同地发动了战争，君士坦丁先于亚得里亚堡，之后又在尼科米底亚附近的克里索波利斯（Chrysopolis）击败了李锡尼。

为了褒奖这场胜利，君士坦丁命令将位于尼科米底亚邻近地区，也就是博斯普鲁斯海峡欧洲一侧的希腊古城拜占庭重新敬献给自己，并将其命名为君士坦丁堡。此后他更颁布敕令，要求将这座城市建设得富丽堂皇，以符合帝都的身份。大约过了五年，这项工作初始阶段的大部分工程胜利竣工，而“君士坦丁之城”于330年5月11日正式祝圣。君士坦丁在这里新建了一个元老院，并在这座城市度过了他余生绝大部分时光，直到337年去世。

我们所谓拜占庭文明的历史，不可避免地和君士坦丁皇帝联系在一起。正是君士坦丁的城市成为中世纪拜占庭帝国的首都和防御堡垒。正是君士坦丁选择皈依基督教，将他的新信仰作为罗马人国家中受到优待的宗教，并将他的统治扩展到希腊文化居于主导地位的罗马世界的东半部，才使得基督教、罗马帝国的传统以及希腊的知识文化融合到一起，缔造了之后特征明显的拜占庭理念世界。

然而，我们必须稍作停顿，以便在最开始就牢记，君士坦丁并没有认为自己建立了一个新的帝国，遑论缔造了一个新的文明。君士坦丁是一个讲拉丁语的人，他是以外来者的身份来到东部地区的。他恢复而非破坏了那种统一，即由一个被视作“世界之主”（dominus orbis terrarum）的人来统治罗马帝国的传统。皈依基督教之后，君士坦丁似乎只对信仰的本质问题做出过很模糊的表述。至少在最初，在他公开的形象和宣传中，君士坦丁继续使用的那些表现形式、措辞和主题，即使不能完全归于多神教范畴，也足以吸引一个多神教的听众。至少直到323年，君士坦丁的官员依然在铸造敬献给多神教崇拜偶像——“无敌的太阳神”的货币。君士坦丁小心谨慎地避免冒犯帝国统治阶层中那些拥有强大势力的多神教分子，这些人的合作与支持是他迫切需求的。

尽管如此，我们将拜占庭历史的开端定于君士坦丁战胜李锡尼之时是合乎情理的。因为不仅是君士坦丁的军事天才为拜占庭世界的诞生提供了文化和思想意识上的先决条件，同时他在东部的统治进一步催生了一系列的社会进程，这导致了一个崭新的社会形态的产生。

从324年开始，君士坦丁统治着一个庞大的帝国，疆域包括从东方的美索不达米亚、叙利亚、埃及到西方的不列颠行省，从南方的北非地区到北方的多瑙河与莱茵河沿岸的广大地区。在北部和南部的边境上，帝国面临的对手主要是相当原始的部族，如莱茵河外的诸日耳曼部落，以及北非和阿拉伯地区的柏柏尔人和阿拉伯人等。在东方，帝国遇到的是一股更令人畏惧的力量，即拥有古老文明的波斯人。大体看来，4世纪和2世纪的情形的确非常相似。然而，在基本结构上，君士坦丁的帝国和他2世纪的先辈所统治的大相径庭。更确切地说，罗马世界在最近经历了一个显著的转型阶段。

1—2世纪的罗马帝国是以城市为基础的。也就是说，帝国地方上的精英居住在那些重要的城市中心，这些地区在拉丁语中被称为civitates，在希腊语中则被写为poleis。这些精英被纳入城市议会，后者被称为

curiae或bulai。皇帝主要通过城市议会来进行统治——他的意愿通过其任命的总督传达给城市议会的成员，而总督则将省区的情况反馈给皇帝和元老院。这种相对意义上的委任统治体系有利于治理一片如此广大的区域。如果从省区层面来说，地方社区享有高度的自治权，国家的最高机构则旨在维护一种植根于意大利地区并以罗马为中心的、服从于元老院且相当保守的秩序。

这一延续下来的统治系统在3世纪中晚期遭遇到极大的压力。罗马与多瑙河、莱茵河之外诸多蛮族在经济和文化方面的交流已经损害到了这些人原有的传统，像平等主义、社会习俗等，进而促使某些规模更为庞大的部落与部落联盟形成。相对而言，北部诸部落在此之前给罗马造成的军事威胁是零碎分散的，而到了3世纪时，一些更加难以对付的群体开始出现。

同时在2世纪晚期，罗马帝国用入侵波斯人领土的方式，将自己的边境继续向东推进。帕提亚王朝败于罗马人之手，其统治因此覆灭，贵族之间爆发争权夺利的斗争。在205—206年，一位叫作帕帕克（Papak）的贵族领导发动了一场大叛乱。帕帕克在208年左右的某个时间去世，但是他的儿子阿尔达希尔（Ardashir）于224年将波斯世界归于一统，并确立了自己的领袖地位。226年9月，阿尔达希尔在泰西封（Ctesiphon）的皇宫里加冕为萨珊王朝（Sasanian dynasty）的第一位国王（shah）。很快，阿尔达希尔通过对罗马人发动的一系列进攻获取了声望，并以此寻求将波斯贵族团结起来支持自己。这一侵略政策被他的儿子，也是他的继任者沙普尔一世（Shapur Ⅰ）延续，后者在260年发动了一场深入叙利亚北部的冒险战役，洗劫了安条克，并俘虏、羞辱了罗马皇帝瓦勒良（Valerian）。

对于罗马人来说，极大的不幸在于这一时期波斯人的入侵与北部蛮族的袭击相伴而来。这样一种局面，无论是罗马的军队、皇帝还是元老院都始料未及，根本没有任何准备，自然也就无力应对。连续几位皇帝在军事危机时的无能表现都引发了政治上的不稳定，一位接一位的皇帝被自己的士兵废黜或杀害；地方社会也逐渐开始依靠自己的资源，这导致一系列分离（尽管未必是分离主义者）政权的出现——258—274年，高卢人在西部建立了政权，而在东部的帕尔米拉，一个分离政权也存在多年，直到272年为止。

为了应对这场危机，罗马爆发了一场社会革命。此前，皇帝都是由元老院任命的，现在却逐渐由军队指定，并且军队通常从自己的同袍中推举候选人。结果是，一批出身卑微并从军队中产生的皇帝为了帝国的理想而竭尽全力，但却难以承受任何失败。这一过程在284年达到了顶峰，戴克里先战胜了他的竞争者，当上了皇帝，并对国内外的对手发动了一系列成功的战争。

戴克里先使帝国恢复了和平，这使得他有机会推动一系列强有力的行政改革。"四帝共治"制度——这个我们前面提及的多统治者体系——使帝国将权力更多地下放给那些地处容易产生麻烦地区的领袖。奥古斯都及其恺撒一般都将自己的首都设在帝国的边境地区，如西部的特里尔或东部的安条克。与此同时，重建国家的财政和行政系统，这让皇帝得以更好地掌控省区的日常事务。省区的军事和民事管理权被一分为二，军队的规模也有所扩大。省区的面积减小了，总的数量相应增加，以便中央政权加强对城市议会的控制。军队数量的增加与掌控一切的帝国官僚系统的膨胀造成的结果是，直接隶属于中央管辖的军事与民政高官的数量达到了原来的两倍以上。这些职位起先由省区城市议会中的那些高层人士占据。同时，这些官员进入元老阶层的大门也逐渐被打开。一个崭新的帝国官僚贵族阶层就这样形成了。

君士坦丁渴望取得进一步的成果。这位皇帝在君士坦丁堡建立了一个新的元老院，这尤其加速了东地中海世界精英阶层形成的进程。对于君士坦丁来说，为了巩固他在东部省区的政治地位，至关重要的是要与东部地区官僚系统中的高层官员及城市议会中的显赫人士建立起私人联系，并让他们成为自己的追随者。为此，他极尽吹捧示好之能事，并尽力提高他们的声望。君士坦丁充分认识到，不仅应该而且必须依靠收买来结交朋友，给予他们进入新元老院的资格就是一个非常好的途径。

为了吸引有影响力的人物来到君士坦丁堡，皇帝颁授土地给那些打算在城中修建私宅的人。332年，君士坦丁建立了常规的面包配给机制，粮食来源是盛产谷物的埃及地区。君士坦丁建立君士坦丁堡及其元老院，不仅仅是为了让自己扬名四海，同时也是基于实权政治（Realpolitik）的仔细考量。这些政策的长久影响是将东地中海世界的官僚贵族聚集到一个政治群体中，并给东部省区的统治阶层带来共同利益与共同身份的观念。这种以君士坦丁堡为核心的共同身份，在早期拜占庭世界发展出彼此紧密联系的元老精英阶层。

君士坦丁还十分敏感地意识到，物质上的刺激能够推动他的新宗教向前发展。他于312年宣布，基督教士可以免于向其所居城市的城市议会履行义务——这一政策导致人们不断涌向教会。国家向教会提供了大量资助。在战胜李锡尼之后，君士坦丁特许教会领袖任意向国库索取他们需要的财富，无论是为了扩建、装饰还是建造供宗教崇拜使用的场所。与此同时，“圣地”也被隆重地重新交还新的上帝选民——他在耶路撒冷建造了圣墓教堂（Holy Sepulchre），并在伯利恒（Bethlehem）修建了圣诞教堂（Holy Nativity）。

如果说君士坦丁对基督教的理解表现出一定局限性的话，我们不能因此对其过于苛责。基督教的许多基本教义在这一时期尚未阐明，甚至连《圣经》的文本也没有最终定型。然而，君士坦丁接纳基督教的行为的确是该信仰向前发展，直至最终确立的标志和关键转折点，因为皇帝的皈依意味着罗马人国家的强权现在可以被用于支持任何一个皇帝所知的神学或教会派别。基督徒刚刚还在多神教宗帝的迫害中哀叹，现在却更想用同样残忍的威权去对待基督教的敌人。325年，皇帝在尼西亚（Nicaea）主持了一个基督教主教的会议，这个会议最初是为了解决圣子与圣父之间的关系问题。君士坦丁在尼西亚会议上支持划定的那个标准后来被其他皇帝和大公会议当作确定异端的尺度，但这比起会议本身，就显得不那么重要了。这些“基督教大公会议”的决议成为帝国法律的组成部分。否定这些教规不仅意味着违背上帝，同时也意味着违背皇帝的意志。

这些政策毫无疑问推进了基督教事业的发展。然而，基督教与皇帝之间的关系可以说更决定性地促进了其权益。正是这位皇帝，到他于337年去世时，恢复了罗马世界的和平与统一，并在东地中海地区着手建立一个统治稳固且具有影响力的政治实体，其臣民们有足够的理由为皇帝的功业大肆庆祝。在拥戴君士坦丁的问题上，他的政策和王朝在军事方面的胜利与慷慨大度的捐献远比信仰上的缺陷更为重要。

这种对君士坦丁时代美好记忆的眷恋，在他去世之后不久就引发了暴力的后果。君士坦丁似乎打算将他身后的帝国分给他的三个儿子〔君士坦丁二世、君士坦提乌斯二世、君士坦斯（Constans）〕及其继母狄奥多拉的孙子们。君士坦丁去世后的三个月出现了一段动荡的空位期，直到337年9月，君士坦丁的儿子们自立为奥古斯都。在此之前，君士坦丁堡爆发过一场军队骚乱。士兵宣称他们不接受“君士坦丁儿子们之外的”统治者，狄奥多拉的孙子们以及他们的一大群亲戚和支持者都惨遭屠杀。仅有的两名幸存者是伽卢斯（Gallus）和尤里安，他们是君士坦丁被残杀的同父异母兄弟尤里乌斯·君士坦提乌斯的两个幼子。尤里安当时非常年幼，得以幸免于难，而他同父异母的哥哥伽卢斯则因为体弱多病而被认为没有杀害的必要。

君士坦丁的三个儿子于337年秋天在巴尔干半岛的潘诺尼亚会面，他们瓜分了帝国。老二君士坦提乌斯掌控着色雷斯以东的省区；君士坦斯得到了巴尔干半岛的其余部分，以及意大利和阿非利加；而长兄，同时也最可能是私生子的君士坦丁二世分得了不列颠、高卢和西班牙。君士坦丁二世很明显对分配结果不满，他于340年在意大利发动了不成功的战争，并最终在阿奎拉（Aquilea）附近被杀，他的幼弟夺取了他先前分得的领地。在东方，借由权力交接之时频繁出现的政治动荡局面，波斯国王沙普尔二世（Shapur Ⅱ）尝试发动了数次对罗马人边境城市尼西比斯（Nisibis）的入侵。第一次大约发生在337年夏天，随后波斯人又于346年和350年两次入侵。君士坦提乌斯以安条克作为基地，进行顽强抵抗，取得了成功。

君士坦提乌斯是个多疑的人，作为基督徒，他还不像其父那样是个实用主义者。然而，他在军事方面的才能以及他作为统治者的尽职尽责，还是赢得了很多东部臣民的崇敬。甚至连信奉多神教的历史学家阿米安·马塞利努斯也不得不承认这一点，他的作品记载了君士坦提乌斯统治后期的事迹。君士坦提乌斯成功的关键可被再度归结为超凡的军事能力和精心计划的慷慨捐助。在君士坦提乌斯统治时期，君士坦丁堡得到进一步装饰，富丽堂皇，其元老院规模也显著扩大。君士坦丁堡的元老被赐予和他们的罗马同僚同等荣耀的地位。

如果说君士坦提乌斯在其父的基业之上有所建树的话，那么他的弟弟君士坦斯处事则不那么明智。人们认为他总是持续不断地制定错误决策，并且其宫廷也因为花费无度而备受责难。尽管君士坦斯以其立法反对同性恋行为而闻名，但是稍晚的史料记载，他一直和一些蛮族战俘保持着同性伴侣关系。350年爆发的宫廷政变推翻了他的统治，有着日耳曼血统的军官马格恩提乌斯（Magnentius）取而代之。这一行为不可避免地激起了君士坦提乌斯的愤怒，他于351年首先将篡位者的军队驱逐出巴尔干半岛，而后挥师意大利，最终抵达高卢，马格恩提乌斯的军队于353年在此被彻底击败。

君士坦提乌斯在西部的逗留无疑会给其在东部的统治带来问题，波斯人一直在那里制造威胁。君士坦提乌斯因为没有子嗣，不得不从337年大屠杀的幸存皇室成员中挑选继任者，他于351年任命伽卢斯为恺撒。伽卢斯在东部统治的最显著特点看起来就是他无谓地滥用暴力。正如阿米安记载的那样，“他已经超越了被赋予的权力界限……由于过分严厉，他给整个世界带来了伤害”。君士坦提乌斯不能容忍东部地区的离心倾向，他于354年以他特有的直率作风将伽卢斯召唤来，并处决了他。此时，君士坦提乌斯忙于与叛乱的蛮族部落在莱茵河沿岸进行一系列的战争。他于355年任命伽卢斯同父异母的兄弟尤里安为恺撒，并委派后者主持高卢战事，而他自己则移师多瑙河边境作战。

君士坦提乌斯肯定知道尤里安没有任何理由敬爱他。毕竟在尤里安家族被屠杀殆尽的问题上，皇帝是牵扯其中的。尤里安和伽卢斯在342—348年期间实际上被软禁在卡帕多西亚的一座宫殿之中。直到348年，尤里安才得到了一些宽恕，允许他走出那个狭小的世界，并且被批准第一次来到君士坦丁堡。之后他又去了尼科米底亚、以弗所，并在雅典短暂停留，他在这些地方忙于接受自由的教育。这位年仅24岁，颇有些书呆子气的年轻人看起来不可能威胁到君士坦提乌斯这样刚强冷酷的战士，后者的地位坚如磐石，因为他的军队热爱着他。

波斯人于359年攻占了罗马人的边境重镇阿米达（Amida），次年他们又攻陷了另外两座罗马的边境要塞。君士坦提乌斯不得不回到安条克做战争的准备。从357年君士坦提乌斯移师多瑙河起，尤里安实际上就已经成为西部诸行省唯一的统治者，为此，他充满活力地使自己适应这一职责。在一系列令人印象深刻的战役后，尤里安将那些入侵的蛮族赶出高卢北部地区，并在莱茵河边境之外展现罗马军队的威力。与此同时，他已经意识到在高卢征税对国库及其臣属同样有益。尤里安证明了自己不但是位英勇的将军，同时还是个公正且富有效率的行政管理者。

尤里安在高卢取得的成功看起来让君士坦提乌斯感到恐慌。于是，皇帝于360年初命令尤里安将属下军队的很大一部分派往东部，以应对波斯战争。对尤里安来说，这看上去必定是个刻意采取的举动，以削弱他的地位。尤里安的部队很快向东进发，而他们的数量恐怕并非如君士坦提乌斯当初所愿。因为尤里安的军队于360年2月拥戴他成为奥古斯都。君士坦提乌斯拒绝任何削弱自身权力的行动，尤里安及其军队于361年开始向东方远征，打算以武力解决皇位之争。君士坦提乌斯因此从安条克撤军，如阿米安记录的那样，“他一如既往地渴望进行内战”。然而，当他和他的军队穿越奇里乞亚（Cilicia）地区时，他患病发烧并被夺去性命。已故皇帝的幕僚同意承认尤里安为罗马世界最高的统治者，并且派两位军官出发去邀请他“不要有任何犹豫地去控制东部，那里已经准备好臣服于他”。尤里安迅速进入君士坦丁堡。

尤里安的统治只持续了不到18个月。然而，对于他同时代的人和现代学者来说，其统治时期具有持久的魅力。他在其堂兄[1]去世时，选择向公众公开了一件长久以来只有其亲信至交才知道的秘密，即在351年他首次来到尼科米底亚和以弗所学习时，就抛弃了君士坦丁的上帝，转而拥抱带有神秘色彩的新柏拉图主义的多神教。尤里安一进入君士坦丁堡，立即宣布宗教宽容政策，取消基督教会和教士享有的特权，并且命令在帝国各城市的神殿中恢复多神教崇拜。

尤里安试图通过这一声明公然恢复罗马世界对传统诸神的崇拜，他认为正是众神赐予了罗马过往的荣光。然而需要意识到的很重要的一点是，即使对于许多非基督徒来说，尤里安的多神教信仰看起来也是一个奇怪的、甚至很可能是令人陌生的混合物。尤里安从小就被培养成基督徒，他的多神教信仰就像一种语言中带有某些异邦的腔调，仿佛一个人急切地希望获得认同，但在那些操母语的人听来却相当陌生一样。尤里安信奉的是具有很高知识水平的多神教，它通过一种隐喻性的解释接近古希腊罗马传统的神话传说。当对众神中的单独个体进行崇拜时，这些崇拜活动的最终目的就指向了更为清晰的独一的神圣准则，即尤里安所描述的“造物主……所有人共同的父亲和国王”。

这一掺杂了一神论倾向的理论在晚期多神教信仰中就已存在，也许对于帝国受过良好教育的精英阶层更具有吸引力。然而尤里安这一高度思辨的理念却和另一种品位紧密地结合在一起，即信仰奇迹、献祭和相信魔

[1] 英文原版作“伯伯”，据前后文文意，此处当为“堂兄”，即君士坦提乌斯二世。——编者注（本书注释如无特别说明，均为编者注）

法，这些东西恰恰被那些精英认为是相当粗鄙愚昧的。因此阿米安评价尤里安道："他更为迷信，而非真正地尊奉宗教仪式，并且他献祭了无数牺牲而不考虑花费。"不仅仅是因为基督教宗帝的登基促使各行省多神教信徒废弃他们在城市中的神庙，并放弃相关的崇拜仪式，从某种程度上说，这一趋势也是公众和那些出身良好的多神教徒对花费甚高的宗教活动缺乏兴趣所致。

如果说尤里安的宗教倾向与当时的时代精神多有冲突的话，他在世俗领域的某些想法也是如此。从本质上来说，尤里安的政策体现出他决定颠覆戴克里先和君士坦丁的改革。其宫廷在规模和壮丽程度上都有所缩减。皇帝回到罗马世界首要行政长官的角色，而非万事万物的主宰。中央政府的功用被逐渐削减，帝国行政管理的运行再度变为更主要依靠城市议会的自治。这一传统抱负也许会赢得一些人的赞扬，但是逃离城市职责义务的束缚，通过参军或进入中央政府而功成名就，去体验宫廷生活的奢华等机会的大门早已向那些帝国新贵敞开了，他们自然不愿就此认输。

因此，当尤里安于362年离开君士坦丁堡前往安条克时，发现自己的宗教和世俗政策明显没有引起沿途城市公众的热情和兴趣，也许就一点也不奇怪了。而这一倾向在尤里安与安条克市民发生激烈冲突时达到了顶点。在那里，尤里安为阿多尼斯（Adonis）的节日举行奢侈的献祭，而这座城市当时正面临食品短缺问题。再加上皇帝笨拙地试图减轻城市饥饿的努力，更是激起了基督徒和多神教徒共同的愤怒。公众的嘲讽给这位敏感的皇帝留下了深刻的印象。在他回到这一地区时，尤里安就宣布他要选择塔尔苏斯（Tarsus）而非安条克作为他的驻地。

然而，尤里安于362年在东方的远行让他认识到实现自己抱负的艰难。为了实现其目标，他选择了罗马皇帝长久以来团结东方操希腊语城市的办法：发动一场对希腊世界传统敌人——波斯帝国的战争。363年，尤里安率领6.5万名战士进入波斯人领土。阿米安·马塞利努斯为我们留下了第一手的证据，他记录了尤里安一系列辉煌的胜利，直至逼近波斯国王的首都泰西封。在城市守军的注目下，尤里安主持了一系列的竞技庆典和比赛。一场辉煌的胜利似乎尽在他的掌握之中，这一胜利能够显示出他所信奉的宗教的优越性。然而，尤里安及其幕僚很快就意识到，即使竭尽他们所能，这座城市也是坚不可摧的。正如基督徒纳西盎的格里高利所言："从这时起，就像沙子从脚下滑脱，抑或如大风暴突然爆发摧毁了舰船，他的前景开始变得灰暗了。"

在此关头，尤里安犯下了致命的错误。他没有选择沿着来时的道路撤退，而是烧毁了军队用来渡过幼发拉底河及其支流的船只，并进一步深入攻击波斯人腹地。当他这样做之后，其军队士气逐渐低落、给养供给不力，并饱受抢劫和伏兵之苦。在6月26日的一场战斗中，皇帝被一支长矛刺中，那支长矛刺穿了他的肋骨。尤里安被抬到他的帐篷里，并于当晚去世。根据阿米安记载，他公开宣称自己心满意足，至少他是死于战场而非倒在"一场密谋"中。其余的细节就不太能够确定：有传言说皇帝实际上是被自己阵营中的基督徒士兵刺杀的。

历史学家会很轻易地将尤里安当作无望的理想主义者，其政策注定要遭到失败。当然，我们很难想象皇帝的世俗政策如何能够取得成功。然而，尤里安异乎寻常的多神教政策却有可能把帝国的政策目标定为：基督教是众多信仰中的一种，可以容忍它的存在，却不给予特权。这当然是可以实现的，尤其是如果这位多神教宗帝能够在波斯战场赢得他在高卢所取得的胜利时更是如此。如君士坦丁的统治所显示的那样，在现世赢得臣民忠诚的最重要因素，是皇帝在军事上的成功而非其宗教倾向。我们可以从尤里安去世后的事态发展看到这一点。

他的军官先将皇冠转交给上了年纪的多神教同袍萨鲁提乌斯（Salutius）。只是在萨鲁提乌斯谢绝后，他们才将基督徒军官约维安（Jovian）拥上皇位。后者主持了与波斯人的谈判，作为撤退的条件，他将边境城市尼西比斯和一片罗马人的领土割让给波斯人。从此再没有一位多神教徒成为罗马人世界的主宰。基督教会即将确认这一点。4世纪后半期，尤里安之前的基督教宗帝对多神教残余势力奉行相对中立的政策，之后则逐渐变得冷酷无情，或使其自动皈依基督教，或用高压政策使其屈服，以求建立完全基督教化的社会和国家。

约维安带领士气低落的罗马军队返乡，在离开安条克前往君士坦丁堡途中，他于364年2月17日病逝在首都附近。皇位接下来传给将军瓦伦提尼安（Valentinian），他将帝国分给自己的弟弟瓦林斯，后者获得东部地区，瓦伦提尼安则获得西部地区，并且居于领导地位。在西部，由于尤里安率军远征，蛮族再次越过多瑙河和莱茵河入侵。瓦伦提尼安在接下来的十一年中花费大部分时间与他们作战，并在军事上取得成功。在东部，瓦林斯被迫同时面对复兴的波斯帝国和普罗柯比的叛乱，后者是先皇尤里安的亲戚和支持者。在击败普罗柯比后，瓦林斯越过多瑙河与那位篡位者的蛮族盟友作战，并于369年击败了他们。

375年，瓦伦提尼安在多瑙河沿岸作战期间不幸去世。他已经决定让其长子、16岁的格拉提安（Gratian）继承其皇位，并且把这个孩子留在北高卢的特里尔。事实上，格拉提安以一种不合常规的方式于367年获得了奥古斯都的头衔。然而，瓦伦提尼安在多瑙河的军队没有遵从他的遗愿，而是拥立其4岁的儿子瓦伦提尼安二世为帝，他的皇宫被设在意大利北部，而格拉提安的支持者依然十分活跃，并控制了高卢地区。

然而，格拉提安的政权于383年受到直接的挑战，不列颠爆发叛乱，其领导者是来自西班牙的将军马格努斯·马克西姆斯（Magnus Maximus），在其策动下，格拉提安的军队迅速变节。这导致篡位者有效地控制了不列颠、高卢和西班牙地区，而瓦伦提尼安二世的宫廷则被孤立在意大利。马克西姆斯寻求获得东部新皇帝狄奥多西一世的承认，后者在379年继承瓦林斯的皇位。但狄奥多西一世没有承认他的地位。387年，马克西姆斯翻越阿尔卑斯山，以求控制意大利和阿非利加，这一行为导致388年狄奥多西一世以支持瓦伦提尼安二世为名入侵帝国西部。马克西姆斯战败被俘后被处决。瓦伦提尼安二世被送到高卢，并在维也纳建立其皇宫。在这里他成为其东部同僚的傀儡，正是后者给予了他皇位。

显然瓦伦提尼安二世对自己丧失实权感到沮丧，于是他在392年结束了自己的生命。由此引发了另一场内战。西部军队司令官阿尔伯加斯特（Arbogast）试图把叫作尤根尼乌斯（Eugenius）的盟友推上皇位。狄奥多西一世为此率领军队，于394年对西部发动了新的战争。皇帝成功地击败篡位者，但是他自己却在395年去世，并将其帝国分给两个儿子，西部的霍诺留（Honorius）和东部的阿卡狄乌斯（Arcadius）。

在罗马帝国东、西部省区关系问题上，从瓦伦提尼安一世去世直到狄奥多西一世去世的这段时间，从各个角度来说都是至关重要的。在西部，能力不足的格拉提安和瓦伦提尼安二世继承瓦伦提尼安一世的皇位，意味着西部省区，尤其是不列颠和高卢的统治阶层缺乏有足够个人权威或名望的人物来有效地负责军事事务。首先得到拥护的是马克西姆斯，之后则是尤根尼乌斯，这体现出如果这些篡位者能够具备必要的领导力的话，西部社会的上层人士已经逐渐准备好服从他们。西部帝国中央政府的弱化将在395年帝国一分为二之后表现得更为明显，有两个现象使这种情况进一步加剧。

正如我们所看见的那样，罗马世界的军事安全在莱茵河与多瑙河以北众多蛮族部落的压力下显得岌岌可危。而那些蛮族部落自身在来自欧亚大草原的任何威胁面前也十分脆弱。欧亚大草原包括平原和草地，从潘诺尼亚平原，经过黑海北部地区，一直到达遥远的中国边疆，其不稳定会导致那些具有高度机动能力的游牧部落向西迁徙，这也许会促使它们接着进入多瑙河世界，抑或会迫使已经定居在那里的蛮族部落进入罗马人的领土。在4世纪时，我们知道被称作匈人的游牧部落进行了这种向西方的迁徙，其中的一支将会在北方给罗马帝国造成极大的混乱。

4世纪70年代中期前的某个时间，匈人看上去已经在黑海北岸和喀尔巴阡山以东自行建立政权，他们首先征服了阿兰人，接下来与到目前为止统治了这片区域的日耳曼哥特部落发生冲突。376年，一大批哥特难民来到多瑙河北岸。在那里，他们恳求瓦林斯皇帝能够让他们定居在罗马帝国，他们将为其服军役以作为获得土地的回报。瓦林斯答应了他们的请求。然而，这些哥特人却受到该地区罗马司令官的恶劣对待，这导致西哥特人于378年发起大规模暴动，他们的领袖叫作非列迪根（Fritigern）。8月9日，哥特人在亚得里亚堡（Adrianople）以北的大规模会战中，击败一支由4万人组成的强大罗马军团。三分之二的罗马将士惨遭屠杀，皇帝瓦林斯也在战斗中丧命。尽管狄奥多西一世接下来恢复了和平局面，将西哥特人安置在巴尔干半岛西部，但他们之间疏远的关系依然是一个不安定因素。

395—410年，局势再度恶化。狄奥多西一世之死在两个关键方面损害了双方关系。其一，狄奥多西一世在西部任命的继承人霍诺留即位时年仅10岁，其宫廷的实际控制者是西部军队司令、有着蛮族血统的将军斯提里克（Stilicho），他是个以对西哥特人抱有敌意而闻名的人物。其二，狄奥多西一世之死使西哥特人有机会在其新领袖阿拉里克（Alaric）的领导下从罗马人那里获得更为优厚的待遇。为此，他们定期攻击罗马人在巴尔干的据点，并逐渐扩张到意大利地区。在君士坦丁堡，这种行为激起反抗哥特人的起义，在这一年共有400名哥特士兵在城中被杀。

在西部地区，斯提里克发动一系列战争来应对这些进攻，但都没有取得决定性的战果，最终他不得不于407年与西哥特人达成协议，为他们提供津贴、赔款和荣誉头衔。然而，在西部也爆发了反对蛮族的运动。408年，斯提里克及其追随者被处决，这使得西部帝国的宫廷与西哥特人的条约出现变数。为了对西部政府施压，阿拉里克率领他的军队进入意大利。因为谈判陷入僵局，他于410年率领军队洗劫罗马城。起先这是东部帝国所面临的困境，但由于狄奥多西一世将西哥特人安置在巴尔干半岛西部，因此它逐渐成为西部帝国的全面大危机。

哥特人并非唯一在此时进入罗马领土的蛮族部落。至5世纪早期，匈人已经来到了喀尔巴阡山以西，蛮族带来的压力不断加剧，尤其是在莱茵河边境。405年，另一支哥特军队的首领拉达盖苏斯（Radagaisus）率领其军队进入意大利。406年12月31日，大批蛮族，包括汪达尔人、苏维汇人和阿兰人越过结冰的莱茵河。同年，拉达盖苏斯在佛罗伦萨城外兵败被杀。但是那些莱茵河对岸的入侵者继续扩大入侵范围，直到他们于409年攻入西班牙为止。412年，西哥特人在阿拉里克的继任者阿道尔夫（Ataulf）的率领下翻越阿尔卑斯山，在高卢南部定居下来。到5世纪的第二个十年时，西部帝国的大部分地区都陷于严重的军事瘫痪境地。蛮族军队控制着高卢和西班牙，并且向阿非利加进军，汪达尔人最终于439年征服了那个地区。407年，罗马野战部队从不列颠撤军，此后再也没有回到那里。

这场危机中最引人注目的也许是罗马野战部队在面对蛮族进攻时的无能为力。哥特人在5世纪头十年出现在意大利必然意味着帝国统治者需要将注意力过度集中于半岛地区，以至于无法有效地集中力量以应付高卢地区的形势变化。从395年起，宫廷迁移到米兰，之后又于402年迁到拉韦纳，借此更好地应对西哥特人的挑战。相应地，西部残存省区的军队司令官和帝国官员也不得不仅仅依靠自己的资源。但是406年之后，帝国西部地区在军事问题上应对乏力已不仅仅是因为远离皇帝的控制，更直接的原因是帝国在西部地区的军队没有足够的资源来维持基本的防卫。

这是由4世纪新贵族阶层的出现而导致社会经济“发展”引发的结果。这一新精英集团的成员极力确保自身的社会和政治特权，他们为了扩大自己庄园领地的面积而去侵犯小土地所有者和省区下层民众的利益。这一过程在4世纪的“庄园繁荣”（villa boom）时期可以得到体现，考古学家在西部地区确认了这一现象，同时，一位学者曾经描述道，这一时期贵族的财富像“滚雪球”一般激增，这一点可以在史料中得到证实。东部地区也是如此，那里现存的大量4—5世纪的法令都显示皇帝曾试图限制这种现象。这些法令可以让我们产生很多联想，因为那些帝国的统治者声称，富有的大地主正在大范围地运用其影响力和特权来逃避税收。

税收的减少无疑会削弱罗马国家的财政基础，尤其会切断军事命脉，这是帝国最为主要的一项开销。因此，在5世纪初期西部帝国的统治者已经逐渐无法通过增加收入来维持一支常备军了。

由于蛮族的入侵，加上自身应对乏力，西部帝国的宫廷陷于瘫痪境地，随着5世纪后时间的流逝，它已经变得越来越无足轻重。帝国官员发现，自己不得不与蛮族进行一些交易，这样至少还能有权使用部分军事力量。例如418年，西哥特人被安置在阿基坦（Aquitaine），他们在图卢兹（Toulouse）建立王国。作为回报，他们答应保护这一地区免遭其他蛮族的破坏。这样，西部地区各省的社会上层人士出于政治目的开始汇聚到蛮族领袖的王宫中，而拉韦纳皇宫的势力则逐渐退出视线。到5世纪中期，皇帝有效掌握的地区只剩意大利了。

然而，即使在意大利，军事形势也十分危险。452年，匈人首领、臭名昭著的阿提拉（Attila）率领军队杀入半岛，并一路所向披靡。455年，罗马城再次遭到洗劫，这次的始作俑者是汪达尔人。由于西部帝国宫廷变得越来越软弱无能，因此西部帝国这个概念看起来也就成了可以舍弃的牺牲品。467—468年，当东部帝国的官吏安塞米乌斯（Anthemius）成为西部皇帝之后，高卢地区的大区长官建议西哥特国王尤里克（Euric）拒绝承认这位新皇帝，并且宣布高卢脱离帝国控制，自封为勃艮第国王。同样，在476年的一场宫廷政变中，西部帝国的最后一位罗马皇帝罗慕路斯被蛮族将领奥多亚克（Odoacer）废黜。后者自立为意大利国王，并且通知君士坦丁堡，现在已经不再需要在拉韦纳设置皇帝了，该地区有名无实的统治权可以由东部帝国的奥古斯都获得。这一法律虚拟（legal fiction）标志着蛮族自治王国在西部地区的出现，此时他们成了罗马的继承者。

如果说5世纪对罗马帝国西部省区的政府结构来说是个关键性时期的话，东部的形势则没有发生那么翻天覆地的变化。西哥特人的迁徙加上匈人逐渐向西进行的军事活动意味着，对于君士坦丁堡来说，蛮族问题没有拉韦纳那么紧急。即使如此，东部当局也没有什么办法来阻止匈人入侵巴尔干半岛。阿提拉于453年去世，匈人政权随之土崩瓦解，但他们又不得不允许一大群有潜在危险的东哥特人定居在巴尔干北部，这些人之前是匈人的属民。最终，大批东哥特人于489年被皇帝说服，在其首领狄奥多里克（Theoderic）的率领下挥师西进，从奥多亚克手中夺回意大利。狄奥多尔克在那里建立了新的政权，他在口头上虚情假意地承认帝国的宗主权，但仅此而已。

至关重要的是，5世纪是罗马与波斯关系的缓和时期。这两大帝国都充分意识到它们面临着由欧亚大草原的混乱局面造成的巨大威胁。在这一背景下，合作就成为一种必要的选择。然而，我们也不应过分夸大东部帝国在5、6世纪之交时的实力。东部帝国统治当局无法为西部的防卫做出任何实质性的贡献。从东部帝国现存的法律文献以及埃及的档案文书中可以看出，和西部一样，君士坦丁堡的皇帝也在战争中遭受失败，他们无力阻止贵族庄园的扩张，以及那些庄园主人的逃税行为。君士坦丁堡政治局势时有不稳定，特别是在泽诺皇帝统治时期（474—491年）出现了一系列宫廷阴谋和起义活动。

另有两个因素进一步削弱了帝国的统治权力。首先，从451年的卡尔西顿基督教大公会议（the Ecumenical Council of Chalcedon）起，东部教会就发现自己陷入了一场基督身份中神人两性关系问题的痛苦争论之中。在该次会议上达成的关于这一关系的定论遭到埃及和叙利亚地区教会领袖的激烈反对。大部分埃及教会人士拒绝接受卡尔西顿神学理论的行为对皇帝权力构成了直接的挑战，为此皇帝想尽各种应对方式，包括有限度地迫害、哄骗以及妥协，但是一切都是徒劳无功的。皇帝阿纳斯塔修斯一世（Anastasius Ⅰ）比较同情反卡尔西顿派的倾向激发了亲卡尔西顿派的敌对情绪。这场争论令人非常头疼，同时让所有人精疲力竭。

其次，波斯人的威胁于6世纪初期卷土重来。萨珊波斯国王佩罗兹（Peroz）于484年耻辱地败于被称作嚈哒（Hephthalites）或“白匈人”的游牧民族之手，后者击败波斯帝国并迫使其称臣纳贡。502—503年，国王卡瓦德（Kavad）试图恢复其王朝的实力，为此再一次发动对罗马人的战争，并攻陷边境城市阿米达。当时阿纳斯塔修斯一世完全有能力抵御波斯人的进攻，因此这个再次出现的好战之敌在当时只是给帝国边境安全带来潜在的威胁。

查士丁尼一世统治早期，对上述每一项威胁帝国统治的挑战都做出有力的回应。他的即位标志着自戴克里先以来罗马统治者最强有力的时代的到来。527—541年，其主要目标集中在彻底重建罗马国家上。查士丁尼一世于527年继承其年迈的舅父查士丁的皇位，成为帝国唯一的奥古斯都。查士丁尼一世和他的舅父一样是位军人，他夺得皇位的首要基础是军队的支持，这就在君士坦丁堡的贵族圈内引发一些猜疑。因此，对于新皇帝来说，他必须要尽快地树立自己的权威。

查士丁尼一世在527—541年间实行的改革应该被看作一个整体。正如他在君士坦丁堡建造的那座穹顶奇观，即圣智教堂（Holy Wisdom）或圣索菲亚教堂一样，重新树立皇权具有主宰万物的权威的观念需要依靠一系列涉及众多领域的政策作为支撑，这其中包括了宗教、法律、行省管理、财政政策和皇权观念等。

首先，查士丁尼一世再次重申皇帝对其臣属的宗教生活的控制权。新皇帝于528—529年发布的第一批法令就推出迫害上层社会中的多神教徒残余分子、异端分子和同性恋者的政策。523年，查士丁尼一世第一次千方百计地努力调和教会中卡尔西顿会议支持者与反对者之间的矛盾，试图确立所有人都能接受的神学信仰，并且断然无情地惩戒和放逐那些违抗皇命的主教。与此同时，皇帝希望扮演更为积极的角色，试图成为臣民宗教生活中的神学仲裁者。查士丁尼一世比他之前的历代皇帝更为明确地宣称，皇帝和教士的权威都来自同一个神圣的源泉，因此皇帝有责任独自控制教士和基督教会的活动。皇帝的典礼仪式也逐渐变得更具宗教气息，强调皇帝处于神权与世俗权力交汇点这一独一无二的地位。

除了坚定不移地重新在自己臣民的宗教生活中树立皇帝的核心地位之外，皇帝试图再次明确他对世俗政府的控制。528—534年，查士丁尼一世的顾问团队更新并编纂帝国的民法，重塑原有的法律结构，以为现实需要服务。皇帝在罗马传统中有史以来第一次被确立为法律唯一的源泉。正如查士丁尼一世所言，是皇帝“赋予法律以生命”。

在帝国新法律架构出台的同时，查士丁尼一世试图使该法律更为有效地为其臣民服务。535—539年，他向至少17个行省的政府和管理机构颁布法令，以阻止这些总督因接受贵族大地产者的贿赂而贪赃枉法，并确保至关重要的税收收入。正如查士丁尼一世于539年在埃及发布的敕令所言，城市议会议员、大地产者和帝国官员的逃税行为“严重危害了我们国家自身的凝聚力”。

如此多管齐下的改革必定会在国内招致反对，至少在那些贵族看来，皇权过于强势是对其不利的。532年，出现第一次也是最为戏剧化的反抗浪潮，即爆发于君士坦丁堡的所谓“尼卡起义”（Nika）。元老院的成员利用君士坦丁堡暴民的不满，要求解除查士丁尼一世主要顾问的职务，并最终推翻皇帝。据说查士丁尼一世曾打算逃之夭夭，但却被他的妻子阻止。这位坚强不屈的皇后狄奥多拉曾经是位女演员，在同时代的一本作品中，她被辱骂为多管闲事的妓女。这场暴动最后在城市的赛车场中引发血腥的大屠杀。由于尼卡起义，君士坦丁堡中心地区大部分标志性的建筑不得不在日后重建。

然而，查士丁尼一世及其大臣事实上是在试图恢复旧有的氛围。立法计划虽然是对现实的革新，但这些法律和行省管理上的改革表面上却表现为复古和恢复传统。法律得以恢复往日的荣光，行省管理方面的改变也力图与古代皇帝的规定相吻合。除此之外，查士丁尼一世对帝国东方、北方和西方的入侵之敌采取富有攻击性的策略。在与波斯的关系方面，他遵循先辈皇帝查士丁和阿纳斯塔修斯一世的政策，重修帝国与波斯边境上的许多防御工事。同时，他还在具有至关重要战略地位的外高加索地区扩张帝国的势力，并且积极扶植罗马帝国在波斯侧翼阿拉伯地区的代理人，即加萨尼德（Ghassan）部族的首领。

同时，查士丁尼一世在其统治早期巩固了帝国在巴尔干半岛的势力。

他对多瑙河地区的蛮族部落奉行狡猾的种族政策，挑动它们彼此争斗不休。在罗马帝国疆域内，他在巴尔干内地建立了许多城堡、城墙和防御工事，以减少蛮族入侵带来的损失。

在军事方面，东方和北方边境是查士丁尼一世重点关注的地区，几乎在任何时候都不掉以轻心。6世纪30年代，皇帝利用北方汪达尔王国和意大利哥特政权的政治动荡，试图恢复罗马人对这些地区的直接统治。从很多方面来看，这是一场投入不大的战争：进攻北非的大约只有1.5万名将士，而在旷日持久的意大利战场，也只投入3万多军队。然而，这些在西部的突袭行动却取得成功。533—534年他夺取北非；在535—553年的战争之后，意大利也被收复。6世纪60年代早期，查士丁尼一世的军队甚至能够在西班牙南部取得立足之地。这些胜利对于恢复帝国在地中海中部和西部世界的政治、意识形态和军事领域的地位起到重要的作用。

然而，从6世纪40年代开始，查士丁尼一世统治的前十四年间那种典型的雄心勃勃、充满自信的情绪开始让位于相对更为悲观的态度。这有几点原因。一些思想守旧的人士，如历史学家普罗柯比和另一位当时的作家吕底亚的约翰（John the Lydian）觉得恢复罗马帝国往日荣光的代价太大。这两位作家都旗帜鲜明地否定查士丁尼一世内政和财务首席大臣卡帕多西亚的约翰（John the Cappadocian）的政策。约翰后来失去皇帝的宠幸，并于541年被放逐，也许就不会令人感到惊奇了。此外，尽管查士丁尼一世对波斯采取更有攻击性的立场，萨珊王朝依然有能力突破帝国的东部防线。540年，波斯国王科斯洛埃斯一世（Khusroes Ⅰ）从美索不达米亚入侵罗马帝国边界，并洗劫了安条克城——这一事件给普罗柯比留下了深刻的印象，他在作品中记载，当打算通报这场大灾难时，他为此“感到头晕目眩”。

从6世纪50年代晚期开始，帝国在巴尔干地区的势力受到削弱，另一支来自欧亚大草原的游牧部落进入多瑙河北岸。一支名为阿瓦尔人的部族受到西突厥汗国势力扩张到高加索以北和黑海地区的影响，迁徙定居在潘诺尼亚平原。尽管查士丁尼一世仍能通过其种族政策对付阿瓦尔人，但是他们的到来依然是个不祥之兆。

也许最为关键的在于，查士丁尼一世的内政、财政和宗教政策自身也开始面临困境。关于卡尔西顿会议的争端很明显越来越趋于纠结难解。在553年第二次君士坦丁堡大公会议上，查士丁尼一世的神学家认真制定神学规范，试图满足各派的需要。

然而此时此刻，在卡尔西顿问题上的冲突已经如此根深蒂固，以至于这些冲突的参与者根本没有兴趣达成教会内部的和解，因为他们认为和解对于他们各自尊崇的前辈英雄是一种不敬之举。

在财政方面，帝国于6世纪40年代遭遇严重的淋巴腺鼠疫的冲击，这场瘟疫始于中非地区，于541年经红海首次传入帝国境内。这场瘟疫很快从埃及传播到君士坦丁堡、巴勒斯坦、叙利亚、小亚细亚、巴尔干半岛、北非和意大利各地。瘟疫的第一波传染及之后的反复肆虐重创了帝国的城市和乡村腹地，许多不同地区的同时代作家都记录了这一事实。普罗柯比就曾记载，当瘟疫传到君士坦丁堡时，每天都夺去上万人的性命。以弗所主教约翰亲眼见到“许多村庄的居民都在瘟疫中全部丧生”。帝国人口可能损失三分之一。这一数字不仅意味着许多人遭受悲惨了的命运，还意味着帝国失去了许多纳税人，而他们正是国家依赖的对象。这场瘟疫暴发之后多年，帝国的金币一再贬值，这是因为统治者试图将有限的资源应用于更广的范围。

与此同时，皇帝努力阻止行省贵族进一步扩张地产，但他遏制大地主庇护与逃税行为的努力均告失败，这进一步减少了对国家至关重要的收入。查士丁尼一世关于行省的一些改革逐渐被颠覆，皇帝及其顾问的某些立法权也慢慢失去效用。

565年，查士丁尼一世去世了。宫廷诗人考利普斯（Corripus）写道：“这个令人敬畏的男人去世了，他很明显地曾经征服过这个世界。在举国哀伤之中，唯有他虔诚的面容看起来喜乐欢欣。”关于查士丁尼一世的记忆，在之后数代皇帝的脑海之中若隐若现，正如他在君士坦丁堡修造的那些伟大建筑一样，长久地统治着这座中世纪的城市。然而，尽管查士丁尼一世的这些建筑是如此宏伟，但是其统治受到瘟疫以及社会、宗教动荡的影响，最终是在令人失望的气氛中结束的。查士丁尼一世交给其继任者查士丁二世的是一个疆域更为广阔的国家，然而它却是那么脆弱，并且陷入财政危机之中。

财政上的危机极大地危害了查士丁尼一世继任者的统治，并且限制了他们进行进一步军事活动的能力。查士丁二世即位时宣称，他“发现国库几乎被使用一空，只有大量的债务存在”。这位皇帝接下来只能不情愿地停止，或者说没有能力继续支付大笔援助资金，这是用来确保阿拉伯地区加萨尼德人的支持，以及拉拢最近进入巴尔干半岛的阿瓦尔人的。

阿瓦尔人在多瑙河以北坐大，使查士丁尼一世“分而治之”的政策越来越趋于无效。为了逃离阿瓦尔人的控制，斯拉夫人和伦巴德人（Lombards）同时进入帝国疆域，他们分别进入巴尔干半岛和意大利。568—572年，意大利半岛大部分地区沦陷了。6世纪80年代，从塞萨洛尼基到雅典的众多巴尔干城市都遭到阿瓦尔人和斯拉夫人的反复洗劫，阿瓦尔人主攻北部平原地区，而斯拉夫人则趁机向南入侵山区、高原和森林地带，并在那里定居。6世纪90年代，莫里斯（Maurice）皇帝在多瑙河沿线及其北方发动一系列成功的战役，尽管这些突袭令人印象深刻，却对拯救该地区别处的形势收效甚微。经济是该时期最主要的问题。588年，军费被缩减25%，这导致帝国东部边境爆发大规模的兵变。

6世纪晚期，与波斯人的战争时断时续。尽管罗马人在阿拉伯地区的势力遭到削弱，帝国在外高加索地区却取得重要的进展，当时莫里斯皇帝利用了针对波斯国王霍尔米兹四世（Hormizd Ⅳ）的政变。他于591年协助萨珊国王之子科斯洛埃斯二世登上皇位，作为回报，他取得大片波斯领土。科斯洛埃斯二世一直希望废除这个条约。十二年后，他终于得到机会。

602年，帝国军队正在多瑙河以北与斯拉夫人作战。莫里斯命令军队在冬天继续战斗。由于他过度节俭，这位皇帝在军队中已经不受欢迎，于是多瑙河地区的部队在一位叫作福卡斯（Phokas）的军官的带领下发动叛乱。大军朝君士坦丁堡进发。602年8月23日，福卡斯被拥立为奥古斯都。几天后，莫里斯及其5个儿子中的至少4个一起遇害。

莫里斯之死和福卡斯的即位将帝国拖入长时间的内战中。一本7世纪的亚美尼亚历史书很好地记录了帝国的重大事件，它描绘出罗马世界各行省的血腥场面。科斯洛埃斯二世打算借此良机夺回他于591年被迫割让的领地。罗马人无力抵抗，这进一步刺激了波斯国王不断膨胀的野心。603年，当罗马军队已明显陷入混乱时，科斯洛埃斯二世攻破罗马边防，占领多个城市与要塞。到609—610年时，波斯人已经抵达幼发拉底河。接下来双方在叙利亚激战。611年，波斯人已推进到安纳托利亚。

波斯人的这些重大胜利使帝国的政治形势更加趋于动荡。608年，迦太基总督发动叛乱。609年，他的侄子尼塞塔斯（Nicetas）进军埃及并占领亚历山大里亚。610年10月3日，总督之子希拉克略率领一支舰队兵临首都城下。福卡斯的支持者抛弃了他。两天后，福卡斯死于非命，希拉克略则代替他成为皇帝。

希拉克略最初的行动是撤回帝国在巴尔干半岛的军队，以集中资源将波斯人赶出安纳托利亚。希拉克略通过成功的作战，于612年几乎实现其目标，但是转年，他的军队在安条克郊区遭受重创。波斯人进而继续蚕食帝国在叙利亚和巴勒斯坦剩余的领地。613年，大马士革陷落，次年，波斯军队胜利进入耶路撒冷，该城居民惨遭屠杀，“真十字架”也被波斯人夺走。

到615年时，胆战心惊的君士坦丁堡元老院希望求得和平。他们派出级别很高的使团去面见科斯洛埃斯二世。这位国王被称为“至高无上的皇帝”，而希拉克略则被形容为波斯国王“真正的儿子，他一直渴望能够尽其所能为阁下服务”。元老院愿意承认波斯帝国为罗马的宗主，罗马帝国则称臣纳贡。科斯洛埃斯二世的回应是直截了当的：他囚禁了这些使节，没有丝毫的怜悯。波斯人打算彻底消灭这个自古以来的宿敌。

此时，波斯人已经准备好占领埃及。619年，亚历山大里亚陷落，同年，波斯人似乎已经完全控制这个行省。波斯军队还继续向安纳托利亚推进，兵锋直指君士坦丁堡。622年，波斯人袭击安纳托利亚高原西北部，在那里他们遭遇罗马皇帝领导的抵抗。然而，罗马人在安纳托利亚做出的种种努力因巴尔干半岛出现危机而半途而废，皇帝被迫返回首都。623年，安卡拉城（Ancyra）陷落，波斯海军也多次发动战役并取得成功，进而占领了罗德岛和其他一些岛屿。

波斯人以冷酷无情的态度持续向帝国残存领土施压。希拉克略此时面临生死攸关的抉择。他可以选择坐以待毙，等待波斯人前来进攻，并做些希望甚微的抵抗，最终几乎无望赢得胜利；或者他可以把“谨慎”二字抛到九霄云外，主动与敌人战斗。他选择了后者。615—622年，希拉克略制定一系列危机应对政策，以最大限度地集中资源实施其计划。他将官员的工资和军费减半，并彻底变革政府结构。他没收教堂的黄金饰品和银盘，尽取城市的财富。这些钱被用来在巴尔干半岛向阿瓦尔人纳贡求和，并且对外高加索和被占领地区的基督徒提供支持。他还充分运用宗教宣传，利用人们当时普遍存在的相信天启的情绪，将耶路撒冷的陷落与恐怖的灾难紧密相连。并且同时，皇帝组织“新模范军”——这是一支训练有素的步兵，他们精通游击战术，且为宗教狂热所鼓舞。他清晰地阐明，这是一场对波斯异教徒的圣战。

希拉克略深知，与强大的波斯军队在开阔地交战几乎毫无胜算。他意识到最好的办法是一路北上，进入外高加索高原。在那里，他能够得到当地基督徒的支持，同时高度机动化的小分队有可能以少胜多，战胜数量庞大的敌军。624年3月25日，希拉克略离开君士坦丁堡。罗马人向幼发拉底河方向进军，进入波斯人控制的亚美尼亚地区，并沿途洗劫了许多城市。皇帝接下来向南袭击波斯人控制下的高加索地区阿特洛帕特涅

（Atropatene），从而将科斯洛埃斯二世及其军队与甘扎克（Ganzak）隔开，他还摧毁了位于塔赫迪-苏莱曼（Takht-i-Sulaiman）的琐罗亚斯德教首屈一指的拜火神殿。而后希拉克略再度向北进发，并在阿尔巴尼亚公国建立自己的冬季司令部。在这里，皇帝签署命令，召集该地区基督教领主，为数众多的领主带着全副武装的战士响应皇帝的号召，蜂拥而至。同时，他还派出使节前往高加索以北的突厥人处，以图和这个恐怖的草原部族结成同盟。

625年春天，波斯军队分头追逐希拉克略。皇帝运用超乎寻常的谋略将他们一一击破，进而向黑海沿岸和拉齐卡王国进军（Kingdom of Lazica）。此后传来的消息可能会扰乱其意志，迫使他撤军：波斯人再度调兵遣将，不是向安纳托利亚而是向君士坦丁堡发动进攻，同时，其攻势还得到阿瓦尔人的配合，后者从欧洲一侧包围这座城市。希拉克略以自己的希望下了赌注，他相信君士坦丁堡能够抵挡住敌人的进攻。因此他没有率兵回援，相反却向安纳托利亚进攻，他能在那里不断袭击过往的波斯军队。这一战略看上去取得了成功。波斯人现在既无法聚集强大的海军袭击君士坦丁堡，也无法将其军队运送到欧洲一侧发动进攻。同时，8万强悍的阿瓦尔战士无法攻破君士坦丁堡坚固的城防，很快就作鸟兽散了。

在返回君士坦丁堡小住片刻之后，希拉克略快马加鞭返回拉齐卡。此时通过使节谈判，希拉克略成功和突厥人结成同盟。627年，规模庞大的突厥军队横扫了波斯人从高加索到里海的防线，并且深入波斯人控制的伊比利亚王国（Kingdom of Iberia）。在该国的首都第比利斯（Tiflis）城外，突厥军队与希拉克略率领的罗马人胜利会师。这支罗马-突厥联军展示出令人震惊的军力，挥师南进，穿过阿特洛帕特涅后，抵达扎格罗斯山脉。突厥人而后向北返乡，而希拉克略却继续向南翻越扎格罗斯山，并于627年12月12日击败尼尼微（Nineveh）附近的波斯军队。希拉克略沿着底格里斯河左岸行军，逼近波斯陪都泰西封。此时此刻，希拉克略充分显示了自己的军事天才。他没有重蹈尤里安的覆辙，也没有冒险正面强攻这座坚城，而是向北洗劫许多城市和乡村，从而加重对波斯决策层的压力。

恐慌情绪开始在泰西封军队和宫廷中蔓延，波斯人派出代表团面见希拉克略。他们提出发动叛乱废黜科斯洛埃斯二世，并用其子小卡瓦德（Kavad Shiroe）取而代之的建议，希望借此与罗马人和谈。628年3月24日消息传来，科斯洛埃斯二世被杀，求和的代表团也随之而来。前往君士坦丁堡报捷的使者宣称："傲慢自大的科斯洛埃斯二世已死去，他是上帝的敌人。他被杀死并丢进地狱深处，关于他的记忆也被彻底抹去。"

泰西封的政治局势依然十分动荡。628年10月，小卡瓦德被杀，其子阿尔达希尔（Ardashir）即位。阿尔达希尔随即又被波斯西部军队司令官废黜，后者不久又被罢黜，并被一个软弱的摄政会议取代。在政权迅速更替期间，希拉克略借机提出更为有利的条款。最终，双方同意重新以科斯洛埃斯二世和莫里斯于591年缔结的条约来确定罗马与波斯的边境线。630年3月21日，希拉克略将"真十字架"送还耶路撒冷。

帝国东部领土就这样被全部收复，或者至少可以说在某种程度上被收复。皇帝集中精力忙于东方战事导致帝国在巴尔干半岛的势力被进一步削弱。尽管在626年惨败后，阿瓦尔人建立的联盟土崩瓦解，但是很多独立自治的斯拉夫部落逐渐扩大了占领区，不仅包括高原地区，而且包括半岛低地。安纳托利亚和小亚细亚地区的很多城市已经被战争破坏得财源枯竭，其中有些城市已经因为波斯人的侵略而变为废墟。在叙利亚、巴勒斯坦和埃及，帝国只是在名义上恢复对它们的控制，长久以来存在的地方政府也已混乱不堪，亟待重建。而在重建工作还没有开始时，帝国就发现它将在广袤的不设防的阿拉伯边境遇到新的挑战者。

6世纪和7世纪初期，罗马与波斯的争霸战争使得交战双方都与南面的阿拉伯部落进行了一系列军事和外交交易。大国势力的干预使得阿拉伯社会出现一些学者所称的"本土化运动"。到7世纪20年代时，阿拉伯半岛各部落已经开始团结在一位来自麦加的宗教领袖名下，他就是众所周知的先知穆罕默德（Prophet Muhammad）。穆罕默德传播严格的一神教信仰，这种信仰受到当时基督教末世论和当地犹太教徒弥赛亚情结的强烈影响。神的审判即将来临，所有人都将在唯一的真神面前领受他的裁决。所有的阿拉伯人都将抛弃他们原有的多神崇拜，转而拥抱新信仰。进而，穆罕默德宣布他们是亚伯拉罕的长子以实玛利的后裔，后者曾经被亚伯拉罕丢弃在沙漠中。因此，阿拉伯人拥有对圣地的管辖权，因为神已经将此地永远许给了亚伯拉罕及其后裔。也许是受到希拉克略对抗科斯洛埃斯二世时所做的宣传的影响，阿拉伯人回到圣地的行动将通过圣战的形式来完成。

据说穆罕默德于632年辞世，然而他传播的信仰却一直长存。从633—634年开始，罗马人控制的巴勒斯坦地区遭受阿拉伯人的入侵，这种入侵表现为对领土的占领以及对城市和乡村居民的屠杀。尽管阿拉伯军队看起来数量很少，帝国统治当局还是无力进行有效的防御。他们对阿拉伯人入侵的性质了解甚少，同时阿拉伯人快速推进的闪击战使帝国军队没有任何时间重整旗鼓。

在这种形势下，外约旦、巴勒斯坦和叙利亚的许多城市都停止了抵抗。635年，阿拉伯人攻占大马士革，次年，数目庞大的罗马军队在约旦北部的亚穆克河（Yarmuk）一败涂地。其后阿拉伯人的占领行动更加迅速。638年，他们攻占耶路撒冷。转年他们跟随罗马败军一路进入埃及。如同科斯洛埃斯二世在603年发动战争时一样，面对阿拉伯人的进攻，罗马人的抵抗十分微弱，以至于入侵者深入更远的乡野地区。同样，只有当阿拉伯人深入小亚细亚时，罗马统帅才有能力阻止敌人的攻势。很明显，7世纪初期国内的动荡和与波斯人进行的多年战争给帝国造成了持久的伤害。当641年希拉克略去世时，帝国再度崩溃。拜占庭的东罗马帝国现在面临着第二次生存大危机，这场危机构成其早期中世纪历史的主要内容。

身份及其标志

拜占庭艺术通过美学和物质的手段——庄严的圣像、令人印象深刻的官服和威严的背景等来展现帝国的强权。皇帝的形象被用于雕塑和其他宏伟的艺术，出现在铸币、纪念章、周年纪念盘、象牙徽章、银质邮票和圆玺之上。拜占庭帝王的服饰是禁止他人使用的，然而有时会被赐予蛮族盟邦，广受后者欢迎。那些蛮族的统治者常常会模仿这些服装和配饰。

我们可以从文字史料与肖像画中了解帝王的服饰。克里普斯（Corippus）描绘了在查士丁二世的登基大典（565年）上，随从人员是如何捧着皇帝的长袍、镶满宝石的腰带、皇冠以及胸针的。皇帝的饰品是如此重要，以至于查士丁尼再次颁布了先前的一条法律："从此以后，任何人（除了皇帝以外）不可在他的马匹的笼头和马鞍，以及自己的腰带上使用珍珠、绿宝石和红宝石作为装饰。"如果有人违反这项法律，那么他将被课以100磅黄金的罚款，并被判处死刑。此外还有关于紫色丝绸的类似立法。皇帝使用的饰针，按照普罗柯比的描述是一个带有三颗下垂宝石的圆形襟针，狄奥多西一世和查士丁尼都留下了佩戴它的图画。查士丁尼曾经允许外国统治者，如五位亚美尼亚的专制君主使用这种胸针和红色的靴子，这被认为是一种不同寻常的特惠权。在此之后的拜占庭皇帝也曾经将皇冠"作为宣称宗主权的象征"送给哈扎尔人、匈牙利的突厥人、罗斯人和其他蛮族国王。

在处理特别重要的文件时，皇帝使用一种金质封印（chrysobull），将名字附着在文件之上。皇帝对境外势力使用的金质圆玺封印的重量与后者的重要程度有关。在10世纪中期，最重的封印有4索里德（一种金币）重，用于巴格达的哈里发和埃及苏丹，最轻的1索里德圆玺封印则是给罗马教宗的。那些带有金封的文件，包括大量的与地产和特权的赏赐有关的内容，至今依然保存在阿索斯圣山和帕特摩斯（Patmos），以及其他地区修道院的档案之中。这些文件上通常都有皇帝用红墨水所署的签名。

纵观其整个历史，拜占庭国家被一个庞大的官僚机构所统治着。一些文件记录了它的人事编制，如早期的《百官志》（*Notitia Dignitatum*）和中晚期的《战术准则》（*taktika*）。晚期罗马帝国的精英阶层不因血统产生，而是来自国家的行政部门，并且所有的部门，无论民政或军事，都以等级服役制度（militia）为标志。不过，在那些长期服役的官职和更高级的、拥有荣誉头衔的职位之间还是存在着细微的差别。大约编写于400—429年的《百官志》是一份罗马帝国民政和军事官职的名单，它现存的副本展示了宫廷官员（comitatus）和大区长官之下的行政官员的徽标与官服。编于9世纪晚期到10世纪的《战术准则》列举了官职和荣誉头衔的等级。899年菲洛塞乌斯（Philotheos）的《宴会箴言》（*Kletorologion*）提到了7个等级和18个荣誉头衔的72个官职，以及8个宦官的职位。荣誉头衔的持续贬值导致新的头衔不断产生，例如10世纪的“重臣”（proedros）和11世纪晚期的“可敬者”（sebastos）就是如此。到了12世纪晚期的时候，“可敬者”已经被“最可敬者”（panhypersebastos）和“首席可敬者”（protosebastohypertatos）取代。

在《百官志》的众多官职中有一个叫作档案官（Magister scriniorum）的职位，它是一个宫廷官职。《百官志》描绘该部门的那页上绘有一些法典和卷轴，对应那些担负法律和行政职责的官员（memoriae，epistolarum，libellorum），以及希腊语文书官（magister epistolarum graecarum）。后者负责用希腊语撰写信件，或将那些拉丁语信件翻译为希腊语。

埃及保存了许多这一时期的纸草文件。尽管到了古代晚期，文学作品和其他一些文本是写在羊皮纸的手抄本上，但是纸草依然被用来撰写文件。我们使用的“议定书”（protocol）一词便来自纸草卷轴，它的意思是粘在其他纸张上的第一页文件（kollema）。查士丁尼一世《新律》（537年）的第44条规定，所有在君士坦丁堡签署的公证书必须在议定书上保有时任圣库伯爵（Comes rei privatae）的签名、日期以及其他细节，这份议定书要和其余文件粘在一起，以此避免诈骗行为。此外，为了进一步确保文件的真实性，议定书经常使用一种特殊格式，并用非常难以辨认的手写体书写。

当“神圣的内阁”（sacra scrinia）给公职人员发放委任状的时候，皇帝则给那些新获得荣誉头衔的显贵亲笔签发一份诏书（codicil[1]）或任命书。狄奥多西的米索里姆盘上表现了这一隆重的场景。在象牙折叠画板上，斯提里克的幼子尤克利乌斯手持他的任命书，很可能正在宣读他的任命决定。某些官员（如大区长官、军队司令官或其他一些军官）的任命书是刻在镀金的象牙板上的。在使用目的上，尤克利乌斯的象牙折叠画板很明显与那些在元旦就职的罗马和君士坦丁堡的执政官不同。他们的象牙折叠画板上绘有官服和他们从事的活动，常在朋友和元老院的同僚中流通。

与皇帝一样，拜占庭官员也有他们独特的官服。公职人员吕底亚的约翰大约于550年在其作品中细致地描绘了东方大区长官是如何穿着一件紫色的长袍、一条带有金腰带扣的绯红色皮带，以及一件用饰针或襟针固定在右肩上、带有彩色贴片（tablia）的斗篷（chlamys）的。同时期的一位律师阿加赛阿斯（Agathias Scholastikos）在他的一首短诗中刻画了执事长官（Master of Offices）狄奥多尔的形象，他正在从一个大天使手中接过他官服上的腰带。有一句俗语叫作“放下他的腰带”，意思是从现岗位上离

[1] 意为遗嘱，但卡日丹《牛津拜占庭词典》中有一个词条“Codicils in Adiministrative Terminology”，是皇帝授予高级官员的诏书。——译者注

职。非皇帝使用的饰针是十字弓形状的，与腰带扣一样，它的材质通常是黄金、白银、铜质镀金和青铜。按照普罗柯比所言，人们不得不佩戴铜质镀金的胸针和其他赝品首饰，以防被盗。4—6世纪人们佩戴的不同样式饰针能够在同时代的肖像和那些军事圣徒的圣像上得到反映。

赠予达官显贵特殊服饰的传统从古代晚期一直延续到了中世纪早期。最高等级的贵族可以得到一件紫色、红色或白色的长袍，一件斗篷和一条腰带；其余的则被赐予象牙手牌、一个金领子、一条金质马鞭或一个饰针。这一习惯可能终结于科穆宁时代。

在拜占庭时代，从6世纪开始，带图案和（或）使用者头衔的铅封被广泛应用在文件和通信中，在上面事先涂上一层蜡会更加方便使用。铅封是由一种类似钳子的厚重工具（boulloterion）制成的。在罗马时代，人们经常用铅来给大捆货物打上封印，这一传统被拜占庭的商业代理人（kommerkiarioi）继承下来。迄今为止，在伊斯坦布尔已经发现了多达5万枚的拜占庭铅封，这对我们研究拜占庭的行政机构与人物传记（prosopography）大有裨益。

玛利亚·芒德尔·曼戈（Marlia Mumdell Mango）

君士坦丁堡

尽管被冠以新罗马之名，但是君士坦丁堡其实和台伯河（Tiber）畔的那座城市没有什么相似之处。君士坦丁的首都只包括六座，而非七座山丘（第七座是狄奥多西二世时期增加的），它的基本城市特征是笔直的柱廊街道，间杂着广场和装饰性的纪念碑，这是罗马帝国东部大都市的典型特征，如帕尔米拉、安条克和阿帕米亚等。只有到了狄奥多西一世统治时期，他才明显地精心模仿罗马的外观。他是一个西班牙人，自称是图拉真皇帝的后裔。如今已为断壁残垣的狄奥多西广场当初是罗马著名的图拉真广场的缩小复制品，它是一个横向的巴西利卡式建筑，并且有一根模仿图拉真广场的“记功柱”（historiated column）。狄奥多西一世之子阿卡狄乌斯皇帝后来又在这里竖立了一根较小的记功柱。比邻而居的皇宫和赛车场明显带有罗马帕拉丁山丘（Palatine）和大竞技场（Circus Maximus）的影子，这甚至在君士坦丁之前就是“四帝共治”期间各位皇帝都城的典型特征。

为什么君士坦丁选择了将他的新都建在拜占庭城的旧址上呢？仅仅是为了纪念他在324年于克里索波利斯对李锡尼取得的胜利吗？还是因为他倾心于这里得天独厚的，至今依然吸引众多游客的自然条件？海峡地区（博斯普鲁斯和达达尼尔海峡）确实在3世纪开始变得更为重要，因为皇帝不得不同时面对在叙利亚边境再度复兴的波斯人和多瑙河北岸的蛮族部落。作为通向黑海的大门，拜占庭是一个对抗北方蛮族，也就是当时帝国主要的敌人哥特人绝佳的大本营，君士坦丁没有预料到，但却成为事实的是，在378年亚得里亚堡惨败之后，蛮族军队迅速渡过多瑙河，此时已经没有什么天然屏障能够阻止他们向君士坦丁堡进军了。君士坦丁堡在应对来自欧洲内陆方向的入侵时的脆弱性成了拜占庭历史的典型特征，无论敌人是哥特人、匈人、阿瓦尔人、保加尔人还是帕臣涅格人都是如此。当奥斯曼帝国于18—19世纪衰落的时候，相似的一幕再度上演。

为了防止君士坦丁堡遭到入侵，人们不得不修建了工程浩大的防卫设施。纵深三层的狄奥多西城墙（内墙、外墙和壕沟）建于404—413年，并且一直保卫城市到1453年——这雄辩地证明了罗马人高超的工程技术，只是这些技术一直没有什么发展，最终在大炮发明之后一败涂地。但是即使这样仍显不够：拜占庭人还有一条更靠前的防线——也就是所谓“长城”或阿纳斯塔修斯城墙——这条城墙从黑海一直修建到普罗庞提斯（Propontis），全长45千米，位于君士坦丁堡以西65千米处。该城墙的一些残迹至今依然屹立着，但是它事实上没有发挥什么长期作用，因为很难为其配置足够的人员。

和防卫相伴的另一个严重的问题是缺乏饮用和洗浴用水，这从君士坦丁时代起直到今日一直困扰着这座城市。为了弥补用水不足，4世纪时人们完成了一项巨大的引水工程，将水从城市以西200千米处引入城中，但是由于这条供水线一直容易遭到敌人的攻击，因此必须在城内大规模地储水。在现今拜占庭君士坦丁堡为数不多的遗迹中，没有哪个比发达的储水库更让人惊叹了——三座大型的露天储水库可以储藏将近100万立方米的水源，此外还有一些封闭的水库，如查士丁尼的地下水宫，也就是土耳其人所说的一千零一柱水宫（Thousand and One Columns）。

罗马政府的巡游时代始于“四帝共治”时期，终于380年，当时狄奥多西一世进入了君士坦丁堡。从此之后，皇帝和他的中央政府及政府官员在绝大多数时间都一起定居于此。城防、供水、港口建设和食物储存等大规模基建项目完成于公元500年，由于缺乏人口数字统计，我们无法推测城市规模到底有多大。据说，在4世纪晚期，君士坦丁堡的人口已经超过了安条克，后者有大约20万人口。在查士丁尼统治初期，君士坦丁堡的人口可能已经超过了50万，但是在542年瘟疫暴发之后，这一数目至少缩减了四分之一。之后就是一段下坡路，在8世纪中期，君士坦丁堡的人口数跌至一个低点，可能只有4万。大约在公元800年之后出现了一个缓慢的复兴阶段，一直延续到12世纪。科穆宁时期，君士坦丁堡是基督教世界最大的城市，但是我们无法推测它的居民人数：维拉哈杜因（Villehardouin）所言的40万人毫无疑问是一个严重夸大的数字。经过拉丁人的统治和帕列奥列格王朝悲惨的经历之后，这里的人口再次缩减到5万多人。

查士丁尼一世铺张和过于野心勃勃的建设计划代表了所谓“君士坦丁堡罗马阶段”的尾声，他所修建的圣索菲亚教堂是一项无与伦比的工程。城建活动在公元600年左右就已基本停止，只局限于巩固城防、修复地震导致的破坏和部分修补供水系统等小修小补。君士坦丁堡在黑暗时代是一片废墟——它的城区被果园和公墓占据，古代的公共建筑则或被遗弃，或被工匠用于从事制造工作。

在公元800年之后，城市建设恢复，这一时期的建设与古代晚期泾渭分明，忽视了所有的市政设施，如广场、市场、浴室和喷泉等——事实上就是一切可以被称为标志性建筑的东西。这一时期只有两项大规模的工程：一项是9世纪30年代狄奥菲鲁斯皇帝大量修缮海防设施；另一项是巴西尔一世重建了30座因年久失修而倒塌的社区教堂。9世纪及之后的皇帝在自己的皇宫建设上花费了大量金钱，此外还对收容所等福利设施小有投入。如果说这一时期直到土耳其人征服之时有一项最重要的建设活动的话，那就非建立家族修道院莫属了——它在实质上是用私人建筑将城市分割为许多带有墙壁的小空间，每一个家族修道院都有商业产业和位于省区的大地产。

与此同时，随着10世纪之后意大利贸易殖民地的兴建与发展，君士坦丁堡变成了一座更加国际化的大都市。那些商人——主要是威尼斯人、阿玛尔非人（Amalfitans）、比萨人和最后到来的热那亚人——在科穆宁时代有数千之众，他们被孤立地限制居住于金角湾沿岸的几个相邻地区，很自然地在商业活动中和当地居民产生了密切的接触。热那亚人的殖民地加拉塔（Galata或称为Pera）兴建于1303年，是一个独立的自治城镇。直到1864年之前，它都保留着自己的城墙，至今那座宏伟的热那亚塔依然耸立在那里。

西里尔·曼戈

| 第二章 |

城市与乡村的生活

克莱夫·福斯（Clive Foss）

城市是罗马帝国的基石，是人口聚集、商业贸易、手工业制造、各种文化形式，以及行政统治系统的中心。实际上，整个帝国就是被分为若干个城市区，每个城市负责维持本地区的秩序，并征缴税收。这些工作落在拥有土地的贵族肩上，他们中很多人彼此竞争，希望能够担任城市高级官员的职位，因为这会给他们带来荣誉。地方行政官员或市政议会成员控制着城市的运转，负责市政工程建设并提供罗马城市生活中那些独有的公共服务。作为他们自掏腰包进行建设的补偿，他们得到的是表示敬意的铭文和雕像。这一系统运转的根本目的在于，将维持城市生活的担子压在那些最有能力承担的人身上。城市还会因遗产捐赠或投资而得到收入，同时它还管理着大笔隶属于当地神庙的资产。城市需要大量的资金来维持街道、市场、大量便利设施，尤其是（并且最昂贵的是）公共浴室的正常运行。这种依靠自愿奉献和合作的系统自公元200年以来运转良好，但是在“3世纪危机”时开始走向崩溃，当时政治混乱、外族入侵、内战频繁，巨大的财政需求给地方政府套上难以承受的枷锁，使得那些愿意担任城市高官的贵族原本丰盈的荷包变得干瘪。

古代晚期保存了罗马体制的许多内容，但其所发生的变化逐渐显现得更为引人注目。首先是基督徒组成的政府先将多神教神庙，之后是城市的财富（尽管后者只是被没收一部分）收为己有。地方财政变得捉襟见肘，但是当地人民仍需要履行和先前一样的义务。政府通过强制手段维持这种局面，地方市议员被迫拿出可观的资金来维持城市设施的运行，而市议会作为一个整体也必须承担补齐税收差额的义务。为此，市议员们绞尽脑汁逃避负担。颇为行之有效的办法是争取跻身高层，尤其是进入元老阶层，从而获得免税的权利，摆脱需要负担的对地方义务。还有一些人去做教士，然而这一办法很快就被禁止。结果，势力与财力稍逊的地方贵族成员被迫留在城市里，担负那些他们很久之前就难以承受的责任。随之，中央政府扮演越来越活跃的角色。中央官员开始操控城市，总督也不时插手干预。最终，到6世纪时，形成了普遍的模式，总督、主教和大地产者控制城市的行政管理系统。

从官方角度看，是市政议会和人民管理地方政府，但实际上，民众在古代晚期的独裁体系中只起着微不足道的作用。他们先前的角色早已烟消云散（不再进行选举），然而他们依然能以非常直接的方式表达自己的感受，无论这些方式是平和的还是暴力的。民众聚集在大赛场时，会对总督和其他官员欢呼或报以嘘声。那些欢呼通常都是有组织的捧场者所带动的程式化喝彩。中央政府会注意民众的反应，这是决定某些高级官员能否升迁的因素。还有一种超乎常规的表现是，民众经常会因反对某人或某项政策引发骚乱。在基督教的帝国里，这些骚乱经常和竞技党的支持者（那些赛车队的疯狂支持者）或异端教派联系在一起，他们为支持自己的派别总是喧哗吵闹，有时还会造成相当大的破坏。地方上的主教经常是骚乱之源，甚至基督教大公会议也会引发动荡。处在另一个极端地位的是那些当地的土地贵族，他们无论担任什么官职，都通过自己错综复杂的关系网对城市生活和作为一个整体的帝国产生相当大的影响。他们通常是一群摆脱市政义务的有钱有闲阶层。这些人在4世纪期间还是多神教徒，而到5世纪时就大多皈依了基督教。

市政议会和民众所在的那些城市保留了罗马时代的基本特征和结构。城市有重要的公共建筑核心区——其中的大部分建筑都可以追溯到1世纪的帝国时期——该区域通过一些铺砌好的道路与其他地区相连，并且还建有绘画、马赛克、雕像和纪念碑等装饰。如果一个哈德良时期的罗马人能够见到古代晚期的城市，他会觉得非常熟悉，但是又会感到与他所处的时代有显著的区别。城市还包括城墙、新宗教建筑、发展中的小规模商业活动，以及各种异于古典时代的新审美情趣等。

罗马城市通常是敞开式的，其防卫力量是边疆军团。3世纪危机时，没有哪个地方是安全的，于是城市开始设防，人们在城市四周建造高耸的城墙和防卫塔，以及坚固的城门。这些建筑物作为城市生活的特征，一直被保存到近代之前。有些城墙是应急修建的，人们将手边能用的一切材料草草堆砌起来。这些城墙通常无法涵盖古代城市的全部区域，而只是沿着不规则的路径将一些现存的，尤其是十分坚固的建筑物连接在一起，形成环形城墙。而另有一些城墙，如尼西亚的城墙则是经过精心设计，沿着最新的路线伸展。这座城墙相当坚固，以至于一直使用达千年之久。非常有代表性的是，当戴克里先将尼科米底亚、君士坦丁将君士坦丁堡作为他们的新都时，修建坚固的城墙是他们必然的决定。城墙不仅仅起到防卫的作用，同时还将城市与乡村区严格分开，使得统治者能够通过限制出入地点的方法加强对民众的控制。

基督教的兴起和皇帝的皈依带来另一个根本性的变化。古代城市都拥有自己独特的神庙，其中一些闻名于世界，拥有广袤的土地和不可胜数的财富。这些神庙的财产在4世纪早期即被没收，而建筑物也很快遭到毁坏。因为多神教崇拜受到限制，因此其神殿也大多被挪为他用。城市外围的旧建筑成为获取石料的采石场，而城市中心的则大多变成教堂。然而，在一些地区，如雅典，多神教崇拜依然惊人地生存下来，其伟大的神殿一直保持到古代晚期结束才被基督徒占领。同时，众多教堂充斥在城市中，这些教堂大多修建得富丽堂皇，显示基督教在此时成为取得胜利的宗教。尽管大多数教堂都是巴西利卡式的，但是在东部帝国已经出现不少引人注目的其他式样。很多教堂出现在城市边缘的公墓旁，这里是基督徒早期崇拜活动的地点，但是大多数城市的中心地区很快出现了规模宏大的教堂，其中部分是新修建的，另一些则是由多神教神殿改建而成。这一特征在省会城市表现得更为明显，因为都主教必然需要一个面积庞大、让人印象深刻的大教堂。

东部地区的城市是希腊或希腊化文化的产物，它们通常在城市中心设有市场。这里通常是地方政府所在地，那些行政办公场所环绕在一个开放式的集市广场周围。市场依然保持其功用，但是城市里逐渐出现一排排的商店，分布在主要街道两旁。一般来说，这些街道沿线都有带屋顶的柱廊，以防止恶劣天气的侵扰，街道地板通常铺砌着马赛克或切割好的大理石。沿途的小商店售卖各种各样的商品，它们大多是两层建筑：楼下是零售或手工制作场所，楼上则是店主或工匠的私宅。随着商业活动的发展，这些商店经常向街道扩张店面，这种妨害他人的行为遭到帝国法令的谴责和禁止。比商店规模更小的是木质流动商店或货摊，它们通常设在人行道或道路沿线的柱廊之间。随着时间的推移，这些街头和市场里的贸易活动逐渐演变为一种类似东方集市（bazaar）的形式。

最终，因为建造者更多地使用重复利用的材料，城市呈现出新的风貌。与罗马人尽可能使用坚固的石头和混凝土不同，古代晚期的建筑师将碎石和废弃建筑物（大多是3世纪危机时期因战争毁坏的建筑或多神教的遗迹）的石料堆积在一起，并用灰泥黏合。人们通常用一层层的砖块来平整这些建筑。这种方法建造的建筑物都有粗糙的、多种材料混合的外墙，因此需要在外观上进行遮挡性修饰。人们在外墙表面用灰泥多遍涂抹，甚至通过在上面勾勒矩形线条使其看起来像一块块方石的办法来模仿古代建筑的外观。更常见的办法是，在外墙上涂上明快的颜色，并绘制几何图案的花纹，与人行道上的马赛克结合在一起，呈现出明亮而艳俗的外貌，看起来与古代罗马的风格泾渭分明。柱廊也与之前有所不同，此时的柱廊用多彩的大理石建成，柱子的高度通常不尽相同，然后用或高或低的基座取平。此时城市的特点是不规则性和五彩斑斓的颜色。

我们通过文献资料和现存遗迹，能够复原一些城市的外观。尽管大多数文字材料理所当然地很少谈及城市周边环境，一本奇特的圣徒传记还是为我们呈现了一幅栩栩如生的画面，那些为数众多的历史遗迹则为这些文字提供真实的背景，它们共同为我们描绘出这样一个特点，即尽管存在着显著的地区差异，但当时各地的城市生活极其相似。

“愚者”西蒙（Symeon the Fool）的传记编纂于6世纪晚期叙利亚的埃麦萨（Emesa）。这位圣徒假装精神失常，整日游荡在城市中。他的传记提到了当时城市中依然重要的建筑物：城墙、市场、剧院、浴场、带有柱廊的街道，新出现的元素——教堂、富人的豪宅和贫者的草舍、商店、货摊、手工作坊和小饭馆，这些建筑在这几个世纪中依然随处可见。城墙之外是坟地、洗衣地（埃麦萨城是在一条河流之上）、孩子们玩耍的空地、垃圾场以及刑场。这座城市的建筑和人口十分密集。西蒙与各色人等都打过交道，从地方官员、大小商人、医生到奴隶、乞丐、懒汉和妓女。他接触过教师、食品饮料售货员、面包师、魔术师、音乐家、算命先生、精神病人和教士等。埃麦萨与希腊、安纳托利亚、黎凡特地区的城市一样是个繁华之所，其中聚集着形形色色的人，他们从事着各种各样的活动。

现存的遗迹将这些故事置于有形的背景中。帝国东部领土上留下了很多已发掘的大规模遗址，这使得我们能够在一定程度上观察当时生活的细节。在这些遗址中，值得注意的是两个代表不同生活方式的城市。其一是小亚细亚地区的以弗所，这是一个建立在陆地和海洋贸易干线上的繁忙的商业城市；另一个是叙利亚的阿帕米亚（Apamea），这是那些大土地贵族的家园。这两座城市的遗迹可以让我们对东方和希腊地区的其他城市略有所知。

大多数希腊化的东方城市都有一个中央广场（agora）或市场，以弗所的城市规模相当大，以至于它有两个这样的场所：上广场被用作民政中心，下广场则是主要的市场所在地。这两处建筑都是1世纪所建，并且都是典型的罗马式建筑。民政中心有一个用于庆典的露天广场，当中是一座神殿。在它的北面是市政议会（看起来像一座小剧场）、市政厅或城市公共会堂（prytaneum）以及罗马和恺撒的神殿；在其东面是一座集合浴室和健身中心的综合性建筑；在其南面是一座大型喷泉，导水管道将水流传送上来并输送下去；西面则是条遍布商铺的街道，有长长的柱廊通向北边的建筑群。喷泉是罗马和古代晚期城市的一个基本特征：它提供并维持城市所需的供水，通常是通过引水通道将水从很远的地方引来，并将其输送到城市各公共喷泉和浴室中。

这个广场所具有的古代晚期典型的多神教特征已经消失殆尽或被改换为其他形式：曾经燃烧着神圣灶神之火的城市公共大厅被关闭，罗马和恺撒的神殿也荣光不再，中央大殿被拆除，矗立在门廊前的利维亚（Livia）和奥古斯都雕像上被刻上十字架，这个标志还被刻在依然存在的元老院入口。因为人们普遍相信，恶魔存在于古代建筑和雕像中，因此十字架成为有效的抵御手段。这样，古代城市的建筑虽然仍保留下来，但是已经被基督教化。城市广场西边的街道，被新时代赋予另一种风貌，在那里，一些商店将自己的围墙扩建到人行道上，这就迫使古典风格的规律有序性不得不向反美学的商业需求让步。

下广场由一个大型开放式广场和在柱廊之后建造的两层楼房组成，它还保持着先前的格局和功用。广场被用作城市的集市，人们将货物从港口沿着街道直接运送到那里。基督教没有影响商业，这座充满活力的港口城市的商贸活动没有减少的迹象。另外，市场上方的山坡上高耸的神殿已经被改建成教堂，而集市入口处的塞尔苏斯（Celsus）图书馆已经变得面目全非，这座图书馆是第一个进入罗马元老院的希腊人捐赠的，其内室填满碎石瓦砾，而正面则成为巨大喷泉的背景墙。喷泉是这一时期城市中的典型建筑。这种变化不是因为该时期的人们不再读书写字，而是因为在哥特人于262年入侵蹂躏整个港口地区后，许多建筑在此后一个世纪乃至更长时间内都成为废墟。这些建筑最终完成重建后，时代潮流和人们的需要早已改变。

罗马城市通常都有巨大的核心区，它是由一些“枢纽性”的街道和广场连接而成的。古代晚期的以弗所也不例外，其实质而非外观延续着这一传统。城市最繁忙的安伯罗斯（Embolos）大街（最出类拔萃的“柱廊街道”）连接着上下两个广场。这条街道两侧遍布着柱廊、雕像、各种或新或旧的纪念碑，以及富人的豪宅。以弗所如此富庶，甚至于其街道都是用大理石铺砌而成，这些大理石很多取自那些废墟——通常是多神教的建筑。和典型的罗马城市一样，这条街道也是步行街，其端口筑有台阶，阻挡轮式车辆的进入。人们在街道上散步、购物、阅读两侧的铭文、在大理石上涂鸦或者慵懒地待在那里玩玩游戏，如在地上画上棋盘，下一盘塔夫拉棋（tavla）等。地板通常从属于公共建筑柱廊，用马赛克铺砌而成。街道两侧遍布着数不胜数的古代和近代名人的雕像，其中总督的塑像更是为数众多，这都是为纪念他们或真或假的捐赠而竖立起来的。新近颁布的法律条文会刻成纪念碑铭文。在这里，基督教的标志依然处处显现。一个巨大的带有铭文的十字架用来庆祝对“魔鬼”阿尔忒弥斯女神的胜利，同时与其相邻的喷泉（它由之前广为传说的英雄们的坟墓改建而成）上也鲜明地装饰着刻有十字架的大理石徽标。与其他地方的街道一样，喷泉是此时城市风景中重要的景观。

游人可以在安伯罗斯大街沿途的餐馆里买到食物，那些餐馆占据着一大片朱门豪宅下的地区。这些房子位于街道侧面的一隅，处在安伯罗斯大街旁边的斜坡上。该区域建有一些豪宅，每座房屋都有若干精美的装饰。会客室通常有大理石地板和马赛克墙壁，而私人寝室则绘有彩画，内容通常是自然风景或类似大理石的花纹。这是典型的城市富人居所，他们居住在城市中心地区，房子自从在帝国早期建造以来就几乎没有什么改变，壁画和马赛克都因袭陈规，以至于我们很难辨别它们的年代，毕竟这一文明在近几个世纪中一直保持着同样的装饰风格。还有其他一些相似的未被发掘的街区也坐落在城市这一地区的斜坡上。但是没人知道普通大众居住在什么地方，对于所有东部大城市都是如此。这些富人的豪宅很难代表典型的城市生活，民众也不可能都居住在宏伟的城市中心，因为那里遍布着公共建筑和广场。大众可能生活在城市近郊，或者居住在城市中心周边那些散落的不太坚固的房子里，但是他们的住所至今没有被发现（尽管在圣西蒙所在的埃麦萨，那些人显然生活在城内）。因此，我们也没有办法估计这样一座城市当时的人口数量。

比安伯罗斯大街更宽阔和井然有序的是阿卡狄乌斯大街，它从港口笔直地通向剧场前面的广场，也就是城市正中心。这条大道有11米宽，超过500米长，沿途有很多令人印象深刻的标志性建筑：港口处有一座凯旋门，标志着城市的入口；在道路中段有4个巨大的石柱，上面安放着4位福音书作者的雕像，这是基督教取得胜利的有力象征；以马赛克铺砌的柱廊通向许多商店，各个商家被要求在夜晚保持亮灯，以便为街道提供照明；巨大的包含罗马式浴场与健身中心的综合性建筑矗立在街道北侧，这座港口浴场提供热水和冷水洗浴，拥有宽大的庭院，曾被哥特人摧毁，后于4世纪中期重建；还有一座宽阔的露天运动场，在古代晚期遭到废弃，废墟上建满了新的建筑，因为财政压力和对建筑用地的迫切需求使得城市无法继续维持该场所的运转；街道前方终点处还保留有另一座健身中心。大多数城市只有一到两座这类综合性建筑，而以弗所这个人山人海、拥满参观访问者的港口城市却有5座，每一座都能达到标志性建筑的规模。这些都是罗马时代的建筑，保留了几个世纪之久，一直延续到古代晚期。在其中一座综合性建筑旁边，还有一个大型的公共厕所。此外，在安伯罗斯大街上还有一座规模较小的浴室，没有健身场所，它是由一位基督教女信徒捐献的。在一处罗马铭文中提到附近有座妓院，我们不了解其命运，但文本中频繁提到“妓女”这个词，表明这一职业在当时依然十分活跃，尤其是在像以弗所这样繁忙的港口更是如此。

阿卡狄乌斯大街直通的那座建筑物放在其他任何城市中，都可以算作最为雄伟的标志，这就是以弗所的剧场。这座巨型的半圆形露天建筑可以容纳25 000名观众，但在这个时代，人们来到剧场不再是为了观看古典戏剧，此时流行的是歌唱和舞蹈表演，这些表演通常都有很强的色情元素。剧场同时也是公共集会的场所，这是在专制君主统治下的民众合法表达自己意见的唯一方式。喝彩和骚乱在剧场中时有发生，尤其是430年和440年先后两次在以弗所召开大公会议时更是如此，当时暴民们的情绪受到剧场中演说的煽动，他们径直冲向街道，支持自己拥护的宗教派别。他们也许只关注自己城市的权利和光荣，而并不理解晦涩难懂的神学理论。不管怎样，剧场是城市中极为必要的建筑，以至于在日后一再被修复，并被保存下来。它完整呈现了古典时代的外貌。

公众的另一娱乐场所是竞技场，那里经常举行比赛。它也保留了原有的规模和功用，尽管当时最受欢迎的活动是观看赛车比赛，为自己的队伍喝彩，而该运动无法在狭小的空间中进行。公共街道上的那些涂鸦印证了以弗所人对蓝、绿两个竞技党的狂热情绪；他们的竞技活动估计是在城市中心之外的露天场所进行的，赛车场是个规模宏大的建筑，没有几个城市能够负担得起。古代晚期的东方，国家只在皇帝的驻地，如安条克和塞萨洛尼基这样的城市修建赛车场，并且通常都遵循罗马和君士坦丁堡的惯例，紧邻宫殿。不过，叙利亚、巴勒斯坦和埃及等地的城市也利用一些原有建筑物举行赛车比赛。

最后，以弗所还是基督教信仰的中心城市。城里最重要的大教堂是敬献给童贞女马利亚的。这座巨大的巴西利卡式建筑有75米长，有中心庭院和紧邻主教居所的洗礼堂。所有这些建筑物都是先前宏伟的哈德良神殿的一个侧翼。这座教堂是两次以弗所大公会议的会场。然而，更受人崇敬的是圣约翰教堂，它坐落在城市一英里外的小山上。教堂的下面是《约翰福音》作者的坟墓，它在帝国内闻名遐迩，相传圣约翰的遗骸每年都会走出坟墓显灵，能够治愈所有疾病。当每年一度的奇迹发生时，教堂周边都会开办连夜集市，吸引周边广袤地区的买家和卖家。朝圣活动给城市带来声誉与财富。查士丁尼统治期间重建了这座教堂，使其变成极为壮观的穹顶十字形建筑。其内部用大理石和马赛克装饰，富丽堂皇，还永久性地刻上了皇帝和他那位不怎么圣洁的配偶狄奥多拉的名字。圣约翰教堂正好俯瞰着古代世界七大奇迹之一的以弗所狄安娜（Diana）神庙。该神庙在基督教时代成为大型的采石场，许多公共建筑的石料都取自这个废墟。它是城市外众多神庙悲惨命运的典型代表。

以弗所是圣约翰、圣提摩太（Timothy）、抹大拉的马利亚（Mary Magdalene）、七眠子（the Seven Sleepers）等许多圣徒的故乡。他们设在城外的圣所成为重要的国际朝圣中心，吸引大量信徒蜂拥而至。七眠子奇迹般沉睡了近两百年直到5世纪，最终被埋葬在城市公墓中的洞穴里。这片墓地一直绵延到城门外，与城市相隔内外。这个地方随后也成为著名的圣地。

以弗所为我们展示出一幅城市生活最繁荣的画卷，我们也可以很容易地从圣西蒙时代的埃麦萨看到这种多姿多彩的景象。其他一些城市也普遍如此，尽管它们的规模通常更小些，但是其遗迹依然有助于我们更加全面地解读这幅画卷。小亚细亚、萨尔迪斯、阿芙洛蒂西亚斯（Aphrodisias）和锡德（Side）呈现出相似的繁荣的城市生活图景，这种图景是典型罗马式的，然而却已经被基督教化了。萨尔迪斯带来了一个新的元素：它有重要的犹太人社区。在城市最西端有座厚重的包含浴室和健身中心的综合性建筑，其正面门脸后有两座长条形建筑，其中的一座于3世纪改建成犹太会堂，并一直保存到后来的时代。从结构上来看，它近似于巴西利卡式的基督教教堂，也有典型的富丽堂皇的大理石和马赛克装饰，同时保留了许多记载着捐赠者姓名的铭文。它比圣地那些带有乡村风格的犹太会堂要大很多（尽管在许多城市，犹太会堂被改建成教堂）。在上述综合性建筑外，城墙边上有基督徒和犹太教徒的商店，出售染色服装和军事装备，以及其他一些商品。人们主要用铜币进行交易，我们迄今已经发现很多这样的货币。这些商店的侧面是带有柱廊的街道，石柱和其基座并不匹配，反映出古代晚期常见的不对称性特点。

阿芙洛蒂西亚斯最初是一座围绕神庙修建的城市，它环绕在著名的阿芙洛狄忒圣所周围。在罗马时代，它也有和其他城市类似的必要的公共建筑，同时附近采石场出产的大理石将城市装饰得富丽堂皇。城市里有剧场、音乐厅、浴室、宏伟的喷泉、大理石铺砌的宽阔的柱廊街道，以及敬献给皇帝的与众不同的巷道。城市边缘是一座巨大的体育场，连接着4世纪的大理石贴面的城墙。所有这些设施在古代晚期都正常运转，虽然经历了和其他城市一样的转变，但依然使这个城市看起来比大多数城市更加具有罗马时代的外观。因为这座神庙屹立在城市中心，而不像以弗所和萨尔迪斯那样在城墙外，因此它必然被改建成当地的大教堂。这一变化出现得相对较晚，到5世纪方才完成。其两侧在古代晚期时密布豪宅，这些房子都有半圆形的会客室，其中尤以总督和主教的宅邸最为引人注目。由此，宗教和行政机构的标志性建筑占据了城市中心地区。

在锡德，城市中心是剧场和集市，它们经由宽阔的带有柱廊的街道与城门和港口相连。有个区域全都是大教堂和巨大的主教宅邸及其附属建筑物。还有一座厚重的巴西利卡式建筑俯瞰港口，它由原先敬献给阿波罗和阿尔忒弥斯的两座小神庙改建而成。铭文显示，该城划分为四个区，每个区都以一座显赫的标志性建筑命名，并都有自己的长老议会。东部大城市的铭文通常都将总督作为城市主要的捐赠者。总督在当时臭名昭著的腐败统治系统里只有短暂的任期，因此他们急于在其辖区内留下标志性建筑，以获得人们的支持，进而谋取更高的官位。由于他们控制着地方财政收入，因此就在某个时期内成为城市的主要赞助人，当时地方议会已经贫困无力，而罗马私人捐赠的传统也早已名存实亡。总督在其居住的城市最为活跃，因此像以弗所、萨尔迪斯或阿芙洛蒂西亚斯这样的城市得以欣欣向荣。与此同时，其他城市得到的捐赠却远不及这些城市。当时的法律明文斥责总督们将小城市的石料和装饰品移送到其首府的行为。像锡德这样的城市，因为是都主教的驻节地，因此也得到政府的慷慨捐助。

其他城市则为我们提供了不同发展方向的细节。例如在雅典，3世纪的蛮族入侵导致该城市规模大为缩减，只相当于古代时期的一小部分而已。最终，人们将此时依然声望卓著的哲学学园——它长久以来就是多神教信仰的中心，改建为其他建筑，这些建筑到6世纪才最终变为基督教教堂。而此时，塞萨洛尼基依然十分繁荣，这多亏其坚固的城墙和地区首府的地位。该城有一整片区域都是伽勒里乌斯皇帝的宫殿及其附属建筑，包括一个巨大的圆形神殿，一座凯旋门和一个赛车场。之后，这座城市成了伊利里亚大区首府，由此进入大兴土木的时代。该城重建和扩建了城墙，建造了两座大型的巴西利卡式教堂，其中的一座是献给圣迪米特里（St Demtrius）的，它成为重要的朝圣中心。同样，在菲利皮城（Philippi）也兴建起新的大巴西利卡式教堂，其中一些的样式非比寻常，有一座装饰豪华的八角形大教堂被敬献给使徒保罗。和锡德一样，菲利皮城也成为宗教崇拜的中心。就这样，宗教建筑占据首要地位，在所有地区首府，教堂和政府建筑都是城市的地标。

叙利亚的阿帕米亚则是个非常独特的城市，贵族而非大众生活起到主导作用。这座城市的规划比其他大多数城市都要规整，其街道横平竖直地呈十字交叉，分割出一个个规则的街区（insulae）。全长2千米、宽20米的柱廊大道是城市的中轴线。这条用石灰岩铺砌并在柱廊上用马赛克装饰的街道直通主要的公共建筑：集市、浴室、宏伟的喷泉、大型公共厕所，以及通过宽敞大道连接的剧场。两条大道周边商铺林立，其交会处的标志性建筑是巨大的圆形教堂。教堂用整齐的大理石装饰，看起来似乎是阿帕米亚最重要的圣物，即“真十字架”上的一个碎片的保存圣所。它的对面是大型的教堂，交会处附近则是主教驻节的大教堂，后者的入口前有一道引人注目的楼梯和带有柱廊的庭院。这座圆顶的四瓣形建筑是拥有很多房间、庭院和浴室的综合性建筑群的中心，看起来这里是主教的居所。这三座教堂的规划都非常新颖，体现出6世纪富裕生活的装饰风格。

阿帕米亚遗迹的典型特征就是众多贵族的豪宅占据城市中心绝大多数地区。非常有特色的是，这些建筑构成一片55米 × 110米大小的街区。豪宅都采用完全独立封闭的结构，每座豪宅内部都有自己的庭院；这些豪宅朝向街道的外墙没有门窗，而通过其大门入口也很难看到里面究竟是什么样子。带有柱廊的主庭院侧翼建有半圆形会客室和宴会厅，这表明娱乐成为贵族生活的中心内容。一楼较小的房间大概是仆人的住处或储藏室，豪宅内完全没有厨房、浴室和厕所这样的功能性房间。卧室很明显是在楼上。大教堂旁边的一座大型豪宅有三个半圆形大厅和许多较小的房间，它有可能是总督的居所。

只言片语的文本和大量的考古遗迹使我们能够想象当时城市生活的情景，而有的铭文还能够揭示民众形形色色的生活。小亚细亚南部科律克索城（Corycus）的墓地中现存有将近400篇铭文，里面记录着逝者所从事的职业。这些职业上至世俗官员和教会领袖，下至香肠贩子、理发师和舞者，其中最引人注意的是商人和工匠（二者的身份经常是重合的）。手工制造者包括制衣工、亚麻工、毛皮匠、鞋匠、陶工、军服兵器制造工、玻璃匠和为帝王染制紫色衣料的工人。还有的人从事黄金、石料和大理石生意，另有些人制贩食品，包括水果、蔬菜、干果、鱼、面包、酒、油、蛋糕、甜点和饮料。这份名单还包括银行家、地毯商、建筑师、律师、裁缝、清洁工、售货员、酒店主、餐馆营业者和旅店老板等。可以想象这些人所处的建筑、街道和港口的环境与以弗所很相似。

城市并非处在静止之中，而是各自遵循自身和地区的发展趋势不断变化。小亚细亚的城市在整个古代晚期一直非常繁荣，但是在叙利亚，像安条克和阿帕米亚这样的城市在6世纪遭遇严重的灾祸，希腊城市则在3世纪受到蛮族的入侵，并在6世纪晚期再次被外敌毁坏。在大多数地区，城市发展的最高峰出现在5世纪晚期至6世纪早期，查士丁尼的功业尤其证明了这一点。然而，几乎所有城市在7世纪都因外敌入侵和经济上的变化而被迫出现变化，希腊和小亚细亚的很多城市转变为军事堡垒，而叙利亚的城市则成为伊斯兰世界新的中心。

农业是罗马帝国的主要产业，绝大多数居民都居住在村庄、集镇和散落分布的定居点。这些地区的生活方式与城市有显著区别，农村没有城市生活特有的公共建筑和服务，然而活跃的农村生活在不同地区也表现得多姿多彩。文献和遗迹为我们描绘出这种生活的细节，但它们只局限于几个地区。最为重要的文献是6世纪小亚细亚地区的两篇圣徒传记，即西肯的狄奥多尔（Theodore of Sykeon）和迈拉的尼古拉（Nicholas of Myra）。现存遗迹展示出圣尼古拉及其周边叙利亚和巴勒斯坦边缘几个小地方的生活环境。在这些地方，保存完好的农村和城镇使我们了解到，即使在偏远地区也存在高水准的生活方式和出人意料的财富。然而，从中我们依然可以发现，无论在物质还是文化方面，农村生活都远逊于城市。

西肯的狄奥多尔一生大部分的时间都在加拉提亚（Galatia）地区的乡村度过，当地流传的关于他行使奇迹的记录可以使我们了解到当时该地区的情况。其中包括当地盛行的宗教和迷信活动、困扰乡村生活的问题、乡村的组织结构以及它们与遥远但通常是强有力的政府之间的关系等。这片乡村地区由几个联系紧密的富裕村庄组成，村民拥有麦田、葡萄园、家畜、骡子和牛群。每个村庄都有至少一座教堂或礼拜堂，当地民众都热忱地聆听本地圣人的教诲。这些人主要是农夫，也包括铁匠、烧石灰工人、建筑工、教师、巫师、算命先生和有真才实学或滥竽充数的医生等。免受疾病和其他痛苦折磨是人们一直迫切需求的，因为乡村经常遭受干旱、洪水、冰雹、蝗虫、寄生虫和有害甲虫的困扰，人们也经常感染各种疾病，其中最让人恐惧的就是瘟疫。还有时常出现的慢性或暂时性精神失常，这种现象被认为是魔鬼附身。人们认为魔鬼无处不在，尤其存在于已经被废弃的古代多神教遗迹中，只有圣徒的强力驱魔术才能将它们赶走。这种驱魔仪式成为当地民众全都为之疯狂的庆典。

农村居民都是自由农民并拥有自己的土地（在这里很少看到其他地

区常见的附属于大地产者的佃农）。当地的地方行政机构由地主和长老组成，他们担负着多重职责。通常当地事务由他们自己管理，但是当发生严重骚乱或违法案件如偷坟掘墓时，政府的无情之手就要介入以平息事端。各地的新闻能够通过快速驿道汇集到中央政府，这些道路交错于乡间并形成独立空间。快速驿道是国家的重要组成部分。沿途经常可以看到军队、高级官员和信使，他们在驿站换乘马匹，在驿站旅店住宿，并和在那里工作的妓女发生关系。如同贵族的大地产星罗棋布于乡村地区——尤其是城市近郊，驿道与城市的关系比和乡村更为密切。

圣尼古拉的传记也在不同地方展示出相似的图景，只不过山区背景取代了平原。除了谷物和酒之外，木材也是当地的特产，因此伐木和采石是当地重要的产业。这里的情况也是一样，每个村庄都有自己的教堂，村民依赖圣人来治愈他们的疾病并为他们驱走恶灵。在这个更为偏远的地区，多神教习俗存在得更加长久，在其他山区也是如此。然而这篇传记显示，这里的村民和城市有密切的联系，贸易是他们生活的重要内容，他们因此得以维持高水平的生活。通过迈拉上方山区几个村庄的遗迹，我们明显能够看出那里曾经十分富饶，有一些紧密相连的粗石房子，这些房子很多都盖在坡地上，环绕着用石头砌成的当地大教堂——教堂通常都建造得极为精心，装饰华美。这些建筑上方就是圣尼古拉自己建造的圣锡安（Holy Zion）修道院。这座修道院的遗址保存至今，建筑本身和现存的那些银盘等大量宝藏证明这个偏远的教堂曾经拥有惊人的财富。这座圣所很明显曾经吸引着大量朝圣者和沿海繁华城市富有的赞助人，它所在的吕基亚（Lycia）地区有遍布着小城镇和村庄的海岸，向东一直通向奇里乞亚。

在这个沿海地域有另一种生活环境，其农业并不发达，大部分地区都是遍布岩石的海角和近海的岛屿，因此不可能通过种田实现自给自足。但是这里的商业贸易十分繁荣，遍及整个东地中海世界，尤其是君士坦丁堡和近东之间海路沿途的那些地区。各地海岸均留下了密集的石头房屋和教堂遗迹。与其繁荣相对的是，内陆地区尤其是既没有肥沃的土地，又远离商路的山区，经常受到土匪盗贼或叛乱起义的困扰，这种情况在6世纪变得愈发频繁。贪婪的总督和征税者也是农民痛苦的根源，那些甚至拥有私人武装的大地主和抢劫成性的军队则是另一个痛苦的来源。

东部帝国的村庄遗迹最完整地保存在叙利亚。奥伦特斯河（Orontes）两岸的石灰岩山上分布着700个村庄，构成独特的风景线。每个村庄通常包括20~50座石头房屋和至少一座教堂。这些房子不规则地沿着峡谷或围墙分布，而不是排列在街道两侧。它们的外墙没有门窗，通常散乱分布在村庄外围，以抵御抢掠者和野兽。它们大多是两层建筑，带有开放式的阳台、能够俯瞰内部的庭院，楼上则有几个房间（通常2~4个，但是存在很大差异）。这些石头房屋建造得十分精心，令早期的考古学家误认为是乡村贵族的居所，但是这些房子的主人根本不是乡村或城市贵族，因为居民住在楼房的上层，而家畜则圈养在一楼。同时，庭院用来圈养牲口和进行家庭内部活动，而不用来会客和举行庆典。这些房子几乎都没有厕所或独立的厨房，也没有浴室和活水。在这700个村庄中，只有5个公共浴室，几乎没有什么公共建筑。对于乡村来说，城市舒适的环境过于遥远，村民不得不长途跋涉才能享受到城市的便利。

这些村庄靠种植橄榄为生，这是村民主要的经济作物，他们在村庄外将橄榄用土法压榨出油，这几乎是他们最重要的活动。此外，他们还经营果园，饲养家畜。这些产品销往周边的城市，但是显示村庄内存在贸易活动的证据十分罕见：村子里没有任何像商店或集市的建筑。也许会有一些临时的货摊或地方集市，用来进行商业贸易活动。无论如何，油、小麦和羊毛为当地人带来额外的收入，使他们能够修建自己的石头房屋——通常是增加房间数目——或者向教堂捐赠。教堂都是精美甚至宏大的建筑，里面藏有很多财宝、金币或银盘，清楚地表明那是汇集乡村财富的中心。这也表明古代晚期政府并非总是竭泽而渔，为了自己和城市的需要而榨干乡村的财富，而是允许这些农村地区继续发展并保持繁荣景象。

很多地区还存在着一些大型的定居点，这些居民区不具有城市的地位，也没有驻节于城市中的主教，但是与村落的规模又有些许区别。这类定居点一般有上百座房屋（其规模大体上还是可以与村庄划为一类，但是有的定居点要大些），有多座教堂以及可能用作市场的空地，有的地方甚至还会有座浴场。这类定居点有些位于边境线上，设有城墙、防卫塔、兵营和军事司令部。大多数大型定居点都分布在巴勒斯坦南部沙漠内盖夫地区（Negev），这些地区很容易被误认为是小型城市，但它们缺少城市特有的便利设施。在定居点之间的偏远乡村还有许多小定居点遗迹，有一些很明显是季节性放牧的中转站和游牧民的歇脚点。

叙利亚乡村地区最伟大的历史遗迹既不是村庄也不是城市，而是修道院。那是5世纪为圣西蒙修建的十字形教堂，位于这位圣徒所居住的石柱周围。其规模和奢华的装饰表明，它接受过皇帝的捐助。它旁边就是一条主要的快速驿道，这有利于附近或远方的朝圣者前来瞻仰圣徒。朝圣者居住在教堂下方城镇的小旅馆，很明显这对当地经济大有裨益，尤其是那些大型节日庆典吸引着大批民众前来朝圣或做生意。节日里，通常都会举办地区性的集市，很多居住在远方的民众经长途跋涉聚集到这里，为当地经济做出巨大贡献。像这样的圣所在帝国内比比皆是，有些在城市里（尤其是在耶路撒冷、以弗所和塞萨洛尼基），有些在城市附近（如伊苏里亚地区塞琉西亚附近为圣女西克拉修建的大规模圣所），还有为数不多的在偏远的乡村地区，如西奈山（Mount Sinai）。这些圣所建筑物通常在其所处地区最为出名，大多包括一些修道院，后者是当时城市和乡村中的重要元素。修道士为了信仰和慈善事业终日劳碌，但同时也为当地制造业做出贡献。这些修道院的规模小至沙漠中的一个洞窟，大至城市或近郊的巨型综合性建筑，遍布帝国各地，但是其中大多数都建在城市或其周边地区，大部分房屋的建筑风格都和当地一样。

城市、集镇、村庄和修道院都是相互依存系统中的组成部分，它们通过贸易彼此沟通，并因政治和宗教体系紧密地联系在一起。已经基督教化了的各个部分支撑着希腊罗马世界的基本机构，繁荣的城市植根于其所依赖的广大乡村，反过来乡村也依赖着城市。尽管城市和乡村世界的便利设施及公共建筑差异很大，但是贸易和经济活动却将两者结合到一起。当城市衰落甚至崩溃时，一个崭新的世界即将出现。

| 第三章 |

新宗教与旧文化

西里尔·曼戈

君士坦丁改变其基督教政策时（312年），基督徒在帝国总人口中是少数派，据说只占10%，尽管这只是我们猜测的数据。城市基督徒和东部的基督徒数量比乡村和西部的多。最初皈依基督教的多是社会下层民众，但是基督徒开始逐渐向社会上层发展。

我们先把数量并不太多的犹太教徒放在一边，也暂时不考虑某些边缘的教派，例如摩尼教徒。帝国大多数民众是传统宗教的信仰者，我们如今称他们为希腊罗马多神教徒（异教徒）。多神教是希腊罗马世界中各种崇拜调和的产物，融合了一系列双方共同承认的神明。

在古代人的意识里（当今世界上有许多人依然这样认为），宗教（religio）是仪式的载体。在伟大的古典时代，人们在家中或公共场合遵循祖先的传统进行崇拜活动，以此来消除众神的愤怒，祈求凡人的安康。直到公元500年时，多神教历史学家左西莫斯依然严肃地认为，帝国的衰落是因为君士坦丁在313年后废止了百年节（Secular Games）的庆典。罗马的宗教是公共性而非个体性的宗教，这就意味着它由国家操控运转。这种宗教没有神圣的经典，没有职业的教士，也没有教义。它与迷信（superstitio）不同，后者被认为是对神明过度和歪曲的敬畏，宗教则是适度和恰当的。古罗马的宗教并不考虑“大问题”，如宇宙的起源、生命的意义或是终极的末日等。少数对这些深奥问题的思考被归入哲学范畴，被视作不同的领域。存在这样几种哲学学派，它们都发源自古希腊文化：亚里士多德主义、柏拉图主义（古代的、中世纪的、新近的）、斯多葛主义、毕达哥拉斯主义、伊壁鸠鲁主义和犬儒主义等。哲学的出发点是凡人，它不去揭示超自然的东西，而某些学派与众不同的观点（异端，haeresis）也不被视为与传统宗教相抵触，尽管伊壁鸠鲁学派（他们认为神和凡人的事务没有什么联系）遇到过一些麻烦。在公元初的几个世纪里，宗教和哲学大体上还是有所分别的。在这一时期，哲学开始由理性主义向神秘主义过渡，而宗教也发展出一些神学教义。

基督教是一种宗教、迷信还是哲学？按照罗马的标准来说，它很难被归为一种宗教。它不是那种罗马式的公共宗教，看上去像是国际性的地下组织。它没有那些罗马人习惯的崇拜活动，如向神像献祭牺牲。当然它也有自己的仪式，但是这些仪式是关起门来进行的。非常有趣的是，在其发展的原始阶段，早期基督徒为了应对犹太教徒的仪式主义，并不特别强调那些需要共同遵守的清规戒律。他们指出，使徒告诉他们，只需承担这样的义务：“禁戒祭偶像的物和血，并勒死的牲畜和奸淫。”（《使徒行传》，15:29）

基督教受到反对的另一个因素在于它是个新兴的宗教，当时人们认为古代宗教才值得崇敬。因此埃及人与迦勒底人拥有得天独厚的优势，而犹太人则可以声称，他们的立法者摩西在特洛伊战争之前一千年就已经来到这个世界——无论如何都比希腊那些哲人的年代更加久远。信奉希腊罗马多神教的信徒虽然其历史最多只能追溯到公元前6世纪，但是他们可以把自己和远古时代如俄耳甫斯（Orpheus）这样的半神英雄联系在一起。基督徒在谈及自己的历史时只能这样说：“我们昨天（hesternisumus）才刚刚诞生，但是我们拥有古老的经典。”——这是一条值得推敲的论据，“我们和犹太教徒有共同的经典，但是他们没能正确理解，而我们恰恰相反”。最终，形形色色的诡辩术被用来证明基督教不仅是个古老的宗教，更是历史最为悠久的宗教：鉴于亚伯拉罕是犹太教的创始人，因此在其之前的人类始祖就既不能被称为犹太教徒，也不能被称为偶像崇拜者，他们只能是原初的基督徒。这样，基督教就可以追溯到伊甸园的时代了。

事实上，基督教甚至比它看起来的更加年轻，因为它的名字最初出现在提比略（Tiberius）皇帝统治时期，而其教义直到使徒时代才彻底修订完毕。我们无意在这里描述此后教义的屡次调整，那些对其所做的精心修饰在教会走向普世化的过程中转变为小规模的弥赛亚运动，但是我们需要重点说明，从君士坦丁打开其身上的枷锁时起，一直到拜占庭历史结束为止，基督教的教义绝非一直没有变化。

当诡辩家塞尔苏斯（约180年）声称基督教只能吸引妇女、幼童和奴隶时，他表现得有点不谙世事，因为就在那个时候，基督教思想家已经着手启动不可逆转的进程，那就是将他们的宗教转变为一种哲学，也就是说一种协调一致的完整体系，这一进程被评价为古代晚期知识领域最重要的成就。我们对最终整合完成的信仰太熟悉了，以至于我们很容易忘记学者和他们那些吹毛求疵的深思熟虑在教义体系形成过程中的作用。与传统的古希腊诸哲学派别不同，基督教哲学的基础是字字珠玑的《圣经》中的那些启示。《圣经》中的一大部分（现在被称为《旧约》），是部落的历史、传统的仪式、宇宙观、预言和通灵沉思的混合物，东地中海地区的民众对这些东西非常陌生，只有把它们翻译成口语化的希腊语（the Septuagint）人们才能对其有所了解，然而这些翻译显然不能做到十分精确。因此，第一步就必须按照希伯来的传统仔细核对《旧约》：将伪经剔除出教规信条；然后对真经的每一卷做详尽的解释，分别说明它们的字面意义和象征意义；最后还要将那些不再使用的东西，也就是说传统的仪式一一识别出来——但这仅仅是工作的开始。鉴于《旧约》大体上是一部讲述某个边缘民族命运的历史作品，基督徒不得不将其中的内容和编年与希腊人、罗马人、埃及人和巴比伦人的历史结合起来（大部分内容都是他们编造出来的，但是却广为人们接受），然后将《创世记》中关于上帝创造宇宙的描述修改得符合当时社会的宇宙观，使之真实可信。还有就是要解释为何全能的上帝在历史中的绝大多数时间都只关注犹太人的拯救，而将其他民族排除在外，以及为什么基督直到这么晚方才道成肉身。再往后这一体系难于解释的核心问题就是为何圣子基督在初始“与神同在”，创造了万事万物，之后却“化为肉身”（这在当时的多神教徒看来是自相矛盾、不可接受的），并且的的确确承受了与神身份不符的卑微的死亡。圣子是圣父的散发之物还是一个与之区别的个体？如果是后者的话，那么他是自我存在的还是在万世之先为圣父所造？也就是说，这是否会使其变成一个次等之神？

这些是基督教在转化成一门哲学的过程中不可避免的问题，对这些问题的解释，尤其是关于圣子的阐述，在君士坦丁之后还要延续整整三个世纪。然而，如果我们回到更早的时代，就会发现并非所有的基督徒都热衷于将基督教转化为一门哲学，他们牢记圣保罗的警示：“你们要谨慎，恐怕有人用他的理学和虚空的妄言，就把你们掳去。”（《歌罗西书》，2:8）在这一问题上，基督徒内部有广泛的歧见，殉教者查士丁（Justin Martyr）认为，基督教是唯一“确定和有益的”哲学派别。而德尔图良（Tertullian）则有一句名言，认为雅典和耶路撒冷毫无关系：“所以雅典和耶路撒冷有什么关系呢？学术对教会有什么益处呢？……我们的教规是来自所罗门的柱廊。”基督徒不是哲学家，不仅是因为哲学的虚空性不能为我们提供固定的答案，更重要的是哲学没有效用，它不能驱走恶魔，而基督教可以。

德尔图良关于魔鬼直白的表述在《新约》文本中比比皆是，这可以被理解为一种隐喻。像马可·奥勒留这样的贤人可以对这样孩子气的言论不屑一顾，然而相信魔鬼的存在在古代晚期是一种特有的风气。魔鬼并非如希腊人所认为的是一些小神（daimones），它们是不死的、快速移动的恶灵，它们附着在人类甚至农场的动物身上，使他们神经错乱，罹患各种疾病，并使人类产生邪恶的欲望。圣保罗写道："因我们并不是与属血气的争战，乃是与那些执政的、掌权的、管辖这幽暗世界的，以及天空属灵气的恶魔争战。"（《以弗所书》，6:12）黑暗的统治者（kosmokratores）是那些支配地下世界的恶魔，多神教庞大的体系只可以被理解为一座巨大的恶魔机器，禁止信仰它并不意味着魔鬼活动的终结。恶魔依然从神殿中散出，它们在那里由动物牺牲的油脂和焚烧的烟雾所滋养。恶魔会进入乡村、坟墓和隐修者的居所，尤其会存在于高层的大气中。基督教从诞生之日起就是对抗恶魔最有效的武器，基督自己就是个驱魔者，他曾经明确地向其门徒承诺给予他们征服魔鬼的力量，多亏这项礼物，基督教才赢得了它的第一批皈依者——也许是其早期皈依者的大部分。

从欧洲中世纪早期的历史来看，我们倾向于承认皈依基督教提升了很多民族的文化知识水准。这一点对于萨克森人、古斯堪的纳维亚人（Norsemen）、古波罗的海人（Balts）和斯拉夫人来说是毫无疑问的。但是古代晚期世界的基督教化则经常被我们视为发达民族的文化水准走下坡路。这并不是说在2世纪末之后的基督教可以被我们描绘成反知识的，恰恰相反，如我们前文所述，它变得越来越博学，而这个时期出现的那些"教义"论文和护教书则深受多神教哲学的影响。有多少非基督徒会阅读这些文章还是个争论不休的问题，但是如果他们不怕麻烦非要去看，也许会发现这些东西使人感到枯燥无聊。这就是困难所在。因为那个时代的文学传播虽不广泛，但却高度发达，接下来我们就要考虑一下这个问题。那个时代的文学传播是建立在一个从希腊化时代开始实际上就没有怎么改变过的教育体系上的，我们可以将这一体系描绘为"自由的"和非技术的。具有一定社会地位家庭的男孩，在中学学习古典诗歌（尤其是荷马和赫西俄德的）和几出悲剧（特别是欧里庇得斯的）之后，他们就将去学习雄辩术，无论他们将来选择从事什么职业，法律、政府机关、市政部门、教书还是文化创作，这都是必要的进阶之路。雄辩术以德摩斯梯尼（Demosthenes）和其他雅典演说家为榜样，旨在通过数十本教材的学习，获得广为公众接受的演讲和写作能力，他们使用古色古香的语言风格，也就是雅典式的希腊语，这是他们身份的象征。尽管在教育过程中没有刻意强调意识形态的东西，但是这种教育处处渗透着多神教的学问。男孩们不得不学习课本中众神的神话和谱系，也就随之吸收了多神教徒的价值观。这些东西来自学习修辞学的过程中，同时也是其实践的结果，他们会从语法学、历史、神话、地理、占星学以及晚餐后的闲谈之中积累起大量的多神教知识。

我们很难估计晚期罗马世界的人们对于雄辩术的热衷程度。修辞学教授（被称作修辞学家或诡辩家）在主要城市中拥有接受捐赠的讲席地位，他们吸引着各地学子蜂拥而至，在大群听众面前公开发表演讲，还会作为使者去为当地利益据理力争，并被竖立雕像而流芳千古。他们和著名的哲学家一样，是除统治者之外，被传记作家树碑立传的一群人，此后，只有基督教圣徒才能享有这一特权。总之，修辞学是一种文化黏合剂，将分布在帝国各地的城市精英们连接在一起。不仅仅是学生来自各地，教授本身也逐渐变得国际化。我们在4世纪著名的修辞学家中发现两位阿拉伯人、一位腓尼基人、一位来自遥远的尼西比斯的美索不达米亚人，以及一位基督教化的亚美尼亚人，他就是鼎鼎大名的布罗埃莱西乌斯（Prohaeresius），这真让人惊讶。

让我们来举一个具体的例子吧，那就是里巴尼乌斯（Libanius，314—393年），他也许可以被形容为4世纪的“文学先生”。其保存至今的著作按照标准的版本来说足足有11卷，其中大部分还没有被今人广泛阅读，这些作品包括64篇演讲、1544封书信、51篇辩论文章和许许多多的学校习题。里巴尼乌斯是个土地贵族，他在其出生地安条克担任过半个世纪的雄辩术讲席教授。君士坦丁统一帝国后十年，他刚刚出生，尤里安皇帝是他的好友和崇拜者。在信奉基督教的军人狄奥多西一世登基后，他依然在世，然而后者却给予他这个多神教徒以荣誉执政官的地位。但他并没有给我们留下什么他所见证的意识形态领域重大变化的记录，对于基督教的问题，他事实上采取沉默的态度。这不是因为他活在象牙塔中。他有将近200名留下姓名的学生，他也一直为他们的前途利益不遗余力地游说疏通。这些人后来成为政府官员、律师、教师或市政议会成员，这就给他个人创造了巨大的人际关系网络。这些学生中也有基督徒，据说包括“金口”约翰、纳西盎的格里高利以及摩普绥提亚的狄奥多尔（Theodore of Mopsuestia），他们都是叙利亚教会的顶尖神学家。里巴尼乌斯在某种程度上影响着他们：他捍卫自己所理解的那种文化；他抱怨那些通过学习法律和速记法进入帝国政府大门的“技师”；他哀叹多神教神庙遭到关闭。他的名声相当大，以至于基督教政府也不敢审查他的著作或对其施以惩戒。但是他成功的秘诀是什么呢？应该不会是他的个性。在其自传中，他表现出空虚、神经过敏、迷信和恶毒，尤其是针对他的竞争者时更是如此。我们只能得出结论，他的名声依赖于他广为人知的文学才能和公开演说的天赋，同时代人对其所做的评价到后世也没有发生改变。在整个拜占庭时代，他一直都是雄辩术的典范（因为他的作品被保留下来），只是到19世纪，他才逐渐变得湮没无闻。直至今日，我们还不得不阅读他的希腊文作品：因为他的著作只有小部分被翻译成现代语言。

基督教会是如何对付像里巴尼乌斯所传播的这种文化的？除了全盘抵制外（这是最基本的解决办法），还可以默许其传播，抑或编写和提供新的基督教的经典著作，以供教学之用。然而，这样的基督教文学并不存在，并且从整体上看，《圣经》本身，其语言和写作风格都非常原始，即便其中的只言片语非常引人入胜。这个问题在尤里安禁止基督教教师阐释异教徒的经典著作，也就是说剥夺他们的谋生手段时就开始逐渐产生。他的这一政策招致各方的谴责。少数基督徒，如阿波利拿里（Apollinarii）父子挑战这一政策，他们尽量将《旧约全书》用古希腊格律翻译改写成诗歌，而将《新约全书》改编成柏拉图式的对话录。更具影响力的个例是纳西盎的格里高利，他不但写出了具有很高修辞学技巧的布道文，同时还撰写了可与古代作品一较高下的信件和诗歌，他的这些努力使其成为拜占庭时代的文学典范和最广为后人模仿的基督教作家。但是这些努力并没有改变基督教缺乏用于教学的文学作品的弊端。因此，世俗教育得以保留原有的地位，仅仅被加上了“健康警告”：要求基督徒男孩摒弃古代众神伤风败俗的那些故事，而要集中精力学习好的和有用的东西。此外，如教会史学家苏格拉底在5世纪40年代所言，教会对“希腊的”（也就是多神教的）教育应该既不赞成也不拒绝，这才是最有利的。因为基督教经典中没有教给信徒逻辑学的辩论术，因此当和敌人辩论真理时，基督徒就只能运用多神教徒的武器以牙还牙了。结果，曾经得益于修辞学教育的基督教领袖在布道和撰写箴言时，使用的正是他们从学校学到的东西，这不仅可以从纳西盎的格里高利的作品中得到证实，而且“金口”约翰、尼萨的格里高利、恺撒里亚的巴西尔等其他一大批人都是如此。在日常布道中，没有人不运用演讲技巧来吸引听众。

只是到380年前后，基督教才在狄奥多西一世的统治下成为国教。君士坦丁只是个人青睐基督教，他不发布和之前罗马皇帝截然不同的法令，但是他提拔基督徒进入政府机关，并为教会大量捐款，为宗教团体和殉教士圣所修建大批奢华的建筑。一步一步地，他发现自己作为仲裁者和执行者逐渐卷入宗教争端。教会陷入深深的分裂之中。基督徒心中还残留着大迫害时代（303—311年）的恐惧，这场迫害招致难以抚平的怨恨。突然，金钱和梦寐以求的各种特权如洪水般大量涌来，教会在传统上没有稳固的统治结构来处理自身内部的事务，因此基督徒表现出过度强烈的情绪来恳求救世主皇帝为他们解决一切麻烦，即使那些事和皇帝根本没有什么关系。当阿里乌教义争端爆发时，他们就是这样做的。这个问题的核心本来属于纯哲学范畴。亚历山大里亚的长老阿里乌提出，圣子基督在世间万物之先由圣父所造，因此他与圣父不同质。这种观点源于伟大的神学家奥利金（Origen）的理论，在知识界有相当广泛的支持者，但是亚历山大里亚的主教亚历山大非常武断地反对这种看法。君士坦丁接到调解争端的请求后，史无前例地召集全体主教参加会议，与会总人数有300人左右。他们于325年5月在尼西亚城寂静的湖畔集会。会议在皇帝的行宫也就是在君士坦丁的控制下召开，尽管所有的记录都显示他表现得十分得体，但是毫无疑问他才是真正的主宰。他并不打算去理解这场神学争端，但是强调所有主教必须达成共识。不出所料，会议实现了他的目标：300人中只有5人拒绝在信经上签下自己的名字，其中还有3人后来改变了主意。阿里乌遭到流放，其书籍也被下令焚毁。任何藏匿这些书的人都将被判处死刑，绝不留情。

具有讽刺意义的是，就在会议召开前数月，君士坦丁给亚历山大和阿里乌写过一封同样的信，指出他们在某些方面的争论都是些琐碎和对于崇敬上帝无足轻重的事情。他强烈要求他们向哲学家学习，因为哲学家能在分歧面前求同存异，同时维护教义的统一。那么为什么他随后卷入这场极为晦涩难懂又让他觉得毫无意义的神学争论呢？很可能是因为他认识到，争吵不休的主教自己不能实现和解，因此别无他路。他认为压制不同意见是他的责任，如他在另一个场合所言："因为这些争论，全能的神不仅会怪罪人类，同时也会怪罪我，因为他将地上万物交付于我。"这是一个非常罗马式的态度：君士坦丁作为大祭司长，有责任恰当地敬奉和尊崇神灵，但是却不用参与哲学论争。然而尼西亚会议，即第一次基督教大公会议，却是迫使皇帝去考虑某种不应是他考虑范围的事情，也就是说定义正统教义，并将它强加于反对者，如果需要的话，皇帝可以使用他的强权。

从此以后，开弓便没有回头箭。君士坦丁的儿子君士坦提乌斯二世非常积极地支持阿里乌派学说，甚至将他自己在该问题上的主张定为"教规"。瓦林斯遵循了同样的准则，将一群在该问题上反对他的人活活烧死。狄奥多西一世来了个彻底的"U"形大转弯，命令其所有臣民必须遵循尼西亚信经：异见者没有集会的权利，如果他们试图反抗则会被处以死刑。与此同时，皇帝的法律明文列出长长的异端派别名单，它们的支持者都遭到迫害，国家将他们从城市中放逐，禁止他们的仪式。《狄奥多西法典》中不少于65篇法令是针对异端的，国家变成了神权社会。

然而，人们在神学方面提出异见的势头却丝毫没有减弱。从帝国用两百年时间才最终压制的阿里乌派开始，基督教进入神学狂热阶段，这导致异端大量产生。如果说今日拜占庭帝国的历史包含太多这样的内容，那部分原因是因为教会史的材料占据重要的篇幅，这种体裁由恺撒里亚的尤西比乌斯开创，并由苏格拉底、索卓门、狄奥多利特和其他教会史家发扬光大。如苏格拉底就认为，如果主教不为教义问题彼此争吵的话，那么教会史家就无事可记了。但是，即使我们已经比较重视且考虑了这一问题，事实上对基督教教义，尤其是涉及基督神性的不同解释，依然激起民众的极大热情，尽管他们对所争论的内容毫不了解。阿里乌派学说在许多方面都为聂斯脱利派所承袭，后者最终被驱逐出帝国，并成为波斯帝国基督教的主流派别。此后就是基督一性论（Monophysitism），这一争端最终也没有得到解决，现在它仍流行于叙利亚、埃及和亚美尼亚。我们至今依然没有得到令人满意的答案，为什么数以千计的人宁愿承受迫害甚至死亡，也要就基督是在两性之中（en）还是由两性而来（ek）争论不休，他们都坚信自己的论敌犯了弥天大错，分割或者混淆基督的人性。当然，政府越去迫害那些异见者，分歧就越难以弥合。此后，只有对神学的热情趋向神秘主义时，这些争论方才告一段落。也许这就是为什么在公元600年之后没有新的教会史作品产生的原因。基督一志论（Monothelitism）是基督一性论苍白无力的后续理论，它的提出是出于政治考量，在680年的基督教大公会议上遭到彻底埋葬。这是最后一次“壮观的”异端运动。而毁坏圣像运动的问题，表面看起来是基督教的异端运动，实质则是关于崇拜方式的（cultus）争端，这本身就暗示着新的变化：拜占庭的基督教开始向罗马意识影响下的宗教回归。

关于抽象神学理论的争论实属小题大做，使得虔诚和崇拜的本质发生了偏移，不必多说，这在4—5世纪时自然是个巨大的变化。现在我们要谈另一个极为重要的问题，它最终差不多将基督教转化为某种多神教形式，这就是对圣徒的崇拜。它的起源足够单纯：作为一个曾经遭遇迫害的宗教派别，基督教以这段历史的“见证者”（也就是殉教士）为荣。人们记录他们的生平和言行，并用宗教庆典的方式纪念他们，其中包括在他们坟墓周围举行的聚餐活动。君士坦丁给这些殉教士修建巨大的室内圣所——包括罗马的圣彼得、圣塞巴斯蒂亚诺（Sebastiano）和圣洛伦佐（Lorenzo），以及君士坦丁堡的圣摩休（Mocius）和阿卡基乌斯（Acacius）。到4世纪中期时，人们发现殉教士的遗迹不但受到人们尊崇，而且每天都会发生超自然现象。普瓦提埃的圣希拉里（St Hilary of Poitiers，约360年）记载，那些圣徒能够当众喝退恶魔、治愈疾病、身体悬空飘浮，而且能把妇女们的脚悬吊起来——我们不清楚为什么要吊起她们的脚——毫不羞耻地让她们的衣服滑落到自己的脸上。毫不让人惊讶的是，这些圣徒的遗体成为宝贵的财富，人们不仅将他们从一个地方送往另一个地方，而且更将它们分尸，这种行为既违反罗马法律，也违反坟墓不可侵犯的道德规范。

政府——而不是教会——制止这种恶行的努力丝毫没有收到效果。386年的一篇敕令明文宣布，“任何人不得分割或售卖殉教士的遗体”，因为当时非法交易这些圣体已成为流行的风尚。很明显，这里存在着欺诈的可能性，更不用提这种交易的不合道德之处。然而，对这一我们看上去愚鲁的迷信行为，教会中最显赫的人物不但不加以反对，反而大加赞扬。这里有塞勒斯的狄奥多利特（Theodoret of Cyrus）在430年前后的一段文字：“殉教士的荣光不会消散。他们的遗体不是单独地埋葬在坟墓中，而是分散到各个城市与乡村，让这些遗体成为精神的拯救者。有如医生和守卫一般。他们是宇宙主宰的使者，上帝赐予他们这项神圣的赠礼。而且当一个圣体被分割后，其恩惠依然完整，这样一小块遗体的能力与整个圣体是一样的。”一旦确立起这种逻辑，接下来交易圣体的行为就变得更加畅通无阻：拥有很多殉教士遗体的地区可以弥补那些缺乏圣体地区的不足。

这是个需要个人判断的问题，圣徒崇拜究竟是贬损原始基督教的迷信活动，还是恰恰相反，反映出有益的发展，抑或能安抚普通民众并带给他们信心？此外，君士坦丁之前的基督教是否如我们想象的那么纯洁？像圣希拉里所描绘的那种每天上演的“马戏团”表演不会在一夜之间盛行。从理论上看，这一切都站得住脚：圣徒是赢得上帝欢心的凡人，凭借上帝的欢心他能够聆听祈祷者，并为他们向上帝求情。在尘世生活中，向这样一位有能力影响法院的庇护者提出要求，显然比向皇帝申诉更为有效，因为他公务繁忙，没有时间聆听下情。然而，对于大多数信众来说，圣徒并非凡人，也许用半神半人来形容他们更为适合。还有一个特殊的例子，那就是极受欢迎的圣米海尔（St Michael），他完全不是个凡人。

天堂里的圣徒俱乐部在上帝的恩准下可以增添新成员。现在，殉教的大门已经几乎完全关闭，所以禁欲苦修成为受人垂青的选择。在一个被认为肉体堕落的世界里，很多人愿意通过禁欲节食甚至自残（如奥利金）的手段来修行：这样做不是因为对肉体有益处，而是使精神获得自由，同时有助于获得基督许诺给其真心追随者的那些超能力——治愈病人、驱逐恶魔、预言未来、展示“标志”（也就是奇迹）。然而，每天生活在关心和恩惠中是很难成为禁欲主义者的，放弃（anachoresis）就是他们的应对之策。所以270年前后在埃及出现了基督教修道主义，并如燎原之火一般传遍整个帝国——一直传到巴勒斯坦、叙利亚、美索不达米亚和小亚细亚，并在稍后传到西部地区。起初，政府不知道该如何定位这些修道士，他们不属于任何既定的阶层。他们不是教士，只是一般基督徒，这有点类似于从前的犬儒派哲学家。390年，政府颁布法令禁止他们进入城市，命令他们只能居住在“荒芜之地，过着离群索居的生活”，但是两年后，这一禁令就被撤销。事实上，这群修道士成为公众极为感兴趣的对象，即使在宫廷中也是如此。皇帝派出观察员前往他们居住的荒野，并要求向他通报他们超人的生活方式。他们的言行被记录下来，并以“专辑”的方式传播开来。禁欲苦行变成一种竞赛：如果说圣徒保罗能够在大斋期只依靠一点小扁豆和一罐水存活40天的话，那么有些人总能打破他的纪录。当苦修变成陈旧的游戏（vieux jeu）后，许多更加极端的方式开始出现：有的人戴上沉重的枷锁，把自己关在笼子中，有的人脱掉衣服，像野兽一样在乡村游荡，还有的人在高高的石柱上一待就是很多年。最后一种由柱头修士（Stylite）西蒙（死于459年）发明的方式经常被后人模仿，并获得最高的声誉。

最近这些年，关于“圣徒兴起”的研究成果众多，研究对象是那些创造奇迹的苦行者。然而，圣徒在基督教内外都不是全新的现象，耶稣就是最初的圣人，他赋予门徒的那些能力从基督教会诞生之日起，就是教会不可或缺的部分。《哥林多前书》的第12章让我们感觉相当晦涩，它列举出众多类型的超凡能力，这些超凡能力是基督徒群体日常生活的组成部分。就像我们从2世纪的《十二使徒遗训》（*Didache*）中知道的那样，除非是骗子，否则那些四处游历的先知必须被荣耀地接待。那些令人着迷的预言传统，可以在一直保留在弗里吉亚地区的《黑马牧人书》中看到。新恺撒里亚（今土耳其东北部的尼克萨尔）主教格里高利，在3世纪40年代展示出很多令人难以置信的奇迹，因此获得“奇迹制造者”的美名。有一个问题出现了，为什么总体看来修道士把那些超能力从已经地位稳固的教会那里夺走了呢？一个很简单的答案是，自从君士坦丁时代后，教会便失去其魅力。它变成政府机关的一部分，负责意识形态和福利事业。领着薪水的主教掌握着大笔金钱，他们管理着众多的农业和商业财富，凌驾于市政议会之上，行使司法职能。他们中间很少有人能得到公众的垂青。修道士则不然，他们独立于教会之外，看上去就像在扮演基督肉身的角色。即使他们居住在荒漠，也没有切断和社会的联系。一位著名的圣徒可以吸引拜访者不远万里前来膜拜，以享受和他相聚、治愈病痛和获得箴言的欢愉。有时他还会处理争端，扭转自然灾难，求雨，或者以合理的理由介入政府的行政管理事务。然而事实上，引起社会关注并非东部帝国禁欲主义的目的。修道士的主要目标是实现个人的尽善尽美，正如查士丁尼一世在他的立法中所言，这让他能够亲近上帝，只有在这种情况下他才能通过他的祷告使社会受益。

我们已经强调过几个对拜占庭世界有持久影响的新变化：既亲密而又相互渗透的教会与国家关系；完整的基督教哲学体系的产生；古典教育和截然不同的基督教思想之间难以调和的分裂；独立于地位稳固的教会之外的修道生活及其吸引力所带来的利益。所有这些现象都植根于4世纪的现实生活，但是又几乎完整无缺地在新世界中延续下来。如我们前文所述，还有一个重大变化是重大神学争论的平息。第七次基督教大公会议（787年）后，拜占庭基督教会“合上了他们的书卷”。看上去所有的异端都已经灭绝。大家最终达成一致的教义是如此完美，以至于此后没有什么可增加或剔除的了。正如19世纪圣彼得堡大主教所言：“我们的教会没有什么发展。”

传统的多神教甚至在晚期罗马帝国崩溃之前就从东部帝国消失了。我们已经大胆推测，在君士坦丁时代，基督徒大约占全国总人口的10%；到4世纪末期，他们的数量增长到50%；而到5世纪晚期则达到90%。查士丁尼毫不留情地抹去多神教徒的最后一丝残迹，此时的多神教徒分布在社会阶层的两个极端，一头是顽固的学者，一头则是目不识丁的农民。皈依基督教的速度因此变得十分迅速，很可能是由于功利因素而非信仰因素，同时遗留下很多“迷信的”因素：如求助于巫师和术士、公众性的舞蹈、佩戴面具、在酿造葡萄酒时向“邪恶的狄俄尼索斯”请愿，以及在新月时点燃火焰等。基督教“五六会议”（692年）规定必须禁止这些“希腊式”活动，但是它们确实一直延续了下去。从考古记录中我们发现了大量当时人们佩戴的护身符，尽管上面的内容已经逐渐从多神教诸神变为天使和圣徒。

多神教留下的艺术遗产也已经被基督徒狂热的力量彻底破坏了。从4世纪晚期开始，人们从基座上推倒众神的雕像，拆除那些规模宏大的神庙，或是剥去多神教的装饰后改建为基督教教堂。当然，不是所有东西都可以轻而易举摧毁。在雅典的帕特农神庙，基督徒涂抹掉三面刻有浮雕的墙体，但随后还是放弃了。多神教艺术的残迹，例如坟墓中刻有浮雕的石棺，从此顶上邪恶和魔鬼的光环，人们都对其畏而远之。然而，有点让人惊奇的是，神话中的那些主角依然在小康之家的私人生活领域中保留下来，最晚一直延续到7世纪，尤其是在地板马赛克、银器和织物上。这显然不是因为它们有什么宗教上的重要意义，在君士坦丁堡（6世纪下半叶）皇宫前人行道上的一组狄俄尼索斯像肯定不是秘密崇拜的多神教标志，而只是从“文艺上”对田园式情景的怀旧。

圣徒崇拜在实践和幻想的层面上完全弥补了多神教留下的缺口。这不是说这里有一个简单的替换，如太阳神及其马车（Helios）一起被同样乘马车奔向天堂的先知以利亚（Elijah，Elias）取代，雅典娜、库柏勒（Cybele）和伊西斯（Isis）的地位被童贞女马利亚取代。我们可以看到，某些特定的活动依然保持不变，只不过是主角发生了变化，尤其是在极为重要的治病领域更是如此。在多神教的时代，梦疗（incubation）在阿斯克勒皮俄斯（Asclepius）、伊西斯、狄奥斯库里兄弟（Dioscuri）和其他神灵的神殿中得到广泛的应用。病人需要躺在一处神圣的特定区域内，奉献必要的祭品，然后等待神灵在其幻觉中出现，治愈其疾病。基督教时代看起来也有十分相似的治疗过程，但是治疗者却变成圣米海尔、圣西克拉、圣塞勒斯和约翰，以及圣科斯马斯（Cosmas）和达米安（Damian）。基督徒梦疗在各方面都和多神教非常相似，在5—7世纪盛极一时，并一直存留到拜占庭时代的末期。

与此同时，对圣徒的崇拜创造出新的神话。与多神教相比，基督教传奇显得朴实无华，它包含更多暴力内容，却没有性的成分。如下传说也相当频繁地被重复：所有殉教士都坚贞不屈，毫不畏缩，唯一有所区别的就是他们承受的酷刑——车裂、火刑、斩首和扔进湖里冻死等。他们受难的故事被无休止地在布道中颂扬，在图画上描绘，由此变成公众精神世界的组成部分。塞萨洛尼基的每一个居民都知道，其保护神圣迪米特里曾经被不信上帝的暴君马克西米亚努斯下令用长矛刺死，他还有个年轻的伙伴奈斯托尔（Nestor），曾经在一场角斗中杀死一位著名的角斗士。考察这个相当粗糙的故事（确实也只能这么形容它）是否有事实作为依据是没有必要的。然而，值得我们注意的是，拜占庭“万神殿”中几乎所有较受欢迎的圣徒形象都来自远古的虚构人物，抑或已经被抹去历史真实的痕迹。只有把他们放到同一个模子中，才能实现人们期待他们扮演的角色。

朝圣活动

拜占庭历史上一个很重要的现象是朝圣活动的发展，最初这种活动集中在“圣城”。除此之外，在沿途还有很多圣所，以纪念那些基督教的英雄、见证了基督伟业的圣徒和圣女，特别是那些献出生命的殉道士。一幅神圣的画卷在帝国东部各地展开，许多令人印象深刻的建筑在朝圣线路之间形成了一片网络。

犹太教徒和基督徒都将耶路撒冷视为世界的中心。在6世纪马达巴城（Madaba）人行道的一幅镶嵌画上，圣城位于那幅大地图正中心的位置。在4世纪，由于君士坦丁对圣城的关照，耶路撒冷在精神领域获得了一个新地位。他在耶路撒冷的圣墓教堂、橄榄山（Mount of Olives）以及伯利恒的圣诞山洞（cave of the Nativity）修建了许多大型圣所。

大多数朝圣者选择乘船、步行或骑驴来到圣城。很多旅程都十分漫长，甚至在圣城之内也是如此：从耶路撒冷到西奈山的旅途要持续13~15天。第一份遗留下来的朝圣记录来自333年的波尔多（Bordeaux），他只提到了两处君士坦丁在耶路撒冷修建的圣所。然而即使没有那些纪念性的圣所，一份现存的地图显示，在4世纪的时候，圣城也有34个朝圣之处。到了7世纪之时，耶路撒冷引人入胜的教堂主要包括骷髅地（Golgotha）上的圣墓教堂、圣锡安（耶稣与他的门徒食用最后的晚餐的地点）的众多教堂、圣智教堂（在这里基督被谴责和折磨）、羊门附近的毕士大池（治愈麻风病人和马利亚出生并度过童年之地）的教堂、约沙法谷（Valley of Jehosaphat）的教堂、客西马尼（Gethsemane）的教堂，以及橄榄山的教堂（升天之处）。参观了这些地方之后，旅行接下来的目的地就是伯大尼（Bethany，拉撒路的墓地）和伯利恒。朝圣者们在狄奥恺撒里亚（Deocaesarea）瞻仰天使报喜的圣椅，在迦拿（Cana）参观将清水变为美酒的罐子，在拿撒勒敬拜基督孩童时期的第一本笔记。

那些在圣所进行的纪念活动可以从一些容器上的图画得见，这些容器是用来盛放从圣城获得的受到祝福的圣物的。有一个现存于梵蒂冈的公元600年左右的木盒，里面盛放着少许从橄榄山和圣锡安获得的土壤、木片和织物。它的盖子是后期重制的。“第一手”圣物，如“真十字架”上的木片或殉道士的圣骨是十分有限的，但是“第二手”圣物（被称作brandea），如与第一手圣物有关的圣油之类的东西却可以敞开供应，任由那些朝圣者装进自己的容器之中。

朝圣者包括那些虔诚的皇帝的捐赠、贡品和纪念品的售卖，如圣油瓶和圣物匣的收入以及土地的租售活动让那些圣所日益繁荣。许多朝圣者希望在圣地生活，并终老于此。他们为别人建造了收容所、教堂和修道院，并为自己在那里购置了房屋，选好了墓地。545年的一项法律表明，当时许多人“蜂拥来到耶路撒冷，希望参观我主的圣墓并用大价钱购买属于教会的房屋”。这些买卖活动带来的财富满足了那些贫病的朝圣者所需，后者成了圣城慈善机构沉重的负担。535年另一项法律表明“带有租赁权”的房屋的销售让教会获得了大笔收入，得以维持其慈善事业的职责。修道院承担了照管圣所，并为参观者提供食宿的责任。

除圣城之外，重要的圣所还有纪念亚历山大里亚附近的圣米纳斯（St Menas）、鲁萨法（Rusafa）的圣塞尔吉乌斯（St Sergius）、艾德萨的圣托马斯、塞琉西亚的圣西克拉、赫拉波利斯（Hierapolis）的使徒圣腓力（Philip）、欧凯塔（Euchaita）的圣狄奥多尔、以弗所的福音书作者圣约翰、塞萨洛尼基的圣迪米特里，以及罗马的圣彼得和圣保罗等人的圣地。

这些圣徒中的大部分都可以追溯到使徒时代，或是那些殉道士，尤其是在4世纪初戴克里先统治时期殉难的教徒。稍后出现的圣人是那些柱头修士，始祖是西蒙，他于5世纪生活在安条克东北的石柱上（40腕尺，约17.75米高）。459年他去世之后，人们在“西蒙的城堡”即他所居住的石柱处修建了一座大型的十字形建筑，朝圣者可以在这里得到护身符，那是一些用西蒙石柱附近的黏土制作的带有他画像的小片或小牌。同样，与耶路撒冷的铅制圣油瓶类似，在亚历山大里亚附近的圣米纳斯圣所和其他各地也出售黏土制作的圣油瓶，以供那些朝圣者盛放圣物（祝圣的油、水、土等）。

朝圣地的地理分布在356—357年发生了一些改变。君士坦提乌斯二世将路加、提摩太和安德烈的遗物运至君士坦丁堡的圣使徒大教堂供奉。这种做法很快传到了西部，米兰主教安布罗斯收集了更多使徒的遗物。最终，基督受难的重要遗物被从圣城集中到了君士坦丁堡，后者由此被称为“新耶路撒冷”。阿拉伯人在640年以前对黎凡特地区的征服没有完全中断国际朝圣活动，但是却削弱了它在拜占庭生活中的地位。10世纪拜占庭从对黎凡特地区部分性和短暂的再征服活动中获得了更多的圣物，如基督圣容圣布，它夺自美索不达米亚艾德萨城的亚巴伽（Abgar）国王，这一事件可见于同时期的圣像画。在拜占庭帝国中期，圣十字架的相关圣物广受欢迎，此时绝大多数的圣物匣中都装有“真十字架”的碎片，至少它们在形状上都是十字形的。源于塞萨洛尼基的圣迪米特里崇拜此时也十分盛行，他的圣像继续被用在圣物匣上。

1204年，第四次十字军东征的骑士将那些久负盛名的圣物从君士坦丁堡带回了西欧。在巴黎，新建的圣礼拜堂（Sainte Chapelle）被用来供奉那些最为重要的圣物，也就是荆棘之冠（Crown of Thorns）和其他基督受难的遗物。但是拜占庭人随即就补充了自己的藏品，并在15世纪时继续保持了对俄罗斯朝圣者的吸引力。

玛利亚·芒德尔·曼戈

| 第四章 |

伊斯兰教的兴起

罗伯特·霍伊兰（Robert Hoyland）

在描述阿拉伯人也就是阿拉伯半岛和叙利亚沙漠的居民时，拜占庭作家使用如下一些表述："贪婪的骗子""恶狼""不能依赖和反复无常的民族"，以及"一个野蛮成性的民族"。这部分反映出一个定居国家对其周边未开化部族的偏见。阿拉伯人的家园大部分地区极为干旱，这意味着他们没有足够的资源来维持复杂的社会和政治结构。当然也会有一些例外。季风带来的降雨和当地出产的香料使阿拉伯半岛南部兴起多个王国，此外在叙利亚沙漠地区也出现过几个独立小国，有些是因为周边文明能够给它们带来贸易收入〔如纳巴泰（Nabataeans）和帕尔米拉（Palmyrenes）王国〕，还有一些是因为可以得到帝国的补助金〔如加萨尼德（Ghassanids）和莱赫米（Lakhmids）王国〕。但是对于大多数阿拉伯人来说，不隶属于任何国家是一种常态，并且所有的阿拉伯人，无论定居还是游牧，都以部落的形式组织起来，部落是以自助为基础的血缘群体。在缺乏法律强制机构的时候，个人不得不努力来为自己和自己的亲属寻求公正，正如一首阿拉伯诗歌说的那样——"我将用我的利剑洗刷自己的耻辱”。在拜占庭人眼中，除了粗鲁，阿拉伯人还有另一个更严重的缺点，就是他们在《圣经》中的祖先：因为他们是女奴夏甲（Hagar）的后裔，所以沦为低等民族，也就是“世上最可鄙和无足轻重的人”。

然而，伊斯兰教从阿拉伯半岛偏远的一隅、在一个阿拉伯人的手中兴起。当波斯皇帝科斯洛埃斯二世的军队正在席卷拜占庭的叙利亚和巴勒斯坦诸省时，一个名叫穆罕默德、来自阿拉伯古莱西（Quraysh）部落的男人开始在其家乡即阿拉伯半岛西北沿岸的麦加传教。他传播的信息，即“古兰”（Qur'an，其本意是“读诵”），包括即将到来的末日、法律法规、反对异教徒的论争、犹太–基督教和阿拉伯先知历史的概述等，他特别强调要信仰唯一的真神，不把其他任何人与其相提并论。对于那些乐于接受他忠告的人，穆罕默德拟订行动计划。他们在麦地那组织穆斯林公社（乌玛，umma[1]），以“相信真神和末日”为口号联合起来。为了离开那些不信仰伊斯兰教的人，他们进行迁徙（徙志，hijra），并最终对那些人发动圣战（jihād），以此迫使他们皈依正确的信仰，或迫使他们屈服。这一计划既简单又十分有效，在20年的时间内，穆罕默德使阿拉伯半岛北部绝大部分地区接受其传播的信仰。他的继任者阿布·伯克尔（Abu Bakr，632—634年在任）和欧麦尔（Umar，634—644年在任）继承其功业，首先征服阿拉伯半岛其余地区，而后发动一系列的闪电战，占领整个中东。

我们该如何解释这一显赫的功绩呢？穆斯林的答案很简单：“这是因为神钟爱我们，并为我们的信仰感到愉悦，于是他给予我们统治所有宗教和民族的权力。”事实上我们必须称赞穆罕默德传播的那些信息，既简明，又具有很大的潜力，可以持续被伊斯兰革命与改革者利用，时至今日一直如此。但是为什么7世纪的阿拉伯人如此虔诚地接受这个信仰？是否有些东西改变了阿拉伯半岛的现状，让那里的居民特别倾心于穆罕默德的教诲，或者说穆罕默德给那里长久存在的问题提供了新的解决方案？我们

[1] 乌玛一词源出苏美尔语。在古代阿拉伯，它意为伦理和宗教的共同体，或指具有某种身份和特征的人的共同体。该词在《古兰经》中经常出现。

不能排除后一种假设。如上文所述，阿拉伯部落缺乏强制机构，使得它们几乎不可能组织大规模协调一致的活动。穆罕默德克服了这一难题，他给阿拉伯人指出的共同目标，极为适应部落氛围，即通过征服来推进神的事业（jihād fī sabīl Allah）。

然而，更常见的是，有些人认为它的革新性更多源自环境而非信仰本身。当然，近东地区在伊斯兰教兴起之前约一个世纪期间的确经历过一场大变局。松散的罗马和帕提亚帝国被超级大国拜占庭和伊朗取代，政治局势也逐渐向两极化发展，每个大国都在努力争取邻邦的忠心与支持。阿拉伯人既是两大帝国扩大影响力的受益者，同时也是牺牲者。他们可以得到资金和权力，但是却牺牲了自己的独立。此时出现许许多多的阿拉伯盟邦，最著名的是加萨尼德王国和莱赫米王国，他们分别与拜占庭和波斯结盟。我们对莱赫米王国知之甚少，但是知道加萨尼德人于6世纪在约旦和南叙利亚地区建立起颇具实力的政权。现今遗存的建筑和带有统治者姓名的铭文证实了这一点，当时的叙利亚文献也记述了他们对宗教事务的资助和仲裁。希腊和叙利亚文献都提及他们是站在拜占庭皇帝身旁“最虔诚和为基督钟爱的国王”，甚至还谈到他们的“王国”。而从其诗歌中，我们也能够看到他们一度强大。一首献给加萨尼德领袖的诗歌写道：“您难道没有看到吗？上帝赋予您多大的力量。每个国王都在您的脚下颤抖；因为您是太阳，他们是星辰，当太阳升起时，所有的星星都失去了光芒。”这些部落联盟权力的提升意味着，先前阿拉伯敌对部落之间的小矛盾，也就是“他们中间只有一个或一小部分人会被处死”，现在演变为激烈的正面对抗。我们可以看到，阿拉伯人的征服就是以这样一种冲突开始的，半岛西北部的阿拉伯人试图夺走加萨尼德联盟拥有的地位。

超级大国的冲突也产生了意识形态和政治两方面的影响。战争逐渐表现出更多的宗教特征，而宗教信仰的不同越来越频繁地和政治上的异见等同起来。在阿拉伯半岛的舞台上，这种趋势在南部最为引人注目，当时拜占庭的盟友，埃塞俄比亚君主入侵也门，并扶植起基督教国王，因为他得到报告称那里的基督徒正在遭受迫害。此外，商人也扮演着传教士的角色，将基督教、犹太教和摩尼教传遍整个半岛。这样，到穆罕默德时期，一神信仰的观念在阿拉伯半岛已经深入人心。它和伊斯兰教的兴起有什么关系还很难说，但是至少意味着穆罕默德的听众已经具备了这种概念。

最终，6世纪和7世纪早期暴发并一再发作的淋巴腺鼠疫导致“几乎整个世界都被摧毁了”。瘟疫最初出现在542年，同时期拜占庭人和波斯人正进行着一系列战争，后者占领了前者的许多省份。一位拜占庭历史学家在580年写道：“国家完全毁灭了，人民遭到奴役，流离失所，全人类都被卷入这场动乱中。”这些事件导致帝国东部沿海许多大城市规模缩小，而内陆小城镇则因人口密度较小和路途远等原因很少受到瘟疫和战火的波及。阿拉伯半岛西北部地区利用拜占庭内陆城市欣欣向荣的有利时机，优先发展起和内盖夫、拜勒加（Balqa）及哈弗兰（Hawran）地区的贸易。

总之，穆罕默德之前的一个世纪中，阿拉伯半岛在政治、宗教和经济上逐渐与拜占庭和伊朗这两个超级大国结合起来。然而，阿拉伯人依然保持着独特的文化和身份认同意识。这部分是因为其家园与众不同的生态环境和病态的国家结构。但是，这也要归功于逐渐增多的资源，尤其是帝国给予他们的资助，使得他们此时可以表现出这种差异。那些王国的首领开始称呼自己为“所有阿拉伯人的国王”，并且让人们编写诗歌以供他们娱乐，称颂他们的光荣。正是出于记录自己功业、撰写文书和族谱的目的，他们推动了阿拉伯手写字母的产生。因此很自然地，真神选择赐予穆罕默德具有“清晰的阿拉伯语音”的“阿拉伯人的诵文”。

这种和近东地区开化民族之间泾渭分明的意识让阿拉伯人在成为自己命运的主宰时占尽先机。由于来自部落的民众行动迅猛且全民皆兵，因此在发动对定居国家的战争时经常取得胜利，然而由于在文明程度上的落后，被征服者常常会在文化上迅速将其同化。但阿拉伯人能够避免这一过程，因为他们有自己的宗教和文化遗产，使得他们与外族人区分开来。此外，他们在征服之初与外界隔绝，待在军营里，并没有作为地主或农夫分散到当地被征服者中。用武力夺来的土地归国家所有，国家则把地租分配给穆斯林战士作为其薪饷。当然，阿拉伯人内部也有争端。第三任哈里发奥斯曼（644—656年在任）就是被一些老兵刺杀的，他们不满新入教者损害自己的利益和裙带关系统治，遂引发内战，在战争中很多派别都争相表达对政府的观点。但是，阿拉伯人最终还是恢复团结，因为许多阿拉伯人认为，即使让一位不公正的统治者在位，也比内部纷争四起要好。

第一次阿拉伯内战的胜利者建立起倭马亚王朝（Umayyad Caliphate，661—750年），他们立即着手建立帝国。他们建造行政设施、宫殿和清真寺；开垦沼泽地，修建灌溉设施，并开始进行土地普查。由于穆斯林统治者不在意非阿拉伯人的出身、信仰和阶级，这为有才能者提供了大展才华的机会。巴沙尔·伊本·巴德（Bashshar ibn Burd）的祖父就是土著土哈利斯坦人（Tukharsitan），被俘后被送往巴士拉（Basra），在那里他从事着泥瓦匠的工作。巴沙尔本人成为著名的宫廷诗人，他拥有显赫的地位，以至于他能够对其主人吹嘘“我的血统比其他任何人的都要高贵”。皈依伊斯兰教也不是必要的条件，例如阿塔纳修斯·巴·古玛叶（Athanasius bar Gumaye）是艾德萨人，他成为哈里发阿卜杜勒·马利克（‘Abd al-Malik，685—705年在位）的兄弟、埃及总督阿卜杜勒·阿齐兹（‘Abd al-‘Aziz）的得力助手，但他依然是个虔诚的基督徒。而且，那些战俘和流亡到伊斯兰城市里的人终日和穆斯林朝夕相处，他们皈依伊斯兰教也是件很正常的事情，正如他们先前的教友不无悲伤地写道：“许多教会中人将要放弃正确的信仰……他们没有受到任何强迫、鞭笞和殴打。”这样一群面貌各异的人进入伊斯兰教圈子，他们来自不同的种族、信仰不同的宗教，还属于不同的哲学派别。他们给发展初期的伊斯兰世界带来显著的多样性和活力，拜占庭人现在不得不面对一个在自己原有领土上生根发芽但充满敌意的新文明。

在此后几个世纪中，这两大文明势力的冲突成为双方政治生活的主要内容。起初，双方都想彻底地消灭对方。进而，阿卜杜勒·马利克在耶路撒冷圣殿山上修建圆顶清真寺，铸造带有穆斯林信仰标记的货币，还规定阿拉伯语为这个新帝国的官方语言，这些行为清楚地表明，伊斯兰帝国绝不会只是昙花一现。同样，穆斯林在8世纪早期试图攻占君士坦丁堡时遭遇的惨痛失败也让他们意识到，拜占庭人不是那么容易被取而代之的。于是，沙场上的厮杀变成例行公事般的仪式，而战争逐渐变为口舌之争。然而，在双方的互相谩骂中，偶然也会出现富有成效的交流和罕见的曙光，正如牧首尼古拉一世（Nicholas Ⅰ）致哈里发穆克塔迪尔（Muqtadir，908—932年在位）的信中所言："萨拉森帝国和罗马帝国，凌驾于大地上所有的帝国之上，光芒四射，就像天空中两座最闪亮的灯塔；因此，尽管有不同的习惯、风俗和宗教信仰，我们必须像兄弟那样和平相处。"

|第五章|

生存斗争（641—780年）

沃伦·特里高德（Warren Treadgold）

这一时期可以称为拜占庭历史上的“黑暗时代”：这个时期充满了军事失败、政治动荡、经济衰退、教育颓废。但是这个时期留给现代历史学家的记载非常少，证据相当缺乏，以至于我们常常面临困境，不仅难以重建事件发展的过程，无法评价领袖人物的个人品性，而且不能看清发展变化的整个轮廓。最难回答的一个问题是，拜占庭帝国究竟是如何设法从阿拉伯人的进攻中完全幸免于难的。

如果根据那些古老帝国的先例来判断的话，拜占庭帝国早就应该灭亡于阿拉伯人的进攻之下了，它们均遭受到许多为打造其世界霸权之最初温床的民族的入侵。这种推论在西罗马帝国遭到日耳曼人进攻和迦太基遭到罗马人进攻的先例中可以得到证明，在最初波斯帝国遭到亚历山大领导的希腊人进攻的先例中也可以得到证明。这些古老的帝国没有一个在遭到第一次决定性的失败后还能坚持一百年以上。

当希拉克略去世时，拜占庭帝国看起来已相当脆弱。阿拉伯人已经夺取了帝国的叙利亚、巴勒斯坦、两河流域的部分领土和埃及的大部分地区。拜占庭帝国还没有从对波斯战争的破坏中恢复。帝国通过艰苦卓绝的努力才赢得这场战争，但战后的帝国混乱不堪，穷困潦倒，几乎破产。帝国的领导也极为糟糕，因为希拉克略让他的两个儿子继承皇位，长子君士坦丁三世（Constantine Ⅲ）罹患肺结核，奄奄一息，幼子希拉克罗纳斯（Heraklonas）则被其不得民心的母亲马尔提娜（Martina）控制。仅仅三年后，帝国便陷入内乱。

君士坦丁三世仅仅在位三个月便去世了，马尔提娜和15岁大的希拉克罗纳斯继位。但是君士坦丁堡很多人早就认为马尔提娜嫁给她的叔叔希拉克略是乱伦和不合情理的，而希拉克罗纳斯则是个私生子。无论如何，按照罗马和拜占庭帝国的习惯，皇位通常不是由哥哥传给同父异母的弟弟，而是由父亲传给儿子；君士坦丁三世留下了一个儿子君士坦斯二世，他并不比希拉克罗纳斯小多少。希拉克罗纳斯及其母亲爬上皇位只有6个月，便被军队总司令、亚美尼亚将领瓦伦提努斯（Valentine）推翻，他得到君士坦丁堡暴民的帮助。

瓦伦提努斯没有杀掉这个女人和她的儿子，而是采用以往对被废君主的惩罚办法，割去马尔提娜的舌头和希拉克罗纳斯的鼻子，作为他们被废黜的标志。而后，他宣布拥立君士坦斯二世为帝，并将自己的女儿嫁给这个11岁大的皇帝，成为皇位背后掌控权力的人。与此同时，阿拉伯人完成了对埃及的占领，并洗劫了亚美尼亚和安纳托利亚地区。当瓦伦提努斯企图获得与君士坦斯二世共治的皇帝称号时，忠于合法皇帝的暴民杀死了这个篡位将军。

君士坦斯二世在将近13岁时，终于自己掌控了皇权，但帝国各个地区的形势仍然危急。安纳托利亚和亚美尼亚正处在阿拉伯人进攻之下，非洲和意大利的拜占庭属地流行起义暴乱，几乎处于半独立状态。促使阿拉伯人放缓扩张速度的只是他们需要整顿和平息已经征服的地区，特别是波斯地区。没有人对年少的君士坦斯二世抱有多大的信心，事实上他刚刚开始统治，似乎毫无疑问需要依靠其顾问和将领。

阿拉伯人于654年占领亚美尼亚后，迅即开始进攻安纳托利亚，洗劫该地区主要城市，同时以新建的强大舰队劫掠塞浦路斯岛、罗德岛和克里特岛。次年发生的一场阿拉伯人内战给了拜占庭帝国喘息的机会。因为内战，双方订立正式停战协议，阿拉伯人甚至还支付贡赋。但是没有任何证据表明拜占庭人能够在和约到期后阻止阿拉伯人的扩张与屠杀。拜占庭帝国在丧失掉如此广阔的领土和如此众多的纳税人特别是埃及的主要粮仓以后，肯定极度缺乏金钱。其防务需求比其他任何方面的需求都更迫切，而帝国似乎无法满足其所需要的金钱开支。

就在这个关键时刻，我们极度匮乏的史料开始使用希腊化的名称来称呼帝国的五支主要军队及其驻扎的军区。这些军队和它们的军区被统称为“塞姆”（themes，themata字面上的意思是“军营”），它们的司令官为“将军”（strategoi，除了奥普西金军区称为伯爵外）。这些军区的起源问题没有太多的争论：它们显然就是以前帝国的陆军。奥普西金军区合并了以前的两支近卫军（Praesental）部队，而安纳托利亚军区、亚美尼亚军区和色雷斯军区则是以前的东部军队、亚美尼亚部队和色雷斯部队，它们都是从各自以前的前线位置后撤到安纳托利亚地区的新营区来的。只有卡拉比斯（Carabisian）军区的起源存在争议；最合理的推测是，该军区的将士以前都是水兵，来自以前的伊里利亚（Illyricum）部队。

现代学者主要争论的问题是，这些新建立的军区是如何发挥作用的。我们拥有的最早的清晰证据来自9—10世纪——在这一时期我们的史料来源得到明显改善。当时这些军区的将士主要不是靠6世纪或更早期那样的现金军饷来支撑和装备的，而是靠位于其军区内特定最小价值的小块土地经营来供养的。问题是，这些最初出现在7世纪的军区是否多多少少具有它们后来的形态，或者只是通过某些变革的过程才具有这样的形态?

没有任何资料提到过军役土地是在什么时候按照什么方法分配授予的，它们的最小价值也只是在10世纪的立法文件中提到过。另一方面，使用颁授土地来供养将士明显是为了节省金钱。但是帝国在9或10世纪的时候没有节省开支的特殊需要，但在7世纪中期确实有这样的需求。当时，帝国继承自前代的广大地产应该还可以用来分配。非常明显的是，到9世纪时，这些地产就变得不太重要了，军役土地已经变得十分广阔。这样得出结论的要点在于，帝国地产是在7世纪中期，很可能是在659—662年与阿拉伯人订立和约期间，作为军役土地被颁授出去的。

授予将士军役土地不仅缓解了政府现金短缺的问题，而且还带来了其他后果，既有有利的，也有不利的。有利的一面是，随着军区逐渐覆盖几乎整个帝国，每个重要地区都驻扎了保卫它们的将士，他们具有保家卫国的强烈意愿。对当局不利的是，一旦将士逐渐做到完全自给自足，他们就没有理由再服从皇帝，而且非常容易发动反对皇帝的起义。尽管君士坦斯二世未必预见到这两方面的后果，但是他很快就见识到了它们发挥的作用。

662年，君士坦斯二世率领大部队乘船前往西方。他留下尚且年少的儿子君士坦丁四世（Constantine Ⅳ）统辖君士坦丁堡，笃信无疑地认为自己像他这么大的时候已经承担起更重的责任。君士坦斯二世拜访罗马主教后，在西西里建立起自己的总指挥大营。他千方百计遏止非洲和意大利的拜占庭领地趋向独立，并尽可能地向那里的将士颁授军役土地。在他离开君士坦丁堡期间，结束内战的阿拉伯人重新返回攻击。但他们遭遇到比以前更顽强的抵抗，可能主要来自军区。但是到668年，亚美尼亚军区的“将军”自立为帝，随同君士坦斯二世前往意大利的奥普西金军区伯爵刺杀了皇帝，也自称为皇帝。

很少有几个相对重要的历史人物像君士坦斯二世一样只留下很少的文献，他活了37岁，但却统治了二十七年。他在坚守正统信仰的拜占庭人中名声并不太好，因为他拒绝谴责“一志论派”，还迫害该派的死对头罗马主教马丁一世（Martin Ⅰ）和“告白者”马克西姆斯（Maximus Confessor），事实上他是因为他们煽动意大利和非洲的叛乱而惩处他们的。但是无论如何，君士坦斯二世成功地保卫了一个在他接掌的时候似乎注定要灭亡的帝国。如果他确实是军区的建立者而且还是军役土地颁授制度的制定者的话，那么他就为拜占庭帝国创造了一种能够与阿拉伯人进行长期斗争的灵活、廉价且高效的工具，这种斗争早就开始了。

军区容易发生兵变，但是事实上叛乱并不总是造成灾难。亚美尼亚军区“将军”死于骑马意外事故后，该军区的兵变随即结束，而前往西方的远征军部队接着就逮捕了刺杀君士坦斯二世的凶手。君士坦斯二世的儿子君士坦丁四世尽管只有20岁，但是已经像其父亲一样老练地进行着统治，他已经在东方统治了六年之久。他乘船前往西西里，建立起自己对西方的控制权，并处死杀害其父亲的凶手。君士坦丁四世于次年返回东方，并带回了君士坦斯二世远征军的东方兵团。

皇帝需要回到东方，因为阿拉伯人的威胁变得更加严重。阿拉伯人已经乘亚美尼亚军区兵变之机夺取了某些边境地区，他们此时开始策划对拜占庭的非洲领地、西西里和安纳托利亚发动陆地和海上攻击。最糟糕的是，他们开始对君士坦丁堡周边地区发动大规模的洗劫。袭击者以附近的基兹库斯（Cyzicus）海港为基地，先于670—671年在此过冬，而后于674年重返并无限期驻扎此地。尽管他们几乎完全没有可能攻克首都高大的城墙，但是他们的袭击抢劫还是牵制住大量的拜占庭军队。同时，从基兹库斯海港出发的袭击部队肆意抢劫，另外一些阿拉伯人则夺取了奇里乞亚和罗德岛，而伦巴德人占领了更多拜占庭的意大利领地，斯拉夫人则包围着当时帝国的第二大城市塞萨洛尼基。

君士坦丁四世撑过三年艰苦的岁月后，决定冒险发动反击阿拉伯入侵者的战斗，特别是因为他掌握着一种新式武器。从叙利亚来的基督教难民发现了一种我们称之为希腊火的配方，它能够在海面上燃烧并烧毁所有经过的船只。677年，拜占庭舰队进攻阿拉伯人的舰队，就是使用希腊火烧毁了许多舰船，将入侵者击退回哈里发老家。而一场风暴接着击沉了剩下的大部分船只，同时奥普西金军区、安纳托利亚军区和亚美尼亚军区痛歼阿拉伯陆军。拜占庭人取得了之前对阿拉伯人作战从未有过的重大胜利。

君士坦丁四世与阿拉伯人订立和约后，首先收复罗德岛，之后击溃塞萨洛尼基附近的斯拉夫人，并处理“一志论派”的问题（他父亲对此曾放任自流）。非洲和意大利的人们长期厌恶这种教义，此时由于亚美尼亚地区的丢失，该教义甚至在帝国东部地区也没有几个追随者。680—681年，皇帝召开新一届基督教大公会议即第三次君士坦丁堡大公会议。大会经过一年的深思熟虑，谴责了“一志论派”教义，宣称基督拥有完全的人性和完全的神性，其两种意志符合其神、人两性。这个定义解决了关于基督的正统官方信条中最后一点模糊不清的问题。拜占庭教会此后争论的问题将与基督教核心信仰关系不大了。

同时，大批被称为保加尔人的突厥人尾随其突厥同胞哈扎尔人（Khazars）从东方迁徙而来，他们渡过多瑙河，移居到色雷斯地区。他们不断占领斯拉夫人定居地区，并且不服从拜占庭人的控制，君士坦丁四世认识到，这些保加尔人将成为制造麻烦的邻居，因此派军队驱逐他们。起初，他迫使他们退回多瑙河下游三角洲地区。但是当他遭受痛风袭击时就不得不退出战场，拜占庭军队因此发生恐慌，大举溃退，被保加尔人击败。

保加尔人随即在色雷斯北部地区定居下来，夺取了几个属于拜占庭人的沿海城镇。君士坦丁四世与其达成和约，承认这些新来的边境居民，并建立新的色雷斯军区来防卫他们，该军区紧邻奥普西金军区的领土。他肯定已经感觉到，当时帝国能够应付一场持久的消耗战争，但他还不能洞察并预见到这支保加尔人将比阿拉伯人更长久地威胁帝国。

君士坦丁四世很快取得了对抗阿拉伯人的新胜利，因为阿拉伯人自己在内战中相互厮杀不断。他应亚美尼亚人的请求，恢复了拜占庭帝国对亚美尼亚大部分领土的保护权，并收复奇里乞亚和在其统治初期丧失的边境地区。685年，就在他去世前夕，他与阿拉伯人订立了另一个停战协约。他绝不比他的父亲有丝毫的逊色，他取得了同样的成功，同样克服了可怕的困难。在他能够做到的时候他避免了战争，成功地处理了阿拉伯人、保加尔人问题，并赢得了臣民的信赖。他去世时还很年轻，但是却寿终正寝，在当时这本身就是一件功德圆满的事情。

君士坦丁四世16岁的儿子查士丁尼二世成为第四位在青少年时期就执掌权力的皇帝。他像其父亲和祖父一样有能力，但是在对付阿拉伯人暂时中止的袭击和屠杀时对帝国的未来更为自信。他认为帝国作为一个强大的国家必将继续存在，然而他似乎没有意识到，帝国远比哈里发国家虚弱得多。他知道与他同名的查士丁尼一世取得过大量的政绩，这显然使得他在自己的计划中抱有过度的雄心。由于我们的资料不足，很难对他做出判断，虽然有关他的史料比以前多些，但是这些史料对他的记述显然不公平。

查士丁尼二世没有正式废除其父亲与吵闹不休的阿拉伯人的和约，并保持斗争中的优势地位。他强化对亚美尼亚地区的控制；通过与哈里发的和约，从叙利亚接纳了一些基督教山民。这些被称为“马代特人”（Mardaites）的山民曾经长期袭扰哈里发国家。查士丁尼二世将他们编入卡拉比斯军区，可能也有部分作为水手被编入他在希腊新建的希腊军区。他与色雷斯地区的斯拉夫人作战，俘虏了大量战俘，并将他们作为士兵编入奥普西金军区。

这位皇帝似乎愿意重新调配民众，因为他曾将大量塞浦路斯居民迁移到基兹库斯周围的荒芜地区，在此重新建立居民区，并命名为查士丁尼城。之后，他发动对阿拉伯人的战争。691年，他发行印有基督胸像的钱币，还要求阿拉伯人用这种钱币缴纳贡赋。随着阿拉伯人的内战结束，哈里发拒绝使用这种钱币，并入侵安纳托利亚地区，当心怀不满的斯拉夫士兵叛逃离开他时，拜占庭军队遭到败绩。不久后，亚美尼亚人也向阿拉伯人投降。

此后，查士丁尼二世决定通过战争以外的其他手段寻求荣耀。他召集被称为“五六会议”的大公会议，因为会议计划完成第五次和第六次大公会议的任务。但是这次会议不包括西方主教，同时因为采用多种西方教会不使用的东方教会礼仪而惹恼了西部的臣民。皇帝还在君士坦丁堡皇宫增修新建筑。查士丁尼二世的军事作战已经迫使他征收更严厉的税收，甚至没收富有臣民的财产，其建筑工程更进一步增添了额外的勒索。

695年，一些怨气十足的贵族策动了宫廷政变，推翻查士丁尼二世，削掉他的鼻子，推举了一位他早先冷落的将领利奥提乌斯（Leontius）代替他。这次政变是个凶险的预兆。尽管查士丁尼二世有时粗鲁莽撞，但总体上看，他还是有能力的，而且他享有明确的皇位世袭权。利奥提乌斯虽然非常聪明且精力充沛，但是他却成为拜占庭历史上第二个废黜合法皇帝的人，那位制造灾难的前辈是602年的福卡斯。缺乏强有力的君主使得军区发动兵变的危险极度严重，特别是在阿拉伯人重新崛起的时候。

不久，哈里发对拜占庭的非洲属地发动袭击，其军队于697年夺取迦太基城。利奥提乌斯立即派遣一支海军远征军收复该城，并取得胜利，但是，阿拉伯人于次年再度驱逐拜占庭军队。战败的拜占庭军队从海上撤回克里特岛，他们难以承担战败的责任，于是拥立卡拉比斯军区的将领为皇帝。尔后，兵变部队乘船驶往君士坦丁堡，包围首都，强行进入该城。他们割掉利奥提乌斯的鼻子，并拥立他们自己的皇帝，即提比略三世（Tiberius Ⅲ）。

由于提比略三世找不到任何理由证明其篡位的合理性，因此就设法通过袭击阿拉伯人控制下的叙利亚来取得轻而易举的胜利。哈里发在完全占领拜占庭的非洲属地后，对帝国东部边境地区发动攻击，以示报复。702年，亚美尼亚人发动反对哈里发的叛乱，尽管提比略三世尽了最大努力，阿拉伯人还是很快占领了亚美尼亚和周围的拜占庭领土。同时，被废黜的皇帝查士丁尼二世从拜占庭在克里米亚的属地，也就是他的流放地逃了出来，先是投奔哈扎尔人，而后投奔保加尔人。在这里，保加尔汗王派遣一支由他率领的军队进攻君士坦丁堡。查士丁尼二世设法进入都城，逮捕提比略三世，并恢复了自己的皇位。

残疾与流放并没有改变他的坏脾气，但在恢复皇权以后，查士丁尼二世的为人处世比预期的更为谨慎。他处死了提比略三世和利奥提乌斯，用他自己的例子表明，身体残缺并不足以废黜一位皇帝。不久，他就被卷入对阿拉伯人的战争，并与新近的盟友保加尔人开战。他一直保持不败，直到他原来的流放地克里米亚在哈扎尔人的帮助下发动反叛他的起义。他派去镇压克里米亚起义的海军远征军（可能包括卡拉比斯军区）联合反叛者拥立菲利皮库斯（Philippicus）为新皇帝。711年，菲利皮库斯从海上进攻君士坦丁堡，推翻并杀死查士丁尼二世。

迄今为止最后一位令人印象深刻的篡位者菲利皮库斯极力否定并取消反“一志论派”的第六次大公会议，因为这次会议在其老家亚美尼亚非常不得人心。但他在与阿拉伯人和保加尔人的战争中败多胜少，两年后就被奥普西金军区伯爵废黜刺瞎。然而，帝国的首脑巧妙地控制了朝廷，现在又轮到他被废刺瞎。这位首脑，阿纳斯塔修斯二世（Anastasius Ⅱ）为自己加冕，成为拜占庭帝国的新皇帝。他是个能力超群的人，能够证明自己不是反叛者，而且在事实上是他惩罚了篡位者。然而，在经历了五次叛乱政变后，推翻皇帝的行为几乎变得司空见惯了。

到这个时候，哈里发眼见拜占庭陷入这般混乱，便计划彻底占领君士坦丁堡。阿拉伯人沿海岸进军，通过安纳托利亚内陆地区。阿纳斯塔修斯二世加强首都防务，并于715年派遣军队前往罗德岛进攻阿拉伯人。然而，这支军队一抵达那里，一些来自奥普西金军区的将士便发动了反对阿纳斯塔修斯二世的兵变——可能是为了报复他于两年前刺瞎他们的伯爵。

叛乱者返回并包围君士坦丁堡，拥立不大情愿的狄奥多西三世（Theodosius Ⅲ）为帝。虽然阿纳斯塔修斯二世同意逊位并成为修道士，但是随着阿拉伯人蜂拥席卷安纳托利亚地区，安纳托利亚和亚美尼亚两军区拒绝承认狄奥多西三世。它们拥立安纳托利亚军区“将军”为皇帝，称为利奥三世。面对越来越严重的骚乱，狄奥多西三世也于717年退位成为教士，利奥三世进入君士坦丁堡，阿拉伯人紧随其后。

利奥三世接任的这个帝国是一个在22年间爆发了7次政变、刚刚结束内战的国家，其都城正面临从来没有遭遇过的可怕攻击。他只有几个月的时间备战迎击强大的阿拉伯陆军和海军。据说这支军队有12万名将士和1800艘舰船，他们兵临城下，把都城团团围住。阿拉伯人建立的军事大营布满陆地城墙一线，他们的舰队则从海上封锁整座城市。如果首都失陷，那么安纳托利亚其他地区也将沦陷，不用很久，帝国的其他地方也将失守。

然而，阿拉伯舰队刚刚抵达，拜占庭人就使用希腊火对其发动袭击。阿拉伯人遭到损失后将残余的船只龟缩在港口内，这样拜占庭人得以从海上向首都提供补给。利奥三世曾与保加尔汗王结盟，他们派遣部队不断袭扰阿拉伯人的辎重部队。要为如此庞大的阿拉伯军队提供食物供给是极端困难的事情。这年冬天非常寒冷，阿拉伯人在军营中遭受着异常降雪和寒冷的折磨，许多围城将士死亡。

718年春季，哈里发派遣新的部队和舰队前来增援。但是舰队一抵达，许多来自非洲（如埃及）的基督徒船员便投向皇帝。利奥三世在增援部队接近君士坦丁堡时发起伏击战，使其残余部队甚至还没有渡过博斯普鲁斯海峡便落荒而逃。残余的围城部队继续遭受饥饿、疾病和保加尔人袭击的折磨，被迫在围城13个月后撤军而去。虽然他们的军队经过安纳托利亚时没有遭遇攻击，但是其舰队的大部分舰只被风暴、拜占庭人的攻击击沉，还有爱琴海火山的猛烈喷发——当时他们的舰队刚巧经过那里。正是灾难性的失败造成的阴影，使得阿拉伯人再也不敢发动夺取君士坦丁堡的重大尝试。

即便拜占庭帝国幸免于难，度过了阿拉伯人造成的最艰难的岁月，但是帝国的麻烦还远没有结束。哈里发国家还远比帝国强大。尽管利奥三世坦承其胜利不仅来自运气，还由于他的天才和果敢，但是就在第二年，被废黜的皇帝阿纳斯塔修斯二世又在奥普西金军区和保加尔人的支持下，试图推翻他的统治，而且几乎得手。拜占庭在意大利的属地也在君士坦丁堡被困期间发动起义，包括撒丁尼亚（Sardinia）在内的部分地区从此永远摆脱了帝国的控制。拜占庭帝国试图收复一些东部边境地区的努力也未见成效，阿拉伯人不久就像先前一样，恢复了对安纳托利亚地区的侵扰。

如同许多拜占庭人一样，利奥三世似乎早就把拜占庭帝国自阿拉伯人兴起后的厄运归之于上帝的愤怒，但是他还是无法肯定帝国在哪些方面惹恼了上帝。最初，利奥三世强制帝国内的犹太人皈依基督教。可能就是在726年春季，他颁布简短的法典《选编》（*Ecloga*），该法典包括很多体现《圣经》思想的法规，例如对同性恋者判处死刑（《罗马人书》1:24~32），对其他许多罪犯处以残害肢体的惩罚（《马太福音》5:29~30，《马可福音》9:43~48）。利奥三世最初还认为拜占庭人崇拜圣像的习惯可能违背了《圣经》严格禁止偶像崇拜的戒律。于是，在726年夏季爱琴海火山喷发后，利奥三世命令其卫士们摘下了大皇宫门前的基督圣像。（参见第六章。）

皇帝虽然对这个举动引发的骚乱感到非常震惊，但是他似乎于同年颁布了毁坏圣像的法令。727年，卡拉比斯军区和希腊军区都发生了反对他的兵变，可能就是因为这道法令；但是皇帝击溃了叛乱部队。730年，他禁止一切圣像。牧首辞职以示抗议，罗马主教格里高利三世（Gregory Ⅲ）宣布毁坏圣像为异端，公开与拜占庭帝国决裂，实际上就是宣布其独立。利奥三世派遣海军远征罗马，但遭到失败，他随即剥夺了罗马主教对意大利南部和希腊地区的宗教管辖权，将这两个区域划归君士坦丁堡牧首教区管辖。毁坏圣像在政治方面损失惨重，于是利奥三世通过740年入侵阿拉伯的胜利来进行弥补。

741年，利奥三世没能继续维持统治，寿终正寝。在他之前的6个皇帝都没能做到这一点，显然他已经改写了他们的纪录。他在阿拉伯人对君士坦丁堡实施可怕的围困期间保持镇定，此后又缓慢地恢复帝国的防务。如果他不是一个伟大的君主，那么至少是个良好的帝王，他在发动毁坏圣像运动时还是实施缓和的措施，以限制运动造成的不利影响。他是自君士坦斯二世这位遭到刺杀的皇帝后在位时间最长的，他将皇位留给他的儿子君士坦丁五世，后者当时22岁，已经到了进行统治的年龄。

利奥三世至少打破了政变反叛的怪圈，这个恶性循环曾鼓励阿拉伯人使其认为能够摧毁帝国。同时，他还找到了解决军区反叛这个难题的办法，虽然并不持久。在他去世后的几个月内，他的继承人君士坦丁五世就遭到他的女婿，同时也是奥普西金军区伯爵的阿塔瓦斯多斯（Artavasdos）的攻击。阿塔瓦斯多斯击溃君士坦丁五世，夺取君士坦丁堡，并一直坚守这个城市达两年之久。而后君士坦丁五世设法围困君士坦丁堡并迫使阿塔瓦斯多斯因饥饿而逃跑，君士坦丁堡被收复。743年反叛者被逮捕刺瞎。

平息叛乱后不久，皇帝解散了阿塔瓦斯多斯统治下的奥普西金军区，这个帝国最大的军区已经多次发动兵变反叛。皇帝公开调遣该军区一半以上的将士组建6个被称为“旅团”（tagmata/regiments）的新部队。它们驻扎在首都及其周围，还有的守卫奥普西金军区和色雷斯军区。其中三个主要的旅团是禁卫军（Scholae）、警戒部队（Excubitors）和卫戍部队（Watch），它们曾是皇帝的近卫军，后来变得不太重要了。它们的指挥官大多是本国将领，直接对皇帝负责。

即便君士坦丁五世建立的旅团极大地削弱了奥普西金军区的力量，但是如同君士坦斯二世曾为省钱而建立军区一样，这些旅团也像军区那样逐渐出乎意料地掌控军事优势。当旅团将士也像其他军区将士一样持有军役土地时，他们就成为更机动的部队了，并更倾向于进行比边境巡逻更具进攻性的战斗。君士坦丁五世就是动用这些部队首次征服色雷斯前线地区的斯拉夫人，而后俘获大批阿拉伯边境地区的基督教居民，将他们迁徙至色雷斯的新收复地区。

君士坦丁五世创立旅团部队及依靠它们取得的胜利使他赢得军队大部分将士的拥戴，但是他从父亲那里沿袭的毁坏圣像政策又使他在帝国许多民众中特别是在海外不得人心。751年，伦巴德人占领拉韦纳及其周边的总督区（Exarchate）。拜占庭帝国在意大利的统治因此转移到很远的南部地区，这里已经建立了西西里军区，以及事实上独立自治的几个飞地，如那不勒斯和威尼斯。毁坏圣像运动使拜占庭帝国不仅与整个西部教会分裂，而且也与东部的几个东正教主教区分裂。君士坦丁五世没有丝毫的惧怕，他于754年召集一次大公会议，宣布崇拜圣像为异端行为。

君士坦丁五世在色雷斯的扩张虽然只是牺牲了斯拉夫人，但是却让附近强大得多的保加尔人大为警觉。他们开始跨越边界进行洗劫。759年，君士坦丁五世发动大规模反击战，在一场血腥的战役中打败保加尔人，迫使他们签订和约。当保加尔人于四年后拒绝履行和约时，君士坦丁再度发动攻击，并在正面决战中取得胜利。766年，他决定再次发动对保加尔人的远征，只是由于其舰队遭到风暴而作罢。他虽然没有在战场上失利，但是却损失了大批人马而没有获得任何好处。

君士坦丁五世返回君士坦丁堡时发现，崇拜圣像派正策划一场反对他的可怕的宫廷阴谋。其元凶首恶竟然是他最得力的朝廷命官和军队将领，包括奥普西金军区和色雷斯军区的“将军”，以及警戒部队长官（Domestic of Excubitors）。君士坦丁五世处死或刺瞎了他们中的很多人，次年又以策划阴谋罪处死了君士坦丁堡牧首。君士坦丁五世还任命更忠实的新官员，加强迫害圣像崇拜者，重用圣像破坏者。

虽然阿拉伯人再度袭击安纳托利亚，但是君士坦丁五世却重点攻击保加尔人。774年，他再次击败他们，但是次年春季另一场风暴再度摧毁了他派去打击他们的舰队。之后，保加尔汗王欺骗性地向他套取了拜占庭帝国打入保加尔人内部的间谍名单，随后将他们全部杀害。君士坦丁五世亲率大军于秋季向保加尔人发动进攻，但是尚未抵达保加尔人疆界就突然得病并很快去世了。

君士坦丁五世是个能干的将军但不是个聪明的外交家，他在其臣民中赢得广泛的好评，但招来崇拜圣像派强烈的仇恨，而他们在教会和官僚机构中仍然占据着明显的多数。尽管他仓促强化毁坏圣像派势力，忽略了西部事务造成帝国永远丧失了意大利中部属地，但是他创建旅团制度，在色雷斯地区多次取得对保加尔人的胜利，并对吵闹不休的阿拉伯人的领土进行了几次轻而易举的袭击。在他的两大遗产中，旅团的力量比毁坏圣像造成的分裂坚持得更持久。

当参加仪式的人群从君士坦丁五世的小儿子利奥四世面前走过时，皇位继承就平静地完成了，这是自641年以来第二次顺利继位。尽管君士坦丁五世的敌人散布流言说他有同性恋倾向，但是他结过三次婚，除利奥四世外还留下5个儿子。利奥四世继位后的那一年，不得不镇压其近卫军发动的政变，他们阴谋让他的一个兄弟取代其皇位。这位皇帝采取措施，任用僧侣，甚至包括一些私下崇拜圣像的教士为主教，以便缓和其父亲毁坏圣像政策引起的情绪。但是当利奥四世于780年发现其家族成员中竟然有人给他的妻子伊琳妮提供圣像时，便勃然大怒。他严惩这些成员并将伊琳妮打入冷宫。但此后不久，利奥四世竟然在可疑的环境下神秘死亡，留下伊琳妮来辅助他们的幼子进行统治。

到780年，拜占庭帝国已经从军事失败和内乱不断的可怕时期进入统治相对稳定安全的时期。帝国给阿拉伯人造成的损失是灾难性的，但是保加尔人特别是阿拉伯人仍然是可怕的敌人。拜占庭皇帝在经历如此多次成功政变的威胁后，仍然处于巨大的危险中，比他们在公元602年前的状况有过之而无不及。皇帝在军区和旅团制度中找到了得以保护其帝国大部分疆域的办法。军区一旦划分为更小的单位，就不太容易叛乱，或者不再像过去那样流行兵变。尽管拜占庭帝国能够预见到未来会有许多麻烦，但是至少到此时，它不再被迫为生存苦苦挣扎。迫在眉睫的垮台、动乱或被外敌彻底征服的威胁已经成为过眼烟云。在经历了如此多危险后，安全稳定的顶点还远没有达到。

社会结构的演变

没有哪个国家能够像拜占庭帝国一样在这个时期遭受如此灾难性的

损失后还能幸免于难继续存在。其丧失的领土包括叙利亚、埃及、美索不达米亚北部、亚美尼亚、北非和意大利及巴尔干半岛的大部分地区。拜占庭帝国的主要疆域只剩下安纳托利亚的全部；其三个大都市君士坦丁堡、安条克和亚历山大里亚只剩下了第一个。与这些失去的疆域一起失去的还有几乎全部的“一性论派”信徒和讲拉丁语、叙利亚语及科普特语（Coptic）的居民。8世纪的帝国与6世纪那个更为多样性的帝国不一样，其绝大多数居民都是察尔西顿（Chalcedonian）派基督徒，他们讲希腊语，多数住在农村。同时，它还是个相当繁华、人口稠密和安全稳定的国家，比它在6世纪时更为舒心。

人们对这些更宽泛的一般情况做出合理肯定的同时，描述这个时期拜占庭历史更详细的细节就比较困难了——多多少少存在争议。我们拥有的成文史料并不令人满意，因为它们提供不了多少拜占庭帝国究竟是个什么样子的描述。考古学家提供的有关拜占庭文物的报告支离破碎，形成的意见和通常人们具有的模糊不清的看法也差不多。有些历史学家认为拜占庭帝国在7世纪期间就是个组织良好的国家，与早期的罗马帝国没有根本区别；另一些历史学家则坚持说拜占庭帝国发生了深刻的变化，是一个没有组织的社会，更像是早期中世纪的西欧。

最糟糕的难题是，这个争议实质上只是程度上的不同，而我们掌握的只是非常少的统计资料证据。考古学似乎证明了8世纪拜占庭大部分人口稠密地区的城市人口数都衰落到只有6世纪的一半多一点；但是值得怀疑的是，这个发现支持的究竟是争议的哪一方面，特别是在大部分拜占庭城市继续存在的情况下。坚持说拜占庭帝国发生了深刻变化的学者援引7世纪中期考古遗址发掘的货币突然急剧减少的现象；而那些认为拜占庭帝国的发展更具有连续性的学者则注意到军队规模比较大和军饷数字比较高的记载，这个证据的重要性和可靠性是有争议的。

尽管一个合理的情况可能是这样的——真相大概就存在于两个极端观点之间，但我们拥有的这类统计证据支持认为拜占庭帝国的发展更具连续性的观点。持反对意见的人只能集中否定那些证据，他们认为，从极不相同的史料中得出的几个数字概括总结出来的趋势完全是巧合。至于说公元659年以后货币发掘数量的减少，这种突然性似乎说明出现的不是一种渐进的社会变革而是突然的管理制度的变革，最有可能的是军役土地颁授取代了大部分军饷，就像我们上面所说的那样。

面临威胁帝国生存的持续军事压力，政府当局被迫优先供养军队。鉴于领土的丧失，帝国做得非常成功。565年的拜占庭军队还相当稳定地记录为15万人。到了641年，领取军饷的数字表明其军队仍有10.9万人。这意味着，拜占庭帝国依靠大约一半的土地供养着相当于565年四分之三的将士。而且，到773年，拜占庭军队据说总共有8万人。这意味着用不足565年三分之一的土地支撑着相当于565年一半的军队。尽管773年的军队人数受到质疑，但是9世纪的数字有力地印证了这一点：任何更少的军队人数都无法解释为何拜占庭帝国能在阿拉伯人的攻势下幸存下来。

拜占庭帝国领土的丧失和军队将士少得多的损失之间的矛盾现象似乎表明，希拉克略及其后继者提出的战略运行良好，也就是把将士安全撤回，而不是冒险地让他们试图守住边界。它还表明，帝国在没有向失陷地区和民众征收税赋的情况下成功地保存了大部队。很明显，这样成功保存军事实力不仅因为军役土地颁授制度发挥了作用，而且还得益于当时出现的另一个现象——它多少有些神秘，即公元659年以后建立的各省仓库。这一点已得到数百枚铅封的证实。这些铅封最初是加盖在文件和货物上的，上面带有仓库和管理仓库官员的名字，而他们是按照政府契约（kommerkiarioi/commerciarii）来管理的。

人们都知道政府契约是用来征收关税并交易丝绸、黄金和奴隶的，在当时这些铅封的大量增加很难反映出商业贸易的增长。自659年开始的岁月肯定是拜占庭帝国经济收缩的时期，当时人们越来越贫困，商路越来越不安全，城市越来越小，货币越来越少。解开这个谜团的线索是659—668年那些最活跃的政府契约，牧首斯蒂芬（Stephen）留下了10枚铅封，涉及至少3个军区的5个仓库货栈，他还担任军需总长（Military Logothete/Logothetēs tou stratiô-tikou），即朝廷负责供给军队的大臣。这些货栈的主要功能可能就是向将士出售武器装备，而即便假定他们自己支付开销，也需要有可靠的地方去购买军需装备。

这个时期社会军事化的现象到处可见。具有各自行政总督的旧省区被军区所取代，军区的“将军”及其幕僚按照类似于军事法的法律进行管理。将士拥有以土地为实体部分的产业，份地的大小足以使他们雇用一定数量的亲戚和佃户，或者雇用人手帮助他们耕种。军饷虽然仅按照过去发放比例的四分之一支付，但可能仍然占国家预算和货币经济的主要部分。在695—717年的动乱期间，军队一再拥立或推翻皇帝。与狄奥多西一世到希拉克略时期形成鲜明对照的是，这个时期的大部分皇帝本人就是军事将领，并常常亲自领兵迎敌。

随着军队势力的崛起，行政官员人数越来越少，影响也越来越小。660年前后建立军区期间，中央官僚机构经历了萎缩和重组。许多旧官职或者被取消，比如过去管理荒芜土地的皇家地产圣库伯爵，或者变得不重要了，比如首相（Magister officiorum）的职位变成官员的荣誉头衔。此时，主要的大臣只有三位，都称为“总长”（Logothetēs）：邮驿总长（Postal Logothete/Logothetēs tou dromou）除了负责邮政事务，还负责外交关系和内政安全；总务总长（General Logothete/Logothetēs tou genikou）负责税收；军需总长，上面已经提到是军队供给的负责人。整个中央朝廷官僚机构似乎已经精简到约600人。各省区除了税收官，包括政府契约官（kommerkiarior）在内，很少见到其他行政官员了。

外敌入侵和帝国保卫自身的需要对其臣民的生活产生了深刻的影响，这在城镇考古发掘中表现得十分明显。7世纪期间，拜占庭放弃了古希腊罗马那种宏大城市的风格，那些城市拥有棋枰式平面图、宽阔的街道、宽广的广场、宏伟的公共建筑物。这样的城市在人口锐减的时代（瘟疫、突然来临的外敌入侵和围困削减了人口）已经成为一种难以承受的奢华。除了像君士坦丁堡和塞萨洛尼基这几个已经修筑起坚固城防要塞的城市之外，其他地方的居民节省开支和精力来建造城墙，只把最能够设防的地区围住。他们放弃大部分城市的大部分空间，甚至将一些城市从平原挪到更容易防守的山坡上去。

这些新城市规模更小，占据山坡地利，其中大部分称为城镇更合适，它们需要狭窄而不规则的街道，广场和大型建筑的规模都大为缩小。除了君士坦丁堡，其他城市的市民不得不在没有竞技场和剧场的环境中生活，不得不修建比以前更小的教堂和浴场。最终形成的城镇比更早的罗马帝国城市小了很多，它们已经很难再缩小和精简了，就像古典希腊城市或文艺复兴时期的意大利城市一样。这个时期拜占庭帝国的城市生活远不如古典希腊城市或文艺复兴时期的意大利城市活跃，其原因主要在于社会军事化和文化及经济普遍衰败的现实，而不在于城镇的规模和风貌。一个重要的变化是，拜占庭城镇丧失了大部分管理功能。不再拥有负责督管和征收农村税收的城市会议。那些管辖十几个人的、中等富裕的地主曾供职于城市会议，此时作为一个阶级也消失了。一些地主仍然生活在城镇里，同样留在城镇里的还有那些仍拥有对周围农村管辖权的主教。当商业贸易随货币衰败时，城镇也失去了作为市场的功能。在外敌袭击抢劫频繁的时期，城镇作为避难地的新作用越来越重要，这也可以从人们常简单地把它们称为城堡（kastra）中得到证明。

城镇里另一个重要的变化，甚至在君士坦丁堡都有证据，那就是文化的衰落。在拜占庭早期历史上，大部分受过良好教育的人都是元老、保长、行政官员和负责训练这些人的教师。他们都是能写会读并读得懂大部分世俗文学的人，他们的亲戚则是教会人士，后者撰写和阅读大部分涉及所有博学知识的文献。此时，保长已经消失不见，元老混杂到了行政官员中，而他们队伍的人数也变得更少，更缺乏威望，社会的教育和文化水平不可避免地下降。虽然所有的军官和教士都有文化，但总的来看他们只满足于接受过基本的教育。

文学发展越来越局限于布道词、韵律唱诗、圣徒传记和某些神学作品，所有这些都显示不出什么文学的张力。只有一些历史作品能够留给我们一些对事件发生顺序的单纯描述。利奥三世的《选编》与《查士丁尼法典》相比简直是部乏味的文件，这位皇帝在此书中抱怨当时的律师都很无知。第五、六次大公会议严厉驳斥那些毁坏或抛弃宗教书籍的人，声称世俗书籍没有任何内容，这就描绘出一幅教育败落的灰暗图景。当然，图书的毁坏也不可能坏到哪里去，因为在公元6世纪以后的岁月里，拜占庭人仍然拥有他们以前拥有的那些书。

7世纪的各种变化在农村表现得并不是太明显，占帝国人口大多数的农民生活在那里。外敌在农村进行的大部分抢掠可能每代人至少发生一次，但是它们更常发生在从边界容易到达的地区。在最暴露于敌人的地区，富人明显比穷人更易渡过难关，因此大地主此时被发现生活在安纳托利亚平原地区，阿拉伯人对这里的袭击最为频繁。在更为安全的沿海平原，大地主却明显变得人数稀少，可能是因为人口的普遍减少造成了劳动力价值的提升和耕地的贬值。

人口减少可能是经济萎缩的主要原因，这也影响了这个时期的城镇和乡村。鼠疫曾在6世纪袭击过帝国，而后一再暴发。747—748年的君士坦丁堡瘟疫造成人口大量减少，以至于君士坦丁五世从希腊向这里迁徙并安置居民。帝国内暴发瘟疫的最后一次记载是来自意大利南部，至少晚于767年。外敌的袭击抢掠也造成人口增长停滞，经济环境的恶化根本不可能刺激人口增加。

用于大宗过境贸易的金币短缺和用于日常生活买卖的铜币短缺都不能非常清楚地反映商业贸易的萎缩及其原因。当局铸制货币并非为了臣民私人方便，而是为了其自身的目的，即优先供养军队。当国家发行的货币太少时，私人商贾就必须更经常采取以物易物的方式，从而加剧了大批量航运和仓储以及易损货物交易的困难，他们被迫使用小额耐用的货币。

甚至可能由于将士缺少现金，那些管理省区仓库货栈的政府契约官也收取将士的农产品，折算成他们购买武器装备的价钱。如果真是如此，这些货栈就可能逐渐变为各类商品的贸易集散地，形成某些以物易物的低效率贸易，并在需要的时候支付货币，也许还可以优惠折价。事实上，每个人都还得有货币，只是因为纳税的需要。我们的资料显示，767年出现过货币金钱恐慌，其间农民们被迫以低得可笑的价格出售其农产品，以便换取金钱缴纳税收。

相比于早期拜占庭时代，富人明显越来越贫困。旧元老阶级到这个时期结束时已经消失不见了，他们屈服于过于频繁的政治动荡和过于急剧下降的人口与经济衰退。安纳托利亚平原上的农村权贵来自全新的家族，其中许多都是亚美尼亚人；他们的主要收入来源不是收取地租而是经营农场，同时他们渴望军旅生涯而不愿担任行政官职。他们变得比行政官员和商人更为富有，更有权势，而商贾们则变得比在6世纪时更贫穷。

大部分农民似乎仍然拥有足够面积的肥沃耕地，他们生活得无忧无虑，除了税收官员外，任何人都不会烦扰他们。当农民不能完税时，其所在农庄的其他农民就会补足差额，通常这些邻居似乎还能够做到这一点。恶劣天气可能像以往一样非常频繁，而外敌侵袭则比先前严重。但是充足的耕地能够满足不断减少的人口，任何从坏年景幸存下来的人都能重新开始其未来。农村中的奴隶和城市贫民早就成为无足轻重的群体了。

7—8世纪这个黑暗时代使拜占庭社会比以前更原始落后，但是还要承认的是，它仍延续着晚期罗马社会。拜占庭帝国不像当时的西欧，它仍然保持着罗马国家大部分的上层建筑，包括税收体系、职业化军队、行政机构、货币经济和世俗学校。但所有这一切都不同程度地倒退了，常常因为经济原因倒退得非常剧烈，以至于公共部分的衰退比私人部分更明显。但是，拜占庭国家依旧足够大，能够为皇帝提供比中世纪早期西欧任何国王或皇帝都大的权力，并赋予拜占庭帝国击退同样有组织的哈里发国家入侵的能力。

圣 像

“圣像”（icon）这个词在《牛津英语词典》中被定义为虔诚信仰的绘画，通常绘于木板上，主要画基督或其他神圣人物，特别是在东方教会更是如此。我们按照其严格限定的意思，考察俄罗斯而非希腊的圣像，因为在俄罗斯，“圣像”这个词就是指宗教图画，而希腊语“圣像”是指任何形式的类似物品，既包括字面上的也包括意念上的。我们通常认为，东正教的圣像并非自然主义的绘画。而画出人物的面部轮廓时，圣像就通过“由教父”确定的传统标准被转变（据说就是如此）提升到比现实更高级的非人间水平。

完全可以肯定的是，787年大公会议以后，东正教画家不再自由地按照他们的想象绘画，而要被迫遵守确定的模式。例如圣尼古拉必须画成有弯曲灰白的短胡须、穿主教法衣、手持福音书的男人。他不能被画成黑胡须，否则崇拜的人就会不认得他是圣尼古拉。而有着黑色胡须的主教是圣巴西尔（St Basil）。同样，中世纪和后来的圣像都趋向于抽象化，突出表现正面的身体姿态，身后是单纯的金黄色背景，尽管他们生动逼真的程度随着时代风格的变化有些不同。

然而，在东正教教义关于圣像的规定里，没有任何信条规定圣像必须是抽象化和非自然主义风格的说法。教义确实强调的是相反的方面，然而忽视精确的问题必然造成相似的难题。现存最早的圣像都采用写实主义的风格，例如最完好的圣像保存在西奈山圣凯瑟琳（St Catherine）修道院，年代大约属于6世纪，它们使我们想起在埃及墓地里发现的罗马时期的葬礼肖像画。我们从文献资料中了解到，古代晚期非常流行肖像画——这些便携微型肖像画绘有皇帝、达官显贵、在世主教、明星演员和舞蹈女孩——没有理由认为圣徒就代表了不同的风格。毁坏圣像派要禁止的那些圣像绝不是我们今天认识的圣像。

西里尔·曼戈

| 第六章 |

毁坏圣像运动

帕特丽夏·卡林–海特（Patricia Karlin-Hayter）

毁坏圣像运动字面上的意思就是捣毁圣像，是特指禁止绘制和崇拜画有上帝和圣徒圣像的运动的专用名词。我们通常将对立的一方称为崇拜圣像派，虽然这个词汇在希腊语中没有对应的说法。拜占庭毁坏圣像运动于726年或730年由皇帝利奥三世发动，787年摄政皇后伊琳妮彻底推翻毁坏圣像政策，815年皇帝利奥五世恢复毁坏圣像政策，最后另一位摄政皇后狄奥多拉和缓地平息毁坏圣像运动。由于两次毁坏圣像运动之间存在间歇期，通常人们称之为第一次和第二次毁坏圣像运动。

拜占庭历史上没有任何其他课题能够受到西方学者如此的关注，这主要是因为8—9世纪爆发的毁坏圣像运动一直被视为类似运动的古代案例，即从加尔文（Calvin）开始的宗教改革运动到"清教徒"（Puritans）革命，甚至包括1789年的法国大革命。毁坏圣像派作为"迷信"的敌人一直享有普遍的舆论同情。

我们很难对拜占庭毁坏圣像运动给出公允的评价。没有几个历史学家还把它当作这个时期最重要的课题，但拜占庭帝国深深地卷入了运动，除了几个下级教区外。有一件事情越来越清楚：大多数高级官员乘势抓住机会获得好处。狄奥克提斯托斯（Theoktistos）利用狄奥菲鲁斯的忠诚合作来强化毁坏圣像政策，但是当后者的遗孀决定改变官方政策时，他比她还积极地恢复对圣像的崇拜。他并不是唯一的例外。教会中无论是主教、教士，还是修道士、圣徒，并没有做出一致反应。人们确实会怀疑，军队对崇拜圣像的支持，甚至“圣徒”的支持究竟是否真的是出于真正的信仰。即便是圣狄奥多尔这位崇拜圣像最杰出的辩护者，在787年大公会议之后，竟然在评论那些毁坏圣像派主教时说，“他们的违背并没有涉及基本信仰”。至于广大信众，当利奥三世第一次颁布毁坏圣像法令时，他们很可能认为，这位挽救君士坦丁堡于阿拉伯人可怕围攻的皇帝享有上帝特别的恩典。

第一次毁坏圣像运动中有两位历史学家——“忏悔者”狄奥发尼斯（Theophanes the ‘Confessor’，818年去世）和尼基弗鲁斯牧首（Nikephoros，806—815年在任）都因为圣像的原因受到迫害，他们的记述充满了阿拉伯人的进军、瘟疫、饥荒、地震、人口迁移、与保加利亚的冲突和内战等内容。他们作为崇拜圣像派的倾向主要是通过其对毁坏圣像派皇帝使用恶毒粗俗的词语分辨出来的。尼基弗鲁斯的《简史》（*Brief History*），写到769年为止。狄奥发尼斯继续写到813年为止。第二次毁坏圣像运动可以使用的所有历史资料都属于崇拜圣像派观点，其中大部分都是在相关事件之后一个世纪内完成的，其中一些像是843年“东正教恢复”时的作品都有相互矛盾的版本。除了历史学家的作品，我们的史料几乎无一例外都是胜利一方批驳辩论性的文献、“殉道者”和“告白者”的传记、崇拜圣像派大公会议的档案文件，特别是圣狄奥多尔的信件。在其保存下来的550封信中，有368封是关于反对毁坏圣像运动斗争的。显然，这段历史传说是有倾向性的。

禁止偶像崇拜的主张在早期教会中一直占主导地位，部分是因为其最初的案例来源于犹太教，但是熟悉希腊哲学的神学家如奥利金和亚历山大里亚的克莱蒙特（Clement of Alexandria）重新阐释这一教义，使它成为基督教的戒律，有时令人感到惊讶的是，它与异教新柏拉图主义的说教相似。这个禁止偶像崇拜的戒律从来没有消失过。当基督教流行圣像绘画后，使用圣像首先因为其教学作用而被证明是合理的（所谓“图画本圣经”），但是当我们观察6世纪下半期的情况时，就发现圣像正在接受人们的直接崇拜，其中一些甚至被认为具有神圣“模式”的双重作用，它们能发声说话，能分泌油脂，被扎刺时还会流血。教会法律对此保持沉默，除了692年的“五六会议”，其著名的第82条款声称基督的人类化身优先于羔羊代表的象征形象，因此提出了化体说的具体实在形式。然而，在帝国东部边界，阿拉伯人入侵战争的第一波过去后，基督徒越来越多地指责偶像崇拜，似乎特别指向犹太人，并且在一系列反犹太人对话辩论中纷纷证明自己的合理性。这场争论吸引了帝国内很多人的关注。克劳迪堡城〔Claudiopolis，现土耳其的博卢（Bolu）〕主教在726年以前就是专门毁坏圣像的人。

拜占庭帝国毁坏圣像运动开始的准确年代或者运动最初爆发的形式目前都不清楚。那部禁止崇拜偶像的法令究竟是726年还是730年颁布的？在其颁布前是否进行过公开辩论？根据小圣斯蒂芬的传记，“野兽（利奥三世）召集其全体臣民开大会，并像狮子一样在他们中间咆哮狂吠，同时还喷射出狂怒的心火，叫嚣出如此邪恶的言辞，‘制作圣像是偶像崇拜的技巧：它们不应该受到崇拜’”。也许他开始毁坏圣像并不是用语言而是靠行动，也就是派遣其显贵高官优威诺斯（Iouvinos）前去捣毁皇宫大门上悬挂的基督圣像？这个行动惹得一群虔诚的妇女如此愤怒，以至于她们打死了这个不幸的官员。

是什么促使利奥三世禁止“崇拜”圣像呢？据最接近事件的两个历史学家即牧首尼基弗鲁斯和狄奥发尼斯记载，皇帝采取这个措施是为了回应726年锡拉岛（Thera）火山的喷发。对于中世纪的人来说，异常事件一定与对上帝的服从和拒绝有直接关系：灾难一定是上帝对罪恶的惩罚。上帝在穆斯林取得胜利和其他灾祸出现将近一个世纪之后，此时通过这次喷发发出最后的警告。皇帝，这个讲阿拉伯语言的军事将领，出生于日耳曼盖马尼恰〔Germanicea，即今土耳其东部的马拉什（Maras）〕，他肯定非常清楚东部前线的现实情况，了解他必须采取适当的行动。他在更早的时候曾颁布过强制犹太教和孟他努（Montanist）异端派信徒接受洗礼的法令。但是这个法令并没有奏效，“犹太人洗掉了他们接受的洗礼，在接受圣餐以前就大吃大喝，亵渎信仰。而孟他努异端派信徒自己确定日期，聚集在他们充满错误的房间里自焚”。利奥三世千方百计通过禁止绘制和崇拜圣像来回应锡拉岛火山的喷发。

圣像崇拜的形式通常包括顶礼膜拜、聚众祈祷、点灯焚香和点燃成堆的蜡烛（我们甚至听说过有一幅圣像画的是一个孩子的教父教母），这确实表现得过分了，并且超出了崇拜圣像的争论，争论不是指向圣像而是指向代表人物。崇拜圣像派撇开实际问题，将所有问题统统当作神学的主要问题。上帝能不能被代表？“五六会议”已经给出答案：上帝在“临在的新形式”（基督教与犹太教的重要区别）中能够而且应该被描述出来。崇拜圣像的神学家坚持对上帝的崇拜（latria），只允许圣像用于“顶礼膜拜”（proskynesis），这个词可以翻译为“崇拜”。

驳斥利奥三世发动毁坏圣像运动的神学活动开始于大马士革的圣约翰（St John Damascene，约675—约749年），他安全地生活在远离帝国的巴勒斯坦地区。他首先从肯定圣像的合法性入手，强调圣像的有利方面，“它们揭示出不可见的或遥远的或即将来临的东西”，也证明了神的临在，“哪里有基督教的象征，基督就临在哪里”。这种强调圣像和它“原型”之间关系的方法逐渐变成后来争论的神学基础。

利奥三世对这场争论没有做出任何神学贡献。他确实从来没有用神学的眼光看待这场争论。他关注的是其众多臣民热衷于圣像崇拜，这看起来十分危险，就像是上帝所禁止的“堕落和崇拜圣像”（《申命记》5:9），这一点没有人否认。但是没有证据表明反对毁坏圣像最初具有神学性质。君士坦丁堡牧首日耳曼努斯为圣像辩护的信件，特别是他于730年以前写给克劳迪堡主教托马斯（Thomas）的信件，事实上根本没有涉及神学或偶像崇拜的问题。日耳曼努斯感到担忧的是，禁止圣像崇拜只能证明教会长期犯错，这就恰好帮了犹太人和穆斯林的忙。

正是君士坦丁五世在754年召开的希厄里亚（Hieria）大公会议上采取了决定性步骤：鉴于基督具有的神性和人性完美地结合为一体，因此只有其人性部分能够确定和定义，并具有绘画的必要性。而且通过描绘基督，人们才能区分神、人两性，或者也能限定神性的范围。神性之不可描绘性将单纯的错误变成了异端思想，这已经不是以前争论的问题。圣像不再是个人的选择了：此时，系统表现神性本身成了问题。

毁坏圣像运动渐趋汇集成为神学争论加上迫害活动，特别是对僧侣的迫害。对关键证据的研究难以支持这样的观点。当发生迫害时，迫害活动显然更多地是由于政治原因而非宗教原因。最确定的受难者是小圣斯蒂芬，他曾卷入一系列反对皇帝的宫廷阴谋活动，一批高级军事将领和达官贵族也参与其中。只是在这个时候，君士坦丁五世“才举行公开贬损和侮辱修道生活习俗的活动，他下令每个僧侣都要手牵手地领着个女人走过大竞技场，同时遭到所有人的唾弃和羞辱”。在此之前，许多修道院毫无疑问尚未受到过冲击，它们的权利在那部被称为《选编》的法典里确实得到了公开的尊敬，而这部法典就是以利奥三世和君士坦丁五世的名义颁布的。同时，据说一系列修道院遭到了君士坦丁五世的亵渎，它们因为在接受检查时受到极大的怀疑而被关闭。

在第二次毁坏圣像运动期间，与牧首的谈话是尝试性的，采取的行动都尽可能地容易：“我们要求你们做的事情就是与狄奥多特（Theodotos，牧首，815—821年在任）谈一次话，而后你们就可以自由地离开，各人回到各自的修道院去，继续保持你们自己的观点和想法。”从严于律己的伊格纳条斯（Ignatios）的生平传记中找到的证据非常清楚地表明，这位未来的牧首曾担任与毁坏圣像派官方教会保持合作的修道院院长。

圣狄奥多尔的信件揭示出一段错乱的斗争。他有一封信是写给教宗波普·帕斯卡（Pope Paschal）的，乞求教宗让整个世界都听到“那些胆敢这样做的家伙都被您一一开除了教籍”。劝说教宗开除皇帝的教籍的确是一项发明，现代读者可能不会一下子洞悉其隐喻，但是其成功之处在于向所有潜在的篡位者发出鼓励性的信号。崇拜圣像派狂热地证明自己突破法律限制的必要理由。牧首尼基弗鲁斯事实上强烈反对在毁坏圣像的当权者统治下遵守法律。他说，有太多教士“按照政治法律行事，还承认行政权威。这不是雅各（Jacob）的遗风，也不是靠虔诚主宰其教义和思想的人的处世方式”。

主张毁坏圣像的皇帝在军队和民众中大得人心是不能怀疑的，而他们刻意追求民心也是不能否认的。君士坦丁五世提高了君士坦丁堡的生活水平，直到他去世后很久。牧首尼基弗鲁斯给读者这样的印象，这个皇帝的统治只是让人回忆起一种充足而廉价的食物，“他们对他统治时期的吹嘘不过都是些胡说八道”，实际上，他顿了一下说，这是个充满了“瘟疫、地震、流星、饥馑和内战”的时期，还有“这些极端愚蠢低等的野兽大肆自吹自擂的、所谓幸福充裕的岁月都是编造出来的”。在尼基弗鲁斯看来，君士坦丁五世之低下无能的最好证据就是其支持者地位的低下：“我认为还值得一提的是，他们是哪类人就看他们来自何方，如何生活。他们中大多数甚至不知道字母表的字母叫什么，他们鄙视和厌恶那些受过教育的人。他们中最粗俗野蛮的人甚至不能维持基本的生活，他们不能完全供养自己，他们能做的就是在街口小巷里闲逛。”

小圣斯蒂芬的传记还记载这种民心具有突出的作用。最近有一位编辑M.-F. 奥泽配（M.-F. Auzépy）认为，“这一点是被故意安排的，以证明在与斯蒂芬的冲突中，皇帝除了依靠民众什么事情也不能做，他所持的筹码只能来自大街小巷和大竞技场里的普通民众”。斯蒂芬因为是皇帝的敌人而在民众“惩罚他！杀死他！”的叫喊中被判处死刑。

崇拜圣像派最终为什么会赢得胜利？是因为两个女性摄政王即780年

的伊琳妮和842年的狄奥多拉的缘故吗？如果不是因为她们作为女性，而被特别描绘成“狂热盲目地”崇拜圣像，那就是因为她们两个都迷恋权力？她们被指责躲藏在幕后的权力集团的支持下，尽可以如愿享受权力，而这些人都是些精心挑选的官员、对口味的宦官，或者教会人士。而做出将她们的利益交付委托给军队将领的选择，则意味着完全放弃权力。两位皇后都没有留下证明她们特别迷恋圣像的个人嗜好的档案。

伊琳妮千方百计使自己得到各种安全因素的支持。牧首保罗（Paul）曾经宣誓坚持毁坏圣像政策，因此顺理成章地退位或者被安排退位（784年），由当时还是普通信徒的塔拉修斯（Tarasios）接替，他当时还是帝国的首脑人物。此时决定召开的大公会议，不太可能确保来自东方各大教区（亚历山大里亚、安条克和耶路撒冷）的正式代表准时到会，而罗马教宗派来的代表是两个地位相对低下的教士。这次大公会议在君士坦丁堡的圣使徒教堂（Holy Apostles）正式举行，但是很快被忠于君士坦丁五世的军队驱散。在采取安抚对立派的必要措施后，787年，大公会议在尼西亚重新召开，这使人想起君士坦丁大帝和他对阿里乌异端的谴责；此外，尼西亚更容易守卫。毁坏圣像派与阿里乌派有些类似，这成为官方宣传的主题。

第二次尼西亚大公会议得到教宗的认可，被东正教教会当作第七次也就是最后一次基督教大公会议，它最后完成了前六次大公会议确定的教义体系。这次会议有大约350名主教和百余名僧侣参加，严格地说这些僧侣在这里无事可干。实际上，所有这些主教是否都得到过任命还不一定，他们都在毁坏圣像时期任职。他们中10个知名的毁坏圣像活跃分子被迫公开声明放弃原有的主张。最终，所有人都官复原职，“正统教义”直到815年才流行起来。

至于狄奥多拉，从有关“正统教义得到恢复”的繁杂资料中只能得出几乎是唯一的事实，那就是出现了潜在的男性皇位竞争者，他将确保她能继续担任正统皇后——在她3岁的儿子还未成年的长时间内。而所谓“正统教义得到恢复”是人们对狄奥菲鲁斯去世的结果的说法。假如伊琳妮的情况可以成为推理的主要依据的话，那么狄奥多拉圣徒般的传记就表明，在她丈夫活着的时候，她一直“不敢”暴露其崇拜圣像的倾向。当崇拜圣像成为朝廷官方的政策后，她对圣像的崇拜自然大放异彩。这类宣传的某些内容一直流传至今，并涂抹上关于这个事件的现代解释色彩。

毁坏圣像运动直接影响了拜占庭艺术的发展。如果毁坏圣像派取得了胜利，那么教会装饰就会受到限制，将像其同时代的倭马亚清真寺一样只画些花园和枝条飘动的图案。世俗艺术将继续发展，的确，君士坦丁五世常常受到迷恋“魔鬼般的”大竞技场舞台的指责。倭马亚王朝的哈里发同样允许，可能还很欣赏其宫殿和浴场建筑物里的非宗教绘画。这样，在8世纪前半期，拜占庭帝国和阿拉伯帝国之间同时出现艺术上的趋同性，紧接着不久，穆斯林开始完全禁止任何活生生被造物的图画。毁坏圣像派统治的拜占庭帝国将会沿着同样的道路发展下去？这也许不太可能。

拜占庭帝国已经发生的事情与可能将要发生的事情之间明显的区别就在于，第二次尼西亚大公会议不仅“恢复”了圣像崇拜，而且还使圣像崇拜成为强制性的义务。虔诚的信徒被命令崇拜圣像，这确实有悖个人的良心。它还强迫艺术家遵守已经确定且具有时代色彩的绘画模式，不许违背，否则他们绘制的圣像将不是“真正的”圣像。

商　业

通常，商人、银行家和钱币兑换者的社会评价较低，有时还被诅咒会遭受地狱的折磨。国家为了对付欺诈行为，严格控制度量衡，在多种法律和10世纪的《市长法》中都做了规定。人们使用两种称重方式，用于相对低值大宗货物的杆秤和用于高价值小宗货品（货币、香料）的天平。杆秤使用印有皇帝胸像或雅典娜胸像的垂吊秤砣，这种形式沿袭自罗马时代。天平使用铜合金制成的扁平砝码，上面标有磅或盎司的数量或相应的金币数量，金币指希腊的“诺米斯马”（nomismata）或罗马的“索里德”（solidi）。硬币砝码也有用玻璃制作的，上面印有君士坦丁堡市长的姓名。

在阿帕米亚、以弗所、查士丁尼·普里马（Justiniana Prima）、萨迪斯（Sardis）和科林斯都发掘出早期或中期拜占庭的商店和作坊。（参见第二章）。大部分远途贸易都使用航运。航行要求适宜的季节（4月到10月），且被认为是危险的，也不会获得实质性的利润。在古代晚期，航运贸易主要包括都城首府各城市的谷物供应——都由国家掌控，由领取津贴的船员（navicularii）行会具体操作。他们都被免除货物税，或者只缴纳非常低的税。

即便私人的积极主动性受到限制，活跃的地区间的贸易还是可能存在的，这从用作运输容器的双耳瓶发掘物上可以得到证明。它们装入的货物包括蜂蜜、鱼子酱等各种东西，但是更主要用于航运大宗油类和酒类货物。有6种类型的双耳瓶来自东地中海，通过鉴定样本和双耳瓶上的铭文以及炭化的双耳瓶内残留物可以确定这些货物。早期拜占庭的双耳瓶已经在整个地中海、不列颠、黑海、红海和阿拉伯海沿岸被发现。一处考古遗址的发现显示出这个地区与特定地区的贸易往来。中期拜占庭继续使用双耳瓶。在君士坦丁堡和黑海地区发现的被确定属于8—10世纪的文物样本要多于地中海沿岸地区。11世纪以后，拜占庭式双耳瓶再度大量出现在黑海和地中海地区。到14世纪，黏土双耳瓶的使用才逐渐减少，而木桶越来越多，很可能是因为意大利垄断了商业贸易。

桌上陶器是远途贸易的另一个物证。直到7世纪时，北非、小亚细亚西部、塞浦路斯和埃及各地仍手工制作光面红底陶制器物，上面带有压印或涂抹的装饰，某些时候，它在地中海各地有多种用途。直到9世纪，发生了急剧的技术变革，出现白底铅釉陶器制品，而后出现的是红底陶制器物，上面带有绘画、压印、刮刻和凿刻的装饰。白底铅釉陶器（9—11世纪）可能是在君士坦丁堡制作的，而一些红底陶制器物（11世纪以后）则是在科林斯发掘的工场制作的。此后的陶器制品多具有东方装饰风格，具有广泛用途，在很多海难沉船的货物中都有发现。

同样，大理石在拜占庭帝国也用途广泛。大理石和其他装饰石材对于塑像、重要纪念碑、建筑物的石柱、护墙板、地板和家具具有极高价值。其中有些大理石是从希腊和小亚细亚〔卑斯尼亚（Bithynia）和菲利几亚（Phrygia）〕采集来的。马尔马拉海（Marmara）上的普洛科奈所斯岛（Proconnesus）出产大量帝国常用的灰白色大理石建材，这里还是廉价的海上运输的理想场地。有一艘装载普洛科奈所斯岛大理石和塞萨利（Thessaly）采石场大理石的运输船于530年前后沉没在西西里近海沿岸。船中货物包括28根石柱、柱脚和柱头、刻有十字架装饰的石板和12根长柱形石料，所有这些都是用来修建一所教堂里的神坛屏风、讲经台和祭坛的，教堂很可能在北非。拜占庭普洛科奈所斯岛大理石的使用进一步得到文献证明，它们被用在多种不同类型的柱头上，其发现物遍布地中海地区。

当普洛科奈所斯岛各采石场于7世纪停止出产时，它们最终为沿海城市遗弃的古代纪念碑石料所取代，这些城市成了开采大理石的场所。在中期拜占庭时代，位于马尔马拉海沿岸的古代城市基兹库斯成为大理石的来源地，其中既包括大理石碎片，用来修复8世纪前后的修道院建筑物，也包括新雕刻成塑像的大理石，被重新用于君士坦丁堡建筑物，例如907年修建的利普斯（Lips）修道院。彩色大理石也被回收利用，它们是从大理石石柱上切割下来的小块和片状石料，被用于铺设“镶嵌画路”（opus sectile）通道的地面。

其他被用于进出口国际贸易的材料还包括金属、象牙和丝绸。帝国早期和中期都生产高品质白银盘。其彩色珐琅也构成中期装饰物的重要部分。白银和各种金属被出口到海外（或通过贸易，或用于外交），或者通过抢劫流到国外。廉价金属产品构成更广泛更系统出口贸易的基础。其中包括早期的青铜容器和中期的黄铜门。

拜占庭帝国于6—7世纪生产的铜合金器物也出口到西欧，在西欧各处墓葬中发现有大约120件。它们包括家用器物，例如浇铸的各种垂柄青铜盆、洗漱用品、手工打制的黄铜水桶，都饰有狩猎场面，并镌刻着希腊字母。黄铜水桶是在不列颠、西班牙、黎凡特和土耳其发现的。在努比亚（Nubia）和埃及南部墓葬中也发现了同类器物，总数多达170件。还有几件是在帝国范围内回收的，可能因为它们并非用于随葬品。

另一种出口工业据说兴起于11世纪。黄铜门的人物和场景装饰镶嵌在乌银和白银中，是为出口到意大利而在君士坦丁堡制作的。这些铜门的制作地点清楚地标在大门门身的铭文中，它们是阿马尔菲（Amalfi）、威尼斯、罗马、蒙特·卡西诺（Monte Cassino）、萨勒诺（Salerno）、蒙特·S. 安吉罗（Monte S. Angelo）等地的教堂订购的，大约在1060—1080年和12世纪完成。这种门在君士坦丁堡本城却没有保留下来。这些铜门是由阿马尔菲的一个家族进口到意大利的，该家族的主要成员潘达利奥（Pantaleon）和莫罗（Mauro）常驻君士坦丁堡，拥有拜占庭荣誉头衔，并维持其在叙利亚和巴勒斯坦的商业利益。在一些阿马尔菲铜门的希腊、拉丁双语铭文中，提到诸如西蒙这样的工艺匠人的名字，而罗马圣保罗教堂（St Paul）铜门的希腊、叙利亚双语铭文则提到了狄奥多尔和斯塔乌拉乔斯（Stavrakios）的名字。叙利亚铭文说明了君士坦丁堡的这种新工业与东方的联系。

丝绸、香料和象牙是来自远东的国际贸易中重要的进口商品，这也部分地得到科斯马斯·安迪科普路斯特（Cosmas Indicopleustes）的文献证明，他是亚历山大里亚的商人、学者、天文学家和神学家。其《基督教风土记》（*Christian Topography*，536—547年）涉及他在地中海、红海、波斯湾和斯里兰卡的贸易活动经历。拜占庭商业机构“政府契约”部门（kommeriarioi）征收进口货物关税，它们的铅封提到了其名字和地点。拜占庭中期的《市长法》对君士坦丁堡的外国商业贸易活动做出了规定。

象牙是来自非洲和印度的重要进口商品。较大的非洲象牙可能用来制成装饰板，其高度达到42厘米，而较小的印度象牙则能够切割成圆筒形的首饰盒，直径8~10厘米。与早期的首饰盒相比，中期的长方形首饰盒大部分都有木质衬底，薄薄的装饰板和长条板用钉子固定在木质衬底上；与早期用于双连画的象牙装饰板及圆筒状首饰盒对比，存在着系列加工的迹象。雕刻有玫瑰图案的象牙边缘材料切割成长条形状，根据需要截断，而人物装饰板反复出现在不同的首饰盒上。到了中期，人们使用骨头补充象牙的不足，有些首饰盒则完全是用骨头制作的，其雕刻工艺非常精湛。

现存大部分早期拜占庭象牙制品都是由帝国东部和西部执政官流出的，他们每年都换届，直到540年取消执政官制度。尽管现存的两联装饰象牙板表明这类制品数量庞大，但它们雕刻的内容依然复杂多样、典雅精致。皇帝赏赐给官员的遗嘱附件和在《职责图》（*Notitia Dignitatum*）中显示的文件也都是用象牙制作的。

大部分中期拜占庭的象牙制品都被认为属于10—11世纪。皇帝的装饰用象牙板刻有皇帝君士坦丁七世和罗曼努斯二世（Romanos Ⅱ）的加冕典礼。宗教题材的象牙雕刻包括三联板和首饰盒。其他装饰有神话、狩猎、田园生活或军事题材的首饰盒构成这个时期世俗艺术的主要部分。一个突出的例子是带有神话场景的韦罗利（Veroli）首饰盒。

在拜占庭时代，丝绸既进口也出口。在拜占庭的丝绸、亚麻和毛织品中，丝绸在商业中最为重要，而拜占庭的丝绸工业闻名遐迩。直到6世纪中期，生丝仍从远东进口到拜占庭帝国，在此纺织成丝绸。根据普罗柯比的记载，贝利图斯（Berytus）和提尔（Tyre）是丝绸工业最重要的中心，国家部分地垄断丝绸工业，其余部分由私人控制。皇帝掌控的皇家丝绸在提尔和西顿（Sidon）用地中海蜗牛贝壳染成紫色。552年，蚕卵被带入拜占庭帝国，568年桑树移植成功，首先在腓尼基（Phoenicia）种植。尽管这些工场在7世纪尽丧于阿拉伯人之手，但是拜占庭帝国仍然保留了丝绸生产的大部分技工。皇家丝绸工场继续在君士坦丁堡以前的斋乌西普斯（Zeuxippos）浴场开办，《市长法》规定的丝绸行会有5个。蚕虫在意大利南部的拜占庭属地养育，希腊的底比斯（Thebes）和科林斯成为重要的生产中心。印有狮子和大象两种图案的丝绸上的文字表明，它们都是在利奥六世（886—912年在位）、罗曼努斯和克里斯托弗（Christopher，921—923年在任）、君士坦丁八世和巴西尔二世（Basil Ⅱ，976—1025年亲政）统治时期织成的。精心织成的丝绸描绘了皇帝和其他图像。欧洲各地教堂都保存着8世纪以后纺织的拜占庭丝绸，例如在亚琛（Aachen）的查理曼坟墓和在欧塞尔（Auxerre）的圣日耳曼（S. Germain）坟墓中都藏有这类丝绸。总的看来，各类织物构成室内装饰的重要部分。现存于开罗根尼查（Geniza）的10—12世纪的文献证明了阿拉伯世界的新娘对拜占庭面纱（mandils）和衬垫的需求。

7世纪阿拉伯人的军事征服缩小但并没有完全中断古代晚期的地中海贸易。其他发挥作用的各种因素还包括：城市的衰败已经达到自给自足的程度、国家控制的君士坦丁堡供给系统的破坏，以及航运的私有化。到了10世纪，环境开始好转，但是拜占庭人带着厌恶商业的传统心理，未能从新局势中获得很大的好处。相反，积极性转移到了意大利各城市，它们在拜占庭首都获得了很多贸易优惠。

玛利亚·芒德尔·曼戈

| 第七章 |

中期帝国（780—1204年）

保罗·马格达利诺（Paul Magdalino）

中古世界中的拜占庭帝国

780年的拜占庭帝国是其此前疆域的残缺部分，局限于小亚细亚、巴尔干半岛沿海地带和克里米亚半岛，以及希腊诸岛、西西里和意大利半岛南端地区。从基督教地理学角度看，它只占据古代基督教五大教区中的一角。耶路撒冷、安条克、亚历山大里亚三大东部教区，连同叙利亚、埃及和巴勒斯坦等富庶地区早已被阿拉伯人统治了一个多世纪。4—6世纪期间，那里曾是帝国经济和文化的中心。拜占庭人曾经掌控的几个基督教大社区因为皈依伊斯兰教而迅速缩小，与君士坦丁堡的关系越来越疏远；在统治管理和知识学问方面，阿拉伯语取代希腊语成为正统语言。在西欧，帝国在欧洲的大片领土早就归属于罗马教区管辖，西西里和意大利、希腊大陆的其他部分仍处于帝国控制下，但是全都具有新环境的特征，教会的司法管辖已经随着政治版图的变化而扩张发展。拉丁基督教世界的绝大部分也早已脱离拜占庭帝国的控制。自8世纪中期以后，罗马本身及罗马教会在意大利中部的土地实际上不再归属于君士坦丁堡帝国。由于教廷反对帝国的毁坏圣像政策，特别是因为帝国未能保护教廷抵抗好战的伦巴德王国的入侵，教宗就请求法兰克人的加洛林（Carolingian）王朝的新统治者干涉意大利事务。教宗在理论上坚持认为，这是一个帝国取代另一个帝国——正是在这个时期，罗马教会伪造了《君士坦丁的赠礼》（*Donation of Constantine*），宣称君士坦丁建立君士坦丁堡时，曾将帝国在意大利的职责委托转交给教宗。然而，实际后果是查理曼掌控了意大利的伦巴德王国，同时也担负起教会保护者的责任。

利奥四世去世后，其遗孀伊琳妮得到监护其子君士坦丁六世的摄政权力，试图停止帝国对基督教世界其他部分的疏远。她重开与加洛林王朝国王联姻的谈判，因为自768年丕平（Pepin）去世，谈判中断了一段时间，双方为君士坦丁迎娶查理曼的女儿洛特鲁德（Rotrud）进行准备。她还更为小心谨慎地终止了拜占庭教会毁坏圣像运动的官方政策，在784年牧首保罗去世后，确定选举塔拉修斯为牧首继任人，后者将与她配合召集大公会议，以便恢复对圣像的崇拜和教会的统一。在这次不成功的君士坦丁堡聚会后，会议最终于第二年在尼西亚就此事务做出决定。但是这个时候，查理曼取消了其女的婚约，逐渐与拜占庭帝国在意大利南部和亚得里亚海沿海地区发生利益冲突。788年，法兰克人击败拜占庭人派去扶植伦巴德王阿德切斯（Adelchis）的军队。在这种情况下，查理曼拒不承认尼西亚会议决议就毫不奇怪了，这份决议根本就没有与他协商，在整个文件中根本就没有提到他。

如果拜占庭政府还希望使查理曼与教宗分离，那么情况令人绝望：他们的关系依然紧密如初，其高潮出现在公元800年圣诞节那个著名的场合，当时教宗利奥三世为查理曼加冕。至于是谁主动提议加冕和谁更为青睐谁这样的问题自此一直聚讼不已，但毫无疑问的是拜占庭帝国遭到严重的冒犯，即便查理曼没有这样一个头衔，他成为皇帝的种种情况也是与现任拜占庭皇帝的业绩相对立和冲突的。794年，他竟然主持了自己的教会改革会议。他还通过一系列极为成功的战争大大增加了法兰克王国庞大的领土遗产。他完全终止了两个民族的政治存在，而这两个民族曾给帝国带来许多伤痛：774年他吞并伦巴德人的意大利王国，791年他入侵阿瓦尔人在多瑙河中游地区的王国，并在795—796年消灭了这个王国，从而为法兰克人夺取了神秘的阿瓦尔人宝藏，这是后者在长期入侵洗劫拜占庭帝国的过程中积累下的战利品和贡品。他还与阿拔斯王朝的哈里发哈伦·拉希德（Harūn al-Rashid）互派使节，后者承认他是耶路撒冷圣经教会的保护人：查理曼当时给予耶路撒冷教会相当多的好处，而拜占庭政府却完全不能帮助他们。

加洛林王朝在资源和发展程度方面，或者说它对拜占庭帝国造成的威胁不能与阿拔斯王朝同日而语。阿拔斯王朝的疆域从突尼斯到中亚，囊括中东地区所有古代文明中心，控制着地中海与远东之间所有的主要商道。这是世界上最官僚化和城市化的国家。它与拜占庭帝国有着漫长的边界线，从黑海到地中海，伊斯兰教使东正教面临一神论的挑战，而征服基督教世界和使其他民族皈依是其最基本的目标之一。它宣扬对非穆斯林进行圣战，以使他们在精神上得到拯救。阿拔斯王朝以巴格达为都城，具有强烈的青睐伊朗的政治目的，它并没有像其以前的倭马亚王朝所做的那样，把征服君士坦丁堡作为优先的目标，而是以极大的热情推进圣战，哈里发或者亲自率军征战，或者把圣战委任给叙利亚和北非的埃米尔（emirs）。这意味着每年都对小亚细亚进行不间断的洗劫入侵，这个地区有很大部分一直成为战争地带。而在海上前线，地中海的大部分岛屿在9世纪初仍处于基督教控制下，此时遭到越来越频繁的进攻。因此，阿佛拉比德王朝（Aghlabids of al-Ifriqqiya，突尼斯）于827年开始对西西里进行长期占领，同时，从西班牙伊斯兰世界被驱逐的一群政治犯成功对克里特岛发动入侵。这样，拜占庭帝国就丧失了其在地中海中部和西部的两个主要岛屿领地，这对意大利、希腊和整个爱琴海及亚得里亚海沿海地区造成了灾难性的影响。

来自加洛林王朝的威胁与此并不一样。阿拔斯王朝和加洛林王朝觊觎拜占庭帝国的希腊-罗马遗产的争夺并没有同时进行。两者都想占有希腊-罗马世界的核心地区，但是它们的政治基地都远离地中海，其文化传统也并不完全认同罗马。两者都非常欣赏古代文化，其宣传家认为，古代的智者以及世界的主宰已经抛弃了希腊人，并找到了新的家园。这样，哈伦和查理曼的相互认可对拜占庭帝国来说就显得非常重要。这意味着君士坦丁堡罗马帝国的继续存在不再成为后罗马世界其他强权唯一的目标，它正在迅速变成三大势力中更小更弱的一个。观察一下公元800年时的世界格局，我们就能得出这样的结论，如果世界末日不会马上到来的话，那么西方的未来在于拉丁欧洲和伊斯兰地区。哈伦和查理曼在文学和民间传说中的形象逐渐变得永恒不朽绝非偶然，因为同时代的拜占庭帝王没有任何一个留下过伟大的名声，只有皇后伊琳妮因为恢复对圣像的崇拜而得到了共同认可。公元800年前后的几十年，拜占庭帝国遭到多次耻辱的军事失败、政变篡位和短命皇帝的统治，他们中除伊琳妮外，都与教会有关系。到813年，形势变得相当严峻，以至于君士坦丁堡和军队中的强力集团说服皇帝利奥五世，使他相信解决问题的办法只能是恢复毁坏圣像政策，因为利奥三世和君士坦丁五世似乎就是因为这样做了，才得以维持其长时间的统治，也保证了王朝的顺利继承和军事胜利——首先是战胜了保加尔人。

拜占庭帝国窘迫的处境不仅来源于东方和西方最强大的势力持续施加的压力，而且还来源于北方比较强大的势力施加的压力，帝国与后者共同主宰巴尔干半岛。拜占庭帝国东山再起的最大障碍在于保加尔汗国越过多瑙河进入河南地区，他们以普利斯卡（Pliska）为都城，并以距离君士坦丁堡仅三天路程的希不鲁／马里察河（Hebros/Maritza）流域为其南部边界。780年，保加尔国家就已经在距离拜占庭帝国最近的地方存在了几乎一个世纪，他们乘帝国内乱和抵抗阿拉伯人作战之机不断壮大，这种长期的发展使得汗国成为极其强悍的政治实体。突厥统治精英融合了草原民族的作战风格，斯拉夫农民的农业资源，以及从希腊商人、战俘和叛逃者那里获得的文明技巧。皇帝君士坦丁五世、伊琳妮和尼基弗鲁斯一世都试图通过强化边防和移民定居的方法，扩大帝国在色雷斯前线地区的控制区域，他们确实取得了一些成功，但是当尼基弗鲁斯一世及其军队于811年在萨尔迪卡〔Sardica，今保加利亚首都索非亚（Sofia）附近〕河谷被保加尔汗王科鲁姆（Krum）摧毁后，所有成果都化为乌有。尼基弗鲁斯一世因此成为自瓦林斯（378年）之后第一位在抵抗外敌战争中阵亡的皇帝；而科鲁姆则在胜利后大举洗劫色雷斯，并威胁君士坦丁堡。只是由于他在814年突然死于中风，拜占庭帝国才得以幸免于灭亡，但是，816年订立的“三十年和约”却使边界确定在 8 世纪中期的位置上，科鲁姆的继承者利用这个和约向北扩张到多瑙河，向南扩张到亚得里亚海。

显然，保加利亚皈依基督教顺理成章：汗王鲍里斯（Boris，852—889，以及893年在位）于865年前后受洗，教名米哈伊尔，接受拜占庭形式的基督教，这被看作拜占庭外交的胜利。但是，如果不是法兰克人教会和教廷势力出现在这个汗国，拜占庭帝国能否完成保加利亚的皈依还是个问题。另外，这次皈依究竟对拜占庭帝国有利还是对保加利亚有利也是个问题。这位新皈依的国王尽量顺从君士坦丁堡的皇帝和牧首，他充分利用基督教来确定其王国的独立身份，不仅通过发展斯拉夫宗教文学，而且通过建立保加利亚半自治大主教管辖下的新主教区从领土上实现其独立。这个新主教区主要位于边界地区，并因此确定了巴尔干半岛的分裂，这种分裂有利于保加利亚，正像后来人们看到的那样，保加利亚这个名字下被增添了大片土地，从我们今天称为阿尔巴尼亚的中部地区一直延伸到君士坦丁堡心腹地带。当这个新近皈依基督教的国王的儿子继位后，对于拜占庭帝国来说，事情没有得到任何改善。他的这个儿子西蒙曾命里注定要经受修道院生活的磨炼，并在君士坦丁堡接受教育。可能就是因为他的这种经历，西蒙似乎更愿意标新立异，以便向其臣民中的一些人证明他对异教的怀念，表示他不是拜占庭帝国的傀儡。他有机会从内部观察拜占庭帝国，这肯定使他更希望得到这个帝国，或者对他本人而言，想要得到某些非常类似于帝国的东西。尽管他还受到与拜占庭帝国和平并存原则的约束，但他还是用他33年统治时间的一多半来与帝国皇帝作战，因为他认为他的合理期望受到了欺骗。自913年牧首尼古拉一世极力劝说他在君士坦丁堡城外举行某种为其加冕的典礼以后，他就渴望被承认为沙皇（希腊语称为basileus，斯拉夫语称为tsar），并确定他的女儿和年幼的君士坦丁七世之间的婚约。其多种抱负都没有实现，但是在努力寻求目标的过程中，他与拜占庭帝国进行外交较量，并不断赢得战争。他并不破坏占领的土地：显然，他的儿子彼得（Peter）继承了一个比10世纪任何欧洲军事强国都稳定统一和运行良好的帝国。皇帝罗曼努斯一世在927年西蒙去世后与彼得达成和约，作为回报他准备将其孙女嫁给彼得，并承认彼得为沙皇，同时支付年贡，还同意保加利亚教会获得大主教区地位。

927年达成的和约持续了四十年。在此期间，保加利亚在鲍里斯·米哈伊尔受洗后一个世纪顺利地发展成为欧洲各国中一个永久确立的国家，至少像那些从查理曼帝国遗留下来的法兰克人国家一样确立无疑。而拜占庭帝国完全反对与之并立共存。君士坦丁七世在944年罗曼努斯一世倒台后，反常地谴责彼得与玛利亚·利卡潘妮（Maria Lekapene）的婚姻。在其有关外交的论著《帝国政府》（*De administrando imperio*）中，他对保加利亚人的看法，与他的父亲利奥六世在50年前论及战胜帝国敌人的军事谋略时表达的看法几乎完全相同：保加利亚非常明显地被排除在地图之外，以至于在帝国与东欧各种关系图谱的中央地区留下了一个黑洞，既不将其看成是基督教联盟也不将其视作野蛮的外族敌人，而是暗含着把它归入帝国北方的野蛮民族之列，并确定其为帝国军队攻击的目标的意思。10世纪的拜占庭帝国统治者对于煽动异教民族攻击基督教的保加利亚确实并不感到内疚，他们曾利用马扎尔人（Magyars）和帕臣涅格人（Pechenegs）攻击西蒙。皇帝尼基弗鲁斯二世于967年决心不再与彼得续约，因此挑动基辅的斯维亚托斯拉夫（Sviatoslav of Kiev）统领罗斯人（Rus）攻击保加利亚。斯维亚托斯拉夫超额完成了任务，暂时占领了保加利亚，并将彼得之子鲍里斯二世统治下的保加利亚变为其东欧帝国的保护国——他打算从多瑙河流域发号施令。但是，这次罗斯人的占领却给尼基弗鲁斯的继任皇帝约翰一世·齐米斯基斯提供了机会，后者得以在971年大胜斯维亚托斯拉夫的战争中一同清算对保加利亚的新仇旧账：齐米斯基斯班师回朝，在君士坦丁堡举行凯旋庆典。作为庆典仪式的一部分，鲍里斯二世被剥夺了沙皇标志权杖。保加利亚首都普里斯拉夫（Preslav）被改建为拜占庭军事总督的司令部。然而，惨遭羞辱的保加利亚国家保留下了绝大部分的国家组织和社会机体，特别是在西部地区。在齐米斯基斯于976年去世后，帝国爆发内战，保加利亚统治精英聚集在由一群亚美尼亚军官之子组成的领导集团下，拥护塞缪尔（Samuel）登上保加利亚皇位。他使保加利亚先以普里斯帕（Prespa）为中心，后以奥赫里德（Ochrid）为中心，实现东山再起。该王国迫使巴西尔二世花费其统治时间的大半来摧毁。

对保加利亚的征服极大地拓展了帝国的领土范围，消除了君士坦丁堡周边地区的主要威胁，并恢复了爱琴海和亚得里亚海之间跨越大陆的交通路线。约翰一世和巴西尔二世在战争中的胜利使得帝国称霸达两个世纪。当然，这些战争进行得相当艰苦，如果当时帝国没有改善它在其他前线特别是东方前线的地位，那么它很难取得这些胜利，正是在东方，931—968年间，拜占庭帝国对伊斯兰世界的前线局面变得非常有利。这既由于军队作战能力大为提高，还由于拜占庭帝国周边的几个帝国势力减弱，政治混乱。拜占庭帝国在公元1000年时可以被清晰地辨认出就是那个公元800年时的帝国，只是更加强大，而哈伦的帝国和查理曼的帝国都多多少少发生了变化，衰落不堪，形势恶化。阿拔斯王朝和加洛林王朝都四分五裂成许多小国和小王朝，而这两大势力实际上都丧失了强权。伊斯兰世界因为逊尼派（Sunnites）与什叶派（Shiites）等多个教派团体间的宗教争端而分崩离析，叙利亚、埃及、伊拉克和伊朗的地区分裂主义都以王朝的形式表明独立要求，强大的非阿拉伯民族文化传统异军突起，特别突出的是伊朗人和突厥人，他们在哈里发军队中的领导地位使他们越来越占据哈里发国家的核心层。这样，拜占庭帝国此时在其东方前线面对的不是由整个伊斯兰世界资助和招募的圣战者军队，而是各地独立的埃米尔小国，它们虽然好战，就像萨伊夫·道拉（Sayf al-Dawla）统治下的阿勒颇（Aleppo）地方的哈姆达尼德（Hamdanid）埃米尔国一样，但是却难以抗衡强大的拜占庭帝国协调一致的资源力量。在帝国的西方，加洛林王朝已经被几个继承人争夺继承权的内讧压得粉碎，压力还来自维京人（Vikings）、马扎尔人、萨拉森人的入侵，以及好战的大贵族的自卫性暴力冲突。只有在新王朝统治下的东法兰克，法兰克王室通过取得对斯拉夫人和马扎尔人异教徒的战争胜利扭转了局势，并在意大利向拜占庭提出了新的帝国挑战——奥托一世（Otto Ⅰ）于962年加冕为皇帝。然而，这次挑战的目的是结成婚姻联盟，972年，奥托二世（Otto Ⅱ）和约翰一世的女性亲戚狄奥发诺（Theophano）的婚姻实现了这个目标。奥托三世（Otto Ⅲ）便是这次联姻产生的具有一半希腊血统的儿子，他继承了西方帝王的尊严，而保持着明显的东方皇室的做派——就像他在东方的“同僚”，拜占庭皇帝巴西尔二世那样。巴西尔二世曾准备将自己的侄女嫁给他，但恰在此时，奥托三世于1002年不幸早逝。982年奥托二世在卡拉布里亚（Calabria）遭到萨拉森人军队的毁灭性打击，这只能证明自870年以来就已经明显的事实：拜占庭帝国是该地区唯一一个能组织起资源去抵抗入侵意大利中部和南部的穆斯林的大国。

961年，克里特岛再度被拜占庭占领，这使得重新夺取西西里成为可能。这样，教宗、阿马尔菲、那不勒斯、加埃塔（Gaeta）、威尼斯、贝内文托（Benevento）和卡普阿（Capua）的伦巴德王公，以及奥托王朝的皇帝都不得不承认拜占庭在意大利的（政治）存在的增强，以及与拜占庭帝国的良好关系，都是无法避免的必要。

10世纪的拜占庭帝国不断从其并不完满的实力中获得好处，而这种实力是它在7—8世纪期间为生存而战时建立起来的，相比于那些在公元800年时风头盖过它的大帝国，那个时期的建设把它塑造成拥有强大凝聚力的稳定坚固的国家的榜样。它在领土疆域上比加洛林王朝和阿拔斯王朝更为紧凑，也不像它们都是王朝性国家；也就是说，它不是由王朝建立的国家，其国家认同或存在也不依赖于王朝的存续，或者说是王朝的替代物。它不像其他绝大多数的中世纪帝国是靠咄咄逼人的战争凝聚起来的，因为它们要满足军事贵族对土地和战利品的需求。它具有哈里发国家缺乏的宗教实体：毁坏圣像争端最终以843年恢复崇拜圣像而结束，这场争端将东正教和政治权力牢固地结合在一起。同一时期，拜占庭帝国拥有政府组织机构，即官僚体制、职业化军队和复杂的税收制度，这些在加洛林王朝里都是缺少的。其帝国都城和圣城是同一个城市，这一点无论在拉丁基督教世界还是在伊斯兰世界都不存在。阿拔斯王朝的都城巴格达可能在炫耀财富、学问和朝廷权势方面不输甚至超过君士坦丁堡，但是君士坦丁堡比它古老四百年。那里的建筑物和老规矩仍然是君士坦丁大帝和罗马帝国的有力见证，虽然规模有所缩小，但是在法兰克人和阿拉伯人走上历史舞台以前它就存在了，那个时候的巴格达只不过是个空城，是早已灭亡的波斯帝国建在河边的陪都遗址。就是在这个“君王之都”当时还完好无损的城墙内，拜占庭帝国已经积累了大量政治文化财富，除了远东之外，真是无与伦比。它确实证明着，拜占庭帝国的实力来自它的历史，而10世纪的扩张恰好与帝国当时的复兴政策相一致，政府致力于恢复从古代到6世纪的成文传统制度，并将它们编纂为典籍，同时收集整理的还有成文的和口头的记载，最新的军事、庆典和外交实践文献。

1025年巴西尔二世去世时，帝国的疆域自克里特到克里米亚，从墨西拿（Messina）海峡和多瑙河到阿拉塞斯河（Araxes）、幼发拉底河（Euphrates）和奥伦特斯河。真正能够对这些边境造成严重威胁的只有奥托三世的继承人亨利二世（Henry Ⅱ）和康拉德二世（Conrad Ⅱ）统治下的神圣罗马帝国，他们进攻意大利南部的拜占庭领地，煽动地方叛乱，但是由于他们行动的基地远离他们干预的地区而难以发挥作用。拜占庭帝国与其北方的两个近邻马扎尔人和罗斯人的关系整体上看得到改善，主要由于后两者于10世纪末皈依了基督教。罗斯人是从拜占庭帝国接受的基督教，同时巴西尔二世的妹妹安娜（Anna）还成为基辅大公弗拉基米尔（Vladimir）的新娘，而基辅远离君士坦丁堡也避免了随着保加利亚皈依基督教而出现的难解的恶性循环。也是由于距离遥远，一定程度上使得拜占庭帝国得以与什叶派法蒂玛（Fatimid）王朝和平共存，这个国家于969年在埃及夺取政权后迅速崛起成为伊斯兰世界主要的强国。开罗的法蒂玛王朝主要的对头是巴格达的阿拔斯王朝。尽管拜占庭帝国与法蒂玛王朝在叙利亚发生过冲突，疯狂的哈里发哈基姆（al-Hakim）由于迫害基督徒并摧毁包括耶路撒冷圣墓教堂在内的许多教堂而严重损害了两国关系，但是巴西尔二世在稳定东部前线局势后，一改其前任皇帝尼基弗鲁斯二世和约翰一世的政策，停止收复近东地区的行动，而致力于清算保加利亚人，从而使得和平共处成为可能，在其统治的最后几年，他收复了西西里。

这样，1025年时拜占庭帝国的局势就非常明显地预示出来。甚至25年以后，帝国除并吞埃德萨城（Edessa）和阿尼（Ani）与卡尔斯（Kars）统治下的亚美尼亚王国之外，其东部疆域几乎没有任何扩大。但是到1080年，帝国面临巨大的麻烦，它迅速丧失了对整个亚洲领土的控制，在巴尔干半岛的地位也摇摇欲坠，遭到严重侵蚀。从11世纪末记载这些事件的拜占庭作家开始，有关这次倒霉大难的解释就汗牛充栋。拜占庭显然存在着领导方面的失误和制度上的缺陷，而诊断症状比确诊病因更为容易：20世纪的学者试图从封建主义发展、自由小农破产以及官僚贵族和军事贵族冲突造成的经济衰败和军事无能上解释这次危机——这种解释已经过时了，比11世纪关于那些君主不负责任且无能的统治的说法好不了多少。从结构上看，我们可以说此时轮到拜占庭帝国去经历过度扩张带来的难题：帝国生存的实力从地理学角度观察已经消耗殆尽失去活力，疆域不再紧凑充实，文化上也更多元化，社会组织更为复杂，而帝国正是因为战争的胜利、领土的并吞和安全越来越有保证而发展了社会组织。此时，拜占庭帝国还是同一个帝国，可能比它原来的最佳状态还要好很多，但是它的敌人却突然变得不再是同样的敌人了。拜占庭帝国一直面对着周围那些发展成国家的近邻，它能以优势地位居高临下地成功应对和妥善处理与它们相关的事务。但它还没有准备好对付那些在国家机构之外行动的敌人，例如11世纪中期突破边界入侵帝国的那三个入侵者：帕臣涅格人、塞尔柱突厥人和诺曼人（Normans）。

对帝国心腹首都地区和巴西尔二世取得战绩地区的最急迫威胁来自帕臣涅格人，这个部落联盟自9世纪末就一直主宰着西部的庞廷（Pontic）大草原。帕臣涅格人在其邻近居民马扎尔人、哈扎尔人、保加尔人中拥有可怕的名声，与这些邻居不同，他们顽固地坚持自己的异教信仰和游牧生活。拜占庭帝国征服保加利亚使得帕臣涅格人与帝国发生直接接触，他们遂成为帝国在多瑙河下游主要的邻居。起初，拜占庭帝国以重兵驻守边疆，拒抗他们于境外。但是1033—1036年间他们发动一系列袭击，造成巨大灾难，其中一次甚至突进到塞萨洛尼基城下。此后，米海尔四世（1034—1041年[1]在位）政府制定了三项措施来稳定边防：减少边境巡逻部队的数量；在多瑙河南部地区设立人烟稀少无人耕种的"荒芜地带"；扶植发展边境要塞周围的市场，以便为这些游牧居民提供手工制品和农业产品，不然他们就将发动袭击抢夺这些货物。这些政策似乎发挥了作用，直到1046年帕臣涅格人遭到乌古斯突厥人（Oghuz Turks）的攻击而向西迁徙再未生乱。皇帝君士坦丁九世（1042—1055年在位）试图通过挑动不同酋长之间对立争斗的传统分化办法和治夷之术削弱他们，却意外受挫未

[1] 英文原版误作1042年。本书第167页的相同更改不再出注。

能奏效。拜占庭帝国在此后的对抗中更加处于不利地位，被迫于1053年[1]签署“三十年和约”，允许迁徙的部落居民定居在多瑙河南部黑海内陆地区，这个地区非常靠近早年保加利亚的核心地区。拜占庭帝国依旧控制着多瑙河各城镇，但是与7世纪初保加利亚人给君士坦丁堡人造成的灾难类似的梦魇仍然挥之不去。皇帝伊萨克一世·科穆宁（Isaac Ⅰ Komnenos，1057—1059年在位）试图进行更有利于帝国的强制性移民，但没有取得明显成效，到11世纪70年代，帕臣涅格人和当地乌拉赫斯人卷入的一次叛乱使得帝国彻底丧失了对多瑙河城镇的控制权。宫廷政变的阴谋预示着不幸的降临，当1083年“三十年和约”到期时双方恢复相互敌对，帕臣涅格人勾结海姆斯山脉（Haemus）南麓那些怨气冲天的基督教异端社区共同反对帝国政府。皇帝阿莱克修斯一世·科穆宁（Alexios Ⅰ Komnenos，1081—1118年在位）决定于1087年在海姆斯山脉北部发动战争，以图重新取得约翰一世·齐米斯基斯于971年曾获得的重大胜利，后者就是在德里斯特拉（Dristra）这个地方赢得了他击溃斯维亚托斯拉夫的最后胜利，但是就是在这个地方，此时拜占庭军队却全军覆灭，阿莱克修斯一世侥幸逃脱。双方再度订立和约，确定以海姆斯山脉为边界，但该和约很快就遭到破坏，帕臣涅格人越来越深入色雷斯，1091年兵抵君士坦丁堡城郊。皇帝的部队大量减员，形势极端恶化，只是由于尾随帕臣涅格人的另一个草原民族库曼人（Cumans）大批迁徙抵达这里，局势才稍稍缓和。在这个事件中，拜占庭人买通说服库曼人在莱文农山（Levunion）战役中摧毁帕臣涅格人，但是他们也可能会轻易倒戈，三年后果真成为当地的入侵者。他们取代帕臣涅格人成为帝国北方长期的威胁，1122年，无论是库曼人还是帕臣涅格人的残余居民都大举进入色雷斯地区。皇帝约翰二世·科穆宁（John Ⅱ Komnenos，1118—1143年在位）在斯塔拉·扎格拉（Stara Zagora）精心设局彻底击溃了他们。这次胜利使帝国加强了自1092年以后

[1] 英文原版误作1033年。

恢复的对多瑙河前线的控制。11世纪中期，帝国设想在多瑙河沿岸建设紧靠南部荒芜地带的商贸区的计划似乎重新开始，并取得相当大的成功。直到1185年，多瑙河下游流域一直是帝国最持久稳定的边境区域。这大概还得益于俄国君主某种程度的合作，他们也在多瑙河各城镇的商贸财富中分得一杯羹。然而最根本的原因还在于，帕臣涅格人和库曼人都是大体类似的敌人：他们都保持游牧生活方式，都持有原始宗教信仰，采取同样的作战方法，保持同样的草原生活习惯，生性就不安分，他们都符合希腊罗马世界有史以来早就认定的同一种民族类型，有学问的拜占庭作家都一直确信所有北方的野蛮人都是斯基泰人（Scyths），这样的看法也并非没有事实根据。

帕臣涅格人问题尚属能够解决的问题，因为这个问题还在可控范围内：帕臣涅格人并不具备从斯基泰世界其他部分继承来的制度遗产。相反，这与伊斯兰化的突厥人有关，而他们在11世纪中期从东方进攻拜占庭帝国。伊斯兰化的突厥人也属于寻求战利品和永久性新牧场的游牧民族，而小亚细亚恰好能够提供大量的战利品和草场。同时，他们还是具有宗教目的的进攻者，与11世纪中期接收并复兴了阿拔斯王朝的政权具有种族联系。塞尔柱人领袖托格鲁尔（Togrul）的继承人阿尔普·阿斯兰（Alp Arslan）和马利克·萨利克·沙阿（Malik Salik Shah）继承其权力成为哈里发之外的苏丹。他们首先关心的是，将伊斯兰世界重新统一在严格的逊尼派正统派旗帜下，他们最紧迫的任务不是征服拜占庭帝国，而是重新统一法蒂玛王朝。他们乐于使游牧的突厥人的掠夺活力转移到格鲁吉亚、亚美尼亚和拜占庭的基督教领土，而不是放任他们生活在伊拉克、伊朗和叙利亚那些定居的穆斯林民众中。正是游牧民族无拘无束的扩张性和来自伊斯兰最高权力的集权制度两者的结合，使得这个时期的突厥人成为如此可怕的威胁，而拜占庭统治当局则忙于自己内部的稳定，无暇他顾。特别是各式各样没有固定匪巢的匪帮军阀同时进行的入侵，也使得集中抵抗和资源调动变得异常困难，最终，当在位皇帝将首要精力集中到东部前线时，他采取的抵抗入侵行动就使他于1071年在曼济科特（Mantzikert）战役中与苏丹阿斯兰进行直接决战。罗曼努斯四世·戴奥真尼斯（Romanos Ⅳ Diogenes）遭到惨败，在战争中被俘，这是自尼基弗鲁斯一世在二百六十年前阵亡以来拜占庭皇帝在战场上遭遇的最为屈辱的失败。根据双方签署的和约，苏丹仁慈地释放了罗曼努斯四世，而没有提出过多的领土要求，但是皇帝被释放却引发了他和君士坦丁堡统治当局之间的内战，因为朝廷拒不接受罗曼努斯四世而倾向于米海尔七世·杜卡斯（Michael Ⅶ Doukas）。尽管米海尔七世的政府试图孤立罗曼努斯四世，但是却没能维系住整个军队的忠诚。当内战再度爆发时，突厥人不仅未遭遇抵抗地大举进军，而且在拜占庭将领的引导下，深入小亚细亚内陆——这些将领千方百计招募突厥人来对抗君士坦丁堡的皇帝。由于内陆各地城乡有一个多世纪没有遭受外敌侵袭，因此也都没有做好自卫的准备，而地方大地主不是从捍卫他们自己的地产出发而是从朝廷中寻求各自的利益。这样，曼济科特战役胜利后20年，突厥人便在小亚细亚西部沿海地区立足定居，他们的占领活动不断推进，超越游牧生活的阶段：这个塞尔柱族群的一个分支，在君士坦丁堡的亚洲腹地尼西亚城高大的罗马式城墙保护下，正在发展成为独立的苏丹国家的领导核心，同时在士麦那（Smyrna）港口城市，一位曾在拜占庭军中服役过一段时间名叫查察斯（Tzachas）的埃米尔建立起自己的舰队，他打算凭借这支舰队夺取爱琴海各个岛屿。

自1092年以后，形势发展对拜占庭帝国有利，马里克的去世使塞尔柱苏丹国加速分裂为几个公国。阿莱克修斯一世于1094年消除库曼人对巴尔干半岛的威胁后，就能够将其全部注意力转向东方。第一次十字军东征部队于1096—1097年陆续到达，他们是应他对教宗乌尔班二世（Urban Ⅱ）的请求，来帮助他收复尼西亚的。为了激励他们继续向安条克推进，皇帝的军队完成了将突厥人驱逐出安纳托利亚西部和南部沿海平原及河谷地区的任务。然而，阿莱克修斯一世却没有从十字军最新取得的胜利中获得任何好处，后者也确实使皇帝收复东方失地的计划极大地复杂化了。除1137—1180年间经常脱离帝国控制的小亚细亚东南中心区奇里乞亚被收复外，11世纪末形成的边界都没有向外进一步扩张。鉴于这个中古帝国在收复其他地区上的胜利，这次它收复内陆核心区域的计划遭到失败似乎可能令人震惊。在皇帝阿莱克修斯一世·科穆宁及其儿子约翰二世和孙子曼努埃尔一世（Manuel Ⅰ）统治下，拜占庭帝国恢复了其作为巴尔干半岛、爱琴海和广阔地中海区域强国的地位，他们不仅能建立人数众多的军队、令人印象深刻的舰队，而且拥有似乎无穷无尽的大笔黄金。

有两个原因可以用来作为解释。首先，帝国在对付游牧民族持续不断的洗劫及对平原地区的入侵时，开展了更频繁的进攻而不是单纯的防守；但是通过观察一次浩大但灾难性的远征，可以看出阿莱克修斯一世、约翰二世和曼努埃尔一世发动的所有战事被证明基本上都是报复性的打击而不是系统的收复行动，但这些一时性的收复战果还是产生了巨大的声望。其次，拜占庭帝国极力挑起两大突厥人国家之间的对立斗争，它们正在争夺对各个突厥游牧部落的最高统治权力：罗姆（Rum）的塞尔柱苏丹国在第一次十字军战争后重新入主小亚细亚南部中央地区，并以伊克牛（Ikonion，Konya）为其都城；而由名叫达尼什蒙德（Danishmend）酋长建立的酋长国则定居在这块草原的北部和东部地区。尽管拜占庭人的利益在于维持两大势力之间的平衡，但是帝国还是更加倾向于支持塞尔柱苏丹国反对达尼什蒙德人，因为后者更加尚武好战，崇尚圣战，正如他们大多数人采用的名字杰哈泽（Ghazi，为真理而战）显示的那样。1161年，当塞尔柱苏丹基利希·阿斯兰二世（Kilic Arslan Ⅱ）前往君士坦丁堡寻求曼努埃尔一世援助时，这位皇帝在一份条约中正式接受苏丹为义子，条约规定后者将归还帝国所有他从达尼什蒙德人那里夺取的土地，作为其慷慨补贴的回报。但是塞尔柱人并没有履行他在这份协议中许下的诺言，而是将整个小亚细亚突厥人领土都纳入其统治下，从而迫使曼努埃尔一世改变原有的政策。1175年，这位皇帝在多瑞莱昂（Dorylaion）和叟不莱昂

（Soublaion）两地建造和修缮边防要塞，将边境线推进到这里的高原地区。次年，他亲自率领庞大的远征军征服伊克牛，但是不幸在迈留克发隆（Myriokephalon）山口遭到经典式伏击，惨遭败绩。这是唯一一次真正试图通过直接军事对抗收复突厥人占领的小亚细亚的努力，但是却以耻辱的失败结束。

这样的正面冲突以前从未发生过，这也可以通过下述事实加以说明，再度占领安纳托利亚地区只是从政治上收复东地中海地区之更大战略的一部分。该战略聚焦于塞尔柱苏丹国东部各地，这些地区是拜占庭帝国于10世纪从阿拉伯人手中收复的，并重新在此安置了亚美尼亚人和叙利亚人。突厥人进入小亚细亚大多绕道避开这些地区，因此使得当地的亚美尼亚人贵族相对完好无损地掌握着该地区的军事指挥系统。亚美尼亚贵族驻留该地非常有利于第一次十字军向东进军，也有利于他们在埃德萨和安条克等地建立十字军国家。拜占庭帝国在当地残留的军事设施为帝国收复该地提供了有利的基础，因此，拜占庭当局投入重金努力收复安条克就很好理解了。从更广泛的角度看，十字军首先在埃德萨和安条克，后来在耶路撒冷和的黎波里（Tripoli）建立的国家能够存在本身就是对拜占庭帝国作为东方基督教帝国的挑战。由于帝国具有的可靠声誉和安全保证，它就不得不行使对这些西方基督教世界前哨站的某种统治权，此时它们分布在拜占庭帝国的东西两侧。

11—12世纪对拜占庭帝国构成第三个重大威胁的外部挑战来自讲拉丁语的西方。这个挑战不是来自神圣罗马帝国的复兴，而是来自9—10世纪西部法兰克王国解体期间形成的富有攻击性的新国家。11世纪初期出现在意大利南部拜占庭帝国领地边界地区的诺曼人冒险者，是一些作为加洛林王朝臣属而定居在塞纳河（Seine）河口的维京人的后裔。他们对意大利历史和拜占庭历史的影响反映在他们既有维京人的血统又有法兰克人的背景。他们一方面是奴役他人的剥削者和既无长久忠心也无固定居住地的雇佣军，抵抗任何雇佣他们作战的势力，不论是拜占庭帝国、教廷、卡普阿和贝内文托的伦巴德君主，还是反对拜占庭统治的阿普利亚人（Apulian）起义者——不仅仅是拜占庭作家把他们看作邪恶得难以言表的野蛮人；另一方面，他们又深深地植根于重视骑士荣誉和宗教变革的后加洛林文化之中，具有强烈的领土意识，通过重新建立封主封臣的社会结构来强化其领地统治，这种关系是他们从“封建的”法国带来的。当他们逐渐定居下来时，就获得了当地宗教家族和宗教领袖勉强的认可，最终包括教宗也承认他们作为教会臣属的潜在价值，因为他们能够比德意志人或者拜占庭帝国更好地捍卫教廷的利益。意大利南部诺曼人的崛起恰好与教廷和这两大势力关系的日益紧张同时发生：教廷因为与亨利四世（Henry Ⅳ）为首的少数派交恶并导致后者敌视教会改革而与德意志人关系紧张；又因为争夺意大利南部教区管辖权的长期争端而与拜占庭帝国关系紧张——同时伴随着关于教义信条、教宗至高地位和宗教礼仪方式的争执，这最终导致双方于1054年戏剧性地互相开除教籍，这个事件传统上被看作东西两大教会分裂的起点。1059年，教宗尼古拉二世（Nicholas Ⅱ）承认诺曼人领袖罗贝尔·吉斯卡尔（Robert Guiscard）为阿普利亚公爵。后者与其弟弟罗杰（Roger）以牺牲拜占庭人、伦巴德人和穆斯林的利益为代价，发动了对意大利南部和西西里的占领行动。

1071年4月，也就是在拜占庭军队惨败于曼济科特战役的四个月以前，罗贝尔·吉斯卡尔夺取巴里（Bari）——一座海港城市，完成了其对拜占庭（意大利）主要领地的征服。拜占庭帝国对此的反应是提议结成婚姻联盟，吉斯卡尔最终于1074年同意联姻，两年后，他将自己的女儿奥林匹娅斯（Olympias）送往君士坦丁堡与米海尔七世的儿子成婚，当时这对年轻人都到了结婚的年龄。这个事件表明拜占庭帝国衰落到何等程度，也表明吉斯卡尔作为一个没有领地的军阀从一开始就强势崛起，他竟然拒绝以未来可能的女婿关系来继承拜占庭帝国皇位的机会。拜占庭人显然担心遭到入侵，但是他们确实希望吉斯卡尔帮助他们与突厥人作战。这里我们观察到拜占庭帝国与西方关系中存在着一种深刻的而且可能是重大灾难性的矛盾：拜占庭帝国坚持利用西方社会中的特有因素，而它却根本无力对抗这个社会。帝国不顾其与吉斯卡尔和其他诺曼人交往中的糟糕经历，继续招募诺曼人和其他西方骑士，并笃信能够靠自己的经济能力控制住他们。史料自然没有记录下很多效忠于帝国的人，而那些制造麻烦者获得的公众声誉却表明，拜占庭帝国严重低估和忽视了西方人不打算参与拜占庭梦想的程度。

1078年，米海尔七世被推翻，这为吉斯卡尔提供了一个以支持其盟友为借口入侵巴尔干半岛的黄金机会，他在教宗格里高利七世（Gregory Ⅶ）的支持下于1081年采取行动。在此后四年的战争中，阿莱克修斯一世总的来说处于吉斯卡尔和他的儿子伯厄蒙德（Bohemond）造成的严重不利局面中，只是由于吉斯卡尔死于瘟疫才使拜占庭帝国解除半岛地区的主要威胁，其入侵的舰队也因此遭到重创，巴尔干半岛的领土现在能够向帝国提供大量资源。即便如此，阿莱克修斯还是毫不犹豫地向西方基督教世界的骑士发出求援呼吁，其中包括伯厄蒙德和其他意大利南部的诺曼人，请求他们帮助他从突厥人手中收复小亚细亚。目前，人们普遍达成的共识是，教宗乌尔班二世于1095—1096年游说号召发动第一次十字军东征，以响应拜占庭皇帝的求援。如果有关这一事件的基本史料没有提及皇帝的请求，那只是因为双方都打算忘记它：拉丁人并不想承认这个“邪恶的皇帝”在他们英雄般的神圣伟业中有任何正面的作用，他只是扮演了负面的角色，而拜占庭人则只想把这个事业描述成是对帝国内政不请自来的干涉行动，是设法降低对帝国损害的一个成就。如今有些事情变得特别清楚，伯厄蒙德违背诺言占据安条克是他与阿莱克修斯一世私下达成非正式协议的结果。他以前曾向皇帝发誓将所有十字军收复的前拜占庭帝国领土都归还皇帝，但后来阿莱克修斯一世没能参加十字军对安条克的联合围攻，因此允许他占据该城；而皇帝是听信了包括一位十字军领袖在内的临阵逃脱者的说辞，认为当时的局面毫无希望，无可挽回，所以才没有参加围攻。

无论十字军应召而来的目的是什么，对于拜占庭帝国而言，这次行动的结果是意大利南部诺曼人的征服范围向东扩展，并极大地加深了两大教会之间的分裂，因为拉丁主教将希腊教士全都赶出叙利亚主教区，以前这里从来没有被置于罗马教区的管辖范围内。阿莱克修斯一世确实在十字军中寻找到其他盟友，他拥有向伯厄蒙德施加军事压力的实力，但是伯厄蒙德却设法将自己的行为与整个拉丁基督教世界联系在一起。1105年，他返回欧洲，在教宗的支持下重新招募军队，1107年他率领这支军队渡过亚得里亚海，打算在返回叙利亚的途中征服拜占庭帝国。阿莱克修斯一世避免与这支入侵军队发生正面冲突，而是诱使它困于阿尔巴尼亚（Albania）山区中。他迫使伯厄蒙德在1108年的“迪沃尔协议”（Treaty of Devol）中签订和约，如果它真的生效的话，那么安条克将回归帝国，同时所有在突厥人边境地区立国的法兰克人都将成为皇帝的封臣。然而，伯厄蒙德并没有返回叙利亚，其继承者也拒绝承认这个协议。

阿莱克修斯一世及其继承者从来没有真正放弃这样的想法，即认为拉丁欧洲具有的扩张主义能够用来为帝国的利益服务。然而，整体上看，12世纪拜占庭帝国对拉丁世界的政策是防御性的，其关注的问题在于，接受他们曾经从诺曼人入侵和十字军造成的破坏中得到的安全教训。其中一个教训是不能把法兰克人在叙利亚和巴勒斯坦建立的殖民地与拉丁欧洲的其他部分分开处理。另一个教训是需要采取先发制人的外交手段，以阻止意大利南部君主对叙利亚进行干涉或对拜占庭帝国发动新的攻势。为了实现这个目的，阿莱克修斯一世及其继承人与德意志皇帝建立友好关系，而后者自有其历史理由拒绝承认诺曼人对意大利南部的占领，也拒绝承认吉斯卡尔的侄子罗杰二世（Roger Ⅱ）于1140年从教宗那里接受的王室头衔的合法性。诺曼人入侵还突显出在帝国臣属国塞尔维亚和匈牙利王宫中开展针对诺曼人的外交活动的必要性：1105年，阿莱克修斯一世安排其子约翰二世与匈牙利公主结婚，这是两大王朝之间如果不是敌对的也是紧张关系的开端。最后一个教训是，与诺曼人和十字军的多次冲突已经表明帝国难以完全依靠自己的战舰，必须要有能力召集其可靠盟友的海军。因此，在与吉斯卡尔开战期间，阿莱克修斯一世与威尼斯签订重要的协议，授予威尼斯人前所未有的特权，以换取后者的援助。在其他规定中，最重要的是允许他们在君士坦丁堡建立商贸特区和滨海特区，以及免于支付10%销售税的免税权。威尼斯共和国和阿马尔菲共和国正式臣属于帝国，并在拜占庭帝国一直保有商贸特区达两个多世纪之久。阿莱克修斯一世对威尼斯的授权将其商贸特区置于新的基础上，亦为后人确立范例，也就是类似后来给予比萨（Pisa）和热那亚（Genoa）的不那么慷慨的特权，这样就极大地增加了帝国境内意大利人的数量，并使拜占庭大量的商业贸易落入意大利人之手。

由于第二次十字军东征的一系列事件，为应对拉丁基督教世界扩张而开展的积极外交之必要性进一步得到强化，这次十字军肇始于1145年，是对穆斯林夺取埃德萨城这一导致十字军国家相继倒台的第一个灾难性事件的回应。这次，十字军由法王路易七世和德王康拉德三世率领，他们在统领其庞大部队通过君士坦丁堡时只对年轻的曼努埃尔一世表示尊敬，而不把其他任何东西放在眼里。西西里的罗杰二世乘此危难之机夺取科孚岛（Corfu），并放纵其军队彻底洗劫希腊本土。十字军东征中的多股部队在小亚细亚被突厥人剿灭，这丝毫无助于提高拜占庭帝国的声誉。这次教训是，拜占庭帝国不能承受被孤立的境地，不得不阻止再度进行的大规模十字军东征。这个插曲也强化了意大利特别是其南部地区对于帝国在巴尔干半岛的安全的战略重要性。曼努埃尔一世的主要目的是与神圣罗马帝国分割意大利，拜占庭帝国将在这一瓜分中获得亚得里亚海沿海地带。然而，他对这个目标一厢情愿的追求在取得了最初几次胜利后便遭到失败，而且还惹恼了德意志新任皇帝“红胡子”腓特烈（Frederick Barbarossa），后者的帝国复兴计划完全排除拜占庭帝国参与的可能性。曼努埃尔一世被迫将腓特烈视为其主要的敌人，并与包括教宗，其宿敌诺曼王国、匈牙利、意大利各地的几个君主和城市，特别是十字军国家在内的其他西方势力结成关系网，为此他将自己的两个侄女嫁给耶路撒冷国王，并迎娶安条克公主作为其第二任妻子。其慷慨的金钱援助和从穆斯林手中赎回战俘都有助于维持拉丁殖民地的防卫，特别是在他们处于努雷丁（Nureddin）和萨拉丁（Saladin）统率下的“反抗十字军”势力威胁下的时候。1170年建立的法蒂玛王朝和此后萨拉丁对埃及和叙利亚的统一使得耶路撒冷王国的灭亡只是时间早晚的问题；该王国没有迅速灭亡还多少有赖于曼努埃尔一世的支持。

科穆宁王朝的内部实力和阿莱克修斯一世、约翰二世、曼努埃尔一世活跃的外交活动使帝国已经收缩的边境地区更为稳固，并使帝国周边地区形成一圈多多少少对其敬畏有加的邻国，其中甚至包括罗姆苏丹国。拜占庭帝国在1180年曼努埃尔一世去世时看起来令人印象深刻，因为他刚刚为其子阿莱克修斯二世和法兰西国王的女儿举行完订婚典礼。但是这个儿子年纪尚幼，而摄政的政府当局很不得人心，从而在1182年的一次暴力政变中被推翻；三年后，篡位皇帝安德罗尼卡一世・科穆宁（Andronikos Ⅰ Komnenos）死于民众骚乱，其继承者伊萨克二世・安耶洛斯（Isaac Ⅱ Angelos）虽然幸免于多次叛乱，但是在1195年的宫廷阴谋中被其兄弟阿莱克修斯三世所取代。这次混乱的皇位继承斗争削弱了王朝的延续性和稳固性，拜占庭国家当时的实力恰好越来越依赖于王朝的稳固性。好战而具掠夺性的邻国和野心勃勃的臣属看到了他们的机会。1185年，西西里人对帝国心腹地区的攻击被击败，一些被占领的城市如地拉修（Dyrrachion）和塞萨洛尼基也先后被收复，但是拜占庭帝国的边远地区开始被侵蚀。匈牙利国王和突厥苏丹夺取了一些边境地区；塞尔维亚人和亚美尼亚君主摆脱了帝国的宗主权；被驱逐流亡的帝国奇里乞亚总督伊萨克・科穆宁（Isaac Komnenos）在塞浦路斯建立起独立政权。最糟糕的还是海姆斯山区的弗拉赫人（Vlachs），他们在彼得・阿森（Peter Asen）和伊凡・阿森（Ivan Asan）两兄弟领导下发动起义，在多瑙河北岸库曼人的支持下，凭借其坚不可摧的山地要塞之利，击溃了所有帝国军队的反击，并向南部色雷斯地区扩张。君士坦丁堡腹地暴露在敌人的洗劫攻击下，他们刻意重新建立西蒙和塞缪尔的保加利亚帝国，但是却丝毫不考虑是否得到君士坦丁堡的承认。就像与他们同时代的塞尔维亚君主斯特凡一样，彼得和伊凡的兄弟及继承者，保加利亚的卡罗甘（Kalojan，或称Johanitza）设法从教宗英诺森三世（Innocent Ⅲ）那里获得了王冠。

曼努埃尔一世之后的拜占庭统治者打破了帝国与十字军国家和十字军运动结成的盟友关系，从而给自己平添诸多难题。这种改变很可能就是萨拉丁迅速崛起和曼努埃尔一世去世后随即发生的反拉丁人行动的必然结果，当安德罗尼卡一世登基夺取皇权后，君士坦丁堡爆发屠杀拉丁人的骚乱，将这一行动推上高潮。无论是安德罗尼卡一世还是伊萨克二世似乎早就希望与胜利的萨拉丁结盟，这样能在叙利亚和巴勒斯坦地区既给东正教教会也给帝国带来实质性好处。但是这种期望只是幻想，而拜占庭帝国为实现梦想放弃了阻止、改变或者影响第三次十字军东征的机会，这次十字军东征是耶路撒冷于1187年失陷于萨拉丁后必不可免的后果。而且，伊萨克二世由于试图阻止腓特烈率领下的德意志十字军部队通过帝国疆域进军西亚，招来十字军之敌的恶名，这对拜占庭帝国而言并非善事。它可能影响了另外一位十字军领袖、“狮心王”理查一世（Richard Ⅰ）。他在夺取了“反叛者”伊萨克·科穆宁的塞浦路斯岛后，决定不将此岛归还帝国。这一恶名还使得巴巴罗萨的儿子亨利四世对拜占庭帝国抱有怨恨，后者在其父亲意外死于十字军征讨途中后接管了西方的帝国。亨利四世将西西里王国纳入其在意大利中部的统治范围，从而成为地中海世界最强大的统治者。即便他并没有打算真的实践其征服拜占庭帝国的威胁，他确实还是决心要迫使拜占庭帝国偿付新一次十字军东征的开销，为了完成第三次十字军未竟的事业，他鼓动组织新十字军。1197年他突然去世后，这个计划就不得不被放弃，而教宗英诺森三世煽动起来的第四次十字军东征最初打算从威尼斯航海直奔埃及，根本与拜占庭帝国毫无关系。但是，当这支十字军面临财政困难时，特别是当帝国皇位的觊觎者、被废皇帝伊萨克二世的儿子阿莱克修斯到处寻求帮助，以推翻在位皇帝阿莱克修斯三世时，让拜占庭帝国埋单的想法就很有诱惑力了。结果是这次十字军转向，最终攻占君士坦丁堡并由十字军骑士选举出一位拉丁皇帝。

土地、海洋和人民

780—1204年间，拜占庭帝国的版图变动剧烈。不仅帝国疆域的扩张和收缩非常大，而且其疆域的重心及中央地带也完全从小亚细亚转移到巴尔干半岛。与此同时，某些基本特征并没有改变。其地理地貌仍然保持着地中海北部地区的典型特征，主要为农业经济，重点生产麦类、酒和橄榄油，辅之以多种多样的畜牧业和未开发的森林和湿地物产。拜占庭帝国自给自足，除了远东的香料和俄罗斯的毛皮外，能生产满足自身需要的所有物产。其经济支撑着众多人口，在此期间其人口增加了一倍，伴随着持续不断的移民运动，构成希腊人、亚美尼亚人、叙利亚人、犹太人、斯拉夫人、阿拉伯人和突厥人的民族融合。特别是，帝国主要疆域边境的扩张和收缩由于其海岸、首都非常稳固而得到平衡，其领土资源的调度符合国家利益。

尽管帝国海岸线的伸展和收缩伴随着领土的扩张和丧失，但是，在780—1180年间，帝国却控制着地中海北部沿海和黑海沿岸地区。其海岸线比起阿拔斯王朝和加洛林王朝统治极盛时期并没有短很多，而其大片领土，则比任何其他中古国家都要大得多。拜占庭帝国所有最富庶肥沃的农业区域，以及帝国的城市中心区都靠近大海，其沿海地区与公元前7—公元前6世纪时希腊人的定居区和殖民区几乎完全吻合：航海是运输和交通最有效和经验最丰富的方式。从这些事实看，大海显然对于财富、生存和拜占庭帝国真正的身份认同具有极为重要的意义。然而，可能会令人大为惊讶的是，航海和海上交通在拜占庭当局的政策、社会和文化中似乎并未受到足够的重视。海军在帝国军队武装体系中远未能达到“高级部队”的地位，在众多企图夺取权力的军事将领中，只有一位是舰队司令，海上商贸也从来没有明显地成为获取巨大财富和社会地位的重要手段或者可利用资源，这与威尼斯、阿马尔菲、比萨和热那亚等意大利航海城市形成鲜明对比，这恰好掩盖了帝国海军能力的缺陷。帝国对大海的依赖性和对航海活动的蔑视之间存在明显反差，这部分地来源于古代世界的遗产，特别是受罗马帝国的影响，因为后者拥有庞大的陆军和地主元老贵族群体。陆军和小亚细亚内陆地区在抵抗阿拉伯人的生死斗争中发挥核心作用，这也决定性地强化了土地的重要性。军区制各部队都驻扎在陆地上，中世纪拜占庭帝国的显贵大家族也都有各自的地产、随从和从事战争的机会，以及他们光辉的历史。我们很难归纳概括像安纳托利亚大草原那样幅员广阔地区的经济状况，这个地区的一些地方毫无疑问拥有很高的农业产量。同样，很多地方也适合于畜牧业，特别是在阿拉伯人入侵的艰难环境中，无论当地如何进行生产，唯一能够在任何条件下都赢利的主要就是那些能够自己跑动的牲口。用来支撑驻扎在那里或者途经当地前往东方前线的军队的东西还必须包括其他物资。因此，8—11世纪的拜占庭帝国可以说具有两种经济，一种是小亚细亚内陆经济，另一种是沿海地区经济。前者被陆地包围且与东方防务和东部前线相连接，随着突厥人对安纳托利亚大草原的占领，帝国的这个地区丧失殆尽。而这种损失并没有从帝国在西部收复巴尔干半岛内陆后得到补充置换，帝国再没有像在古代晚期那样把这个地区当作家园。安纳托利亚地区长期享有的优先地位阻碍着帝国与爱琴海和黑海内陆地区经济的完全契合及其投入，而这个区域的经济支撑着帝国花费高昂的外交支出和雇佣军部队的军饷，负担着皇家和教会精英奢华的消费，养育着君士坦丁堡日益增多的人口。

君士坦丁堡的人口在780年时达到7万人，到1204年可能增加到30万人，该城市成为爱琴海和黑海地区出产的食品的主要消费地，而皇宫则完全像个都城里的小城市，那里进行着整个希腊大陆大部分的丝绸生产，它还是11世纪和12世纪整个欧洲主要的手工业中心。君士坦丁堡通常被称为“皇城”和“大都市”，这里不仅驻扎着皇室和教会最高权力及其施政官僚机构，还是拜占庭帝国基本身份认同的标志。从文献中看，它是帝国疆域内所有城市中花费最大的城市。10世纪的一位阿拉伯旅行家对拜占庭小亚细亚地区人烟稀少的农村和伊斯兰世界人口密集的城市之间的差异感到震惊。12世纪的作家对于他们耳闻目睹的情况，特别是对该城欧洲一侧城区的印象更为深刻。但是，除了塞萨洛尼基这个可能的例外，曾经是君士坦丁堡之外可供选择的中心城市只有安条克，特别是在969—1085年间它重新归于帝国统治时期。12世纪之前，当希腊大陆各城市随着意大利商贸活动的扩大而扩张时，人们发现最繁华的城市中心都集中在边境地带：例如在意大利（如阿马尔菲、威尼斯和巴里）、多瑙河下游沿河地区和克里米亚南部地区、亚美尼亚、小亚细亚的阿塔莱亚（Attaleia）和特拉布宗，这些城市都是与东方伊斯兰世界进行贸易的主要进口地。

帝国边缘地带出现的这种城市繁华现象部分是由于中心地区强制税收造成了困难，另一方面也是当局格外关注边境地区安定的结果。拜占庭帝国并没有发达的政治理念，也没有现代专制国家残暴的国家机器，它只在有限的范围内推行国营经济。但是，没有任何人力或物质资源不是在国家宣称的控制和剥削范围之内，也几乎没有什么经济或社会制度不是来源于政府出于政治目的进行的资源调配。到12世纪，这种调配的性质发生了变化，世俗和教会权贵越来越多地控制其份额，他们或者享有免除日益增加的税收和劳役负担的权利，或者被授予越来越多收归国有的大量地产。然而，目的都是相同的：最大限度地进行经济剥削和军事招募，确保君士坦丁堡的城市防护和物品供应，确保皇帝统治。拜占庭帝国如同所有其他中世纪的政府，始终关注防止农民弃耕农用土地，保持农耕地的生产。帝国可能比其他大多数中世纪国家更注意通过从一地向另一地大规模移民来解决劳动力、兵员和安全的问题。拜占庭帝国还非常有效地保持其贵族阶层的稳定，他们依赖中央朝廷维持各自的富有和地位，在这个方面帝国是无与伦比的。9—10世纪，几个把控着主要军队司令职位的小亚细亚大家族看起来都在逐渐变为像中世纪西欧封建贵族一样的土地权贵，他们拥有强大的领地权力基础，拥有当地大地产和地方武装。但是，在这些大贵族中的福卡斯和斯科莱罗（Skleros）两大家族于976—989年几乎就要夺取皇帝巴西尔二世的皇位后，巴西尔便千方百计设法削弱贵族和土地之间的联系，没收他们的产业，取消他们通过购买和馈赠得到土地的机会，让他们接受短期的军事调令离开各自的地方。许多重要的拜占庭大家族一直保持着强有力的地方根基，特别是在亚得里亚堡和特拉布宗等地。但是11—12世纪的拜占庭上流社会整体上明显缺乏地方主义和地方观念，这可能造成了拜占庭在小亚细亚地区统治的瓦解；很明显，这也对帝国能在如此众多高级官员失去领地后仍然长期存在产生了影响。

皇帝和王朝

中世纪拜占庭帝国继承了罗马帝国的朝廷官吏、个人与皇帝家族之间深刻的区别。一个成功而且在政治上狡诈的将军极有可能夺取软弱而不得人心的皇帝的权力，而后证明其篡位是秉承神意的委托，因为“没有比继位更显示成功的了”。780—1204年在位的39个皇帝中，有19位被暴力废黜，有6位被当场刺杀，另2位因被刺瞎而丧命，瞽目刑罚是废除皇帝资格的通常做法。还有至少3个皇帝的死因被怀疑是邪恶手段造成的，另有数百起流产的宫廷阴谋和叛乱，其中至少8起对在位皇帝形成了主要的军事威胁。另外，拜占庭帝国像古代罗马一样，承认皇家的特殊地位和每个在位皇帝为稳定统治而任命其继承人的原则。最成功的篡位者大多处于皇帝亲信助手的范围，他们几乎都千方百计通过与前任皇帝家族建立婚姻关系而稳固其夺取的权力。

到8世纪时，王朝继承尚未正常化，此后四百年，这一点注定还要继续下去。这个发展过程中的重要一步显然是由伊苏里亚（Isaurian）王朝迈出的：大概根据君士坦丁五世（741—775年在位）确定的惯例，其孙子君士坦丁六世（780—797年在位）“生于紫色寝宫”中，也就是说生在特殊的皇宫产房中，该寝室内墙壁都用罕见的紫色大理石做贴面装饰。“生于紫色寝宫”的人（porphyrogenitus）将在竞争皇位的任何斗争中享有特权式的开端。如果君士坦丁六世没有被自己的母亲伊琳妮废黜的话，那么伊苏里亚王朝还将继续统治，而伊琳妮自己后来也招致罢废的下场。那个废黜了她的人叫尼基弗鲁斯一世（802—811年在位），他和儿子斯塔乌拉乔斯（Stavrakios，811年在位）及女婿米海尔一世·朗加贝（Michael Rhangabe，811—813年在位）没能建立一个重要的王朝，这主要是因为他们在与保加利亚人的战争中遭到失败。“亚美尼亚人”利奥五世（813—820年在位）废黜了米海尔一世，他的统治更加成功，但是他却成了皇位觊觎者阿莫利翁的米海尔二世（Michael of Amorium，820—829年在位）的牺牲品，后者羡慕他继承皇位，不久就杀害了他。然而很快，米海尔二世就面临另一位篡位者“斯拉夫人”托马斯（Thomas the Slav）领导的重大叛乱。只是米海尔二世最终击溃了托马斯，他还通过迎娶君士坦丁六世的女儿尤弗罗西尼（Euphrosyne）作为其第二任妻子而赢得帝王的荣耀。后来皇位被其子狄奥菲鲁斯（829—842年在位）继承，而后者又将皇权留给自己年幼的儿子米海尔三世（842—867年在位）。米海尔三世的垮台不是因为他年少的时间过长，而是因为他任命为次级共治皇帝的那个局外人，即“马其顿人”巴西尔（Basil the Macedonian）。巴西尔一世（Basil Ⅰ，867—886年在位）创立的这个王朝持续了两个多世纪，米海尔·普塞罗斯就这个王朝写道：“我认为没有任何其他家族像他们这个家族一样受到上帝的眷顾。”此后确实出现了一些令人震撼的时期。利奥六世在经历三次婚姻后，因为与最终为他生下男性继承人的女子结婚而惹恼教会。年轻的君士坦丁七世（913[1]—959年在位）的年幼无知被几个野心勃勃的机会主义者利用，开始是他的叔叔亚历山大（Alexander，912—913年在位），最后是帝国海军舰队司令罗曼努斯·利卡潘努斯（Romanos Lekapenos），后者不仅巧

[1] 英文原版误作912年。

妙地使自己担任了最高皇帝的角色，并设法使君士坦丁七世和自己的女儿海伦（Helen）结婚，而且还为自己的两个儿子加冕为帝，并且使他们的地位高于君士坦丁七世。但这两个愚蠢的儿子推翻了他们的父亲，并邀请君士坦丁七世和他们一起（944年）阻止利卡潘努斯王朝的建立。然而，君士坦丁之子罗曼努斯二世（959—963年[1]在位）的英年早逝激发了军事将领夺取最高皇权的斗争，他们以其年少的儿子巴西尔和君士坦丁八世为牺牲品。尼基弗鲁斯二世·福卡斯（963—969年在位）及其谋杀者和继承人约翰一世·齐米斯基斯（969—976年在位）将巴西尔和君士坦丁八世的地位贬低到傀儡的角色，尽管他们的统治都很短暂，但他们还是在自己的亲戚和同伙中留下野心勃勃的遗产。巴西尔二世（976—1025年在位）花费十三年时间平息贼心不死的巴尔达斯·斯科莱罗（Bardas Skleros）和巴尔达斯·福卡斯（Bardas Phokas）的篡位活动。而巴西尔二世本人也因为未婚给王朝造成一连串新的难题，因为在他去世时，王朝继承权只能传给其年迈的哥哥君士坦丁八世（1025—1028年在位）和君士坦丁八世的两个女儿邹伊（Zoe，1028—1052年在位）和狄奥多拉（1042—1056年在位）。此后的四位皇帝都是通过与邹伊联盟而执掌皇权的：罗曼努斯三世·阿吉罗斯（Romanos Ⅲ Argyros，1028—1034年在位）、米海尔四世（1034—1041年在位）和君士坦丁九世（1042—1055年在位）先后成为她的丈夫；而米海尔五世（1041—1042年在位）[2]是她的义子。这种安排远不能使皇后感到满意，因为她们被排斥在朝廷之外——除了在1042年短暂且不成功的联合执政。同样，皇帝也不满意，因为他们的权力都依赖于邹伊。还有，到了她第二次结婚时，她不能怀孕生育的事实就变得明朗了。

但是，最终突显出来的是王朝世袭原则的强大力量，它使马其顿王朝能够在所有这些兴衰变迁中幸存下来，它也阻止了篡位者杀害继承皇位的

[1] 英文原版误作962年。

[2] 英文原版误作1042年在位。

幼子和女性继承人的企图。在该王朝统治末年，对王朝的尊崇如此强烈，以至于在邹伊及其最后一任丈夫君士坦丁九世去世后，狄奥多拉可以单独统治且没有遭遇反叛（1055—1056年）。

拜占庭帝国经过25年才弥补上马其顿王朝留下的皇位世袭断档期，这个时期发生过几场外部危机。狄奥多拉任命的年迈官僚米海尔六世（1056—1057年在位）只是暂时中止了世袭，而伊萨克一世·科穆宁（1057—1059年在位）更胜他一筹，他在逊位时将皇位传给君士坦丁十世·杜卡斯，而没有传给自己家族的成员。君士坦丁十世（1059—1067年在位）及其兄弟、恺撒约翰·杜卡斯（John Doukas）尽最大的努力去开创一个新王朝，但是君士坦丁十世的儿子米海尔七世在极为关键的时刻却是块毫无希望的材料。罗曼努斯四世迎娶君士坦丁十世的遗孀，并养育了君士坦丁十世与她生下的两个儿子，而推翻米海尔七世的尼基弗鲁斯三世·博坦尼亚提斯（Nikephoros Ⅲ Botaneiates，1078—1081年在位）却没有子嗣。尽管约翰·杜卡斯确信曼济科特战役终结了罗曼努斯四世建立王朝的野心，但是他只有通过与下一个成功篡位的皇帝阿莱克修斯一世·科穆宁（1081—1118年在位）合作，才能使杜卡斯家族继续发展成为拜占庭历史上最杰出的皇室家族之一。

自阿莱克修斯一世开始的王朝男性血统世袭制延续了一个多世纪。科穆宁家族还是拜占庭历代皇朝中延续时间最长的皇族，因为1118—1461年相继为帝的所有君士坦丁堡的皇帝和拜占庭皇位继承者几乎没有例外地都源自阿莱克修斯一世，并且使用“科穆宁”（Komnenos）的名号；使用这一姓氏是对前朝先例的重要背离。拜占庭帝国最后几个世纪出现的这种异乎寻常的变化，原因不仅在于阿莱克修斯一世及其继承者长时间的统治——他们有效地应付外部敌人和外部阴谋，而且在于他把皇室建设纳入帝国中央朝廷制度框架的系统政策。其王朝世袭继承的基础是王朝的统治，其中皇帝的身份并不仅仅是垂直地代代相传，而且还横向扩展到他的整个亲族和相互联姻的各个家族，首先和最重要的是阿莱克修斯一世的妻子伊琳妮的杜卡斯家族。马其顿王朝没有寻求与其他家族建立联姻关系，或至少没有区分各家族的等级次序，但是阿莱克修斯一世却精心经营着这些关系。结果，一代人以后就形成一个完整的新贵族，他们拥有大量财富，生活方式典雅尊贵，占据军界要职，均为皇帝的亲戚，具有贵族“塞巴斯多”（sebastos）以上的高等级头衔，这个希腊语头衔相当于“奥古斯都”。阿莱克修斯一世及其子约翰二世（1118—1143年在位）因此能够顺利地进行帝位交接，而没有受到来自皇家以外的挑战。然而，越来越多的挑战却来自日益膨胀的皇室内部，最终当曼努埃尔一世（1143—1180年在位）去世并留下个11岁大的儿子阿莱克修斯二世（1180—1183年在位）时，这种挑战便具有破坏性。曼努埃尔一世的堂兄安德罗尼卡一世（1183—1185年在位）废黜并杀害阿莱克修斯二世，这使得他本人或者在他以后轮番夺取皇权的皇帝都不可能确保皇室贵族的忠诚，例如伊萨克二世（1185—1195年在位）、伊萨克的兄弟阿莱克修斯三世（1195—1203年在位）、伊萨克的儿子阿莱克修斯四世，以及杀害后者的凶手“阴暗者”阿莱克修斯五世·杜卡斯（Alexios V Doukas “Mourtzouphlos”，1204年在位），这样也就不能阻止第四次东征的十字军占领君士坦丁堡。

最近，学术界越来越多地关注研究拜占庭帝国的皇后，在中世纪，同样在古代晚期，宫廷中的妇女群体显然在皇帝和王朝政治舞台背后发挥着重要作用。同样明显的是，皇后作为妻子和母亲的重要性，只有当她们的儿子尚且年幼（例如伊琳妮之于君士坦丁六世、狄奥多拉之于米海尔三世、邹伊之于君士坦丁七世、狄奥发诺之于巴西尔二世和君士坦丁八世、尤多西亚之于米海尔七世、玛丽亚之于阿莱克修斯二世）或者当男性继承人死光了的时候（如同马其顿王朝末期在邹伊和狄奥多拉身上所出现的情况），她们才会出现在舞台中央。但是，阿莱克修斯一世的寡居母亲安娜·道塞娜（Anna Dalssena）在建立与其他家族关系方面的确是个不可或缺的人物，这些关系有助于科穆宁王朝的崛起和团结。同样，她对于阿莱克修斯一世初期的成功统治也非常重要，因为他能够委托她负责君士坦丁堡的国务管理，而放心离开首都前去迎战帝国的敌人。在其统治末年，阿莱克修斯一世越来越依赖其妻子伊琳妮·杜卡斯来稳定国内局势。这两个妇女对其统治的贡献也越来越多地为阿莱克修斯一世的长女所记载，她在关于其父亲的传记《阿莱克修斯传》（*Alexiad*）一书中描述了这些内容，这部书不仅是无与伦比的拜占庭女性文学的杰作，而且是一个认为自己就是为皇权而生的女性对其屡受挫折的抱负的申述。

教会和国家

拜占庭帝国被人们正确地描述成神权政治国家：包括皇帝在内的所有拜占庭人都认为其最高统治者是万王之王基督。基督说过的话广为人知，“我的王国并不在这个世界”，他还使用带有皇帝胸像的罗马钱币，来强调恺撒和上帝完全不同的权力。拜占庭基督徒根据《圣经》中这些和其他的说法，认同其帝国和基督王国之间的明显区别。按照基督王国仍在未来、基督复临和末日审判的说法，基督王国应该高居于所有现世帝国之上，包括罗马这个《但以理书》（*Daniel*）中预言相继出现的四大帝国中最后的帝国在内。依据天国就存在于当下的现实中、是基督在人间服事的结果的说法，天国由教会代表，是由过着隐居生活或集体禁欲修道生活的圣徒构成的，是所有行圣餐礼的信徒都能够感受到的。他们聚集在装饰着天国小宇宙、天使和圣徒神圣绘画的建筑中，而明显不穿戴帝王大礼服的基督画像则高居所有天使和圣徒之上。教会有自己的空间、自己的教阶等级、自己的法规、自己的大量财富、自己的选举程序和议事大会；其完善性就存在于保持这些自由，不受世俗权力的干涉，并匡正统治者道义上的过度行为。在这些基本原则方面，拜占庭帝国与西方基督教世界完全一样。的确，帝王尊崇教士权威的举动正是从西方学来的，比如有关教宗斯尔维斯特一世（Silvester Ⅰ）接受君士坦丁的忏悔并为他洗礼的传说，以及圣安布罗斯（St Ambrose）在狄奥多西一世下令屠杀塞萨洛尼基竞技党民众之后，拒绝这位皇帝进入教堂圣地的传说。

但是，拜占庭帝国以不同于西方的方式，认定基督时代的罗马帝国并不是人间四大帝国的最后一个，而是基督的“第五王国”，皇帝和基督据说是“共同统治”，这种说法使人想到了《启示录》（*Revelation*）中预言的圣徒的千年统治。皇帝参与统治圣徒国度的思想有多种表达方式：君士坦丁大帝被封圣为“第十三使徒”；在位皇帝正式采用“神圣”或“圣人”的称号；皇帝在圣礼仪式开始进入教堂圣地时，或为人民祈祷时，或发表特别布道演说（silentia）时，就获得了准教士的身份；692年铸造的金币在毁坏圣像运动之后得到恢复，金币正面（也就是“头像”一面）印制基督像，而皇帝像则印制在背面；教会法这类大部头正典法律来源于帝国立法。在皇宫宏伟的教堂中能够最清楚地看到教会和国家的融合。这里有他们自己的教士群体，能够被说服来为皇帝举行典礼仪式，例如未经牧首批准的非法婚姻。皇宫大教堂也典藏有一些最为珍贵的圣物，君士坦丁堡因此而闻名天下；圣母教堂供奉着被认为是基督受难的“真十字架”的主要圣物。第四次十字军东征之后，这些圣物通过各种渠道流入巴黎，它们都被收藏在路易九世（Louis Ⅸ，即St Louis）特地修建的教堂里，他也因此把天主教与国家之间的融合具体落实在法国的古代统治（ancien regime）中。

路易九世适合11世纪格里高利改革确定的政治和宗教文化，这种文化清晰地表达出罗马教宗为首的普世教阶制度和世俗国家君王统治之间明确的区别。这样一种区别在拜占庭帝国是难以理解的，在君士坦丁堡，皇宫就位于牧首主教堂的下个街区。拜占庭帝国有自己的改革运动，以及其认定的宗教领袖，其中最著名的就是9世纪伟大的佛提乌和11世纪的米海尔·克洛拉里奥斯（Michael Keroularios），他们提升了教会权威的优先地位。然而特别重要的是，这两个人都是从世俗政治官职上转入教会职位的。毁坏圣像派的失败在某种程度上是教会对皇帝“残暴统治”的胜利，但是皇帝继续强制任免教会人选并安插他们希望的代表，他们受到的批评只是死后盖棺论定的名声而已。无论如何，最倾向于干预教会事务的皇帝也是最勤勉亲政的改革者。当西方的格里高利改革从教会管辖权中排斥君主的时候，11—12世纪拜占庭教会的改革则促使皇帝采用教会上位者（Church’s epistemonarches）这个正式名号，也就是教会纪律的最高立法者。

| 第八章 |

学术的复兴

西里尔·曼戈

学术界一直对我们说，8世纪之初，君士坦丁堡的文化教育陷入衰落，原因是帝国皇帝的统治不稳定。无论这种说法究竟意味着什么，事实仍然是首都的文学创作确实中断了。这一现象与毁坏圣像运动并无关系，虽然这样的观点是真实的，即毁坏圣像运动第一阶段的时期（739—780年）对应的就是拜占庭历史上最没有文化的时期。

矛盾的是，希腊文学传统与此同时却在阿拉伯人统治下的叙利亚和巴勒斯坦地区保持活跃。这个时期最伟大的学者和祈祷书诗人、绰号为“胜利者”（Mansūr）的大马士革的约翰（John Damascene）是个信仰基督教的阿拉伯人（749年前后去世）。另一位著名的诗人科斯马斯（Cosmas）是迈乌马（Maiuma，加沙的港口城市）的主教，据说他们是同时代人。更年长一些的有克里特主教安德烈（Andrew，之所以这样称呼他是因为他在这个岛上以都主教身份结束职业生涯），他是大马士革当地人，也是祈祷书诗人和许多布道词的作家。稍晚一些，还有历史学家乔治·辛斯勒（George Syncellus，811年前后去世）；神学家迪奥多鲁斯·阿布·库拉

（Theodore Abu Qurra），他是埃德萨人；“刺青文身”的哥俩狄奥发尼斯和圣狄奥多尔是摩押人（Moab）；还有语法学家和圣徒传记作家米沙勒·辛斯勒（Michael Syncellus），他是来自耶路撒冷的阿拉伯人。我们确实不了解这个时期文学活动的背景，但是可以推测，阿拉伯人对叙利亚和巴勒斯坦的迅速征服并没有破坏当地知识分子的生活，而倭马亚王朝的统治为基督教知识精英提供了相对宽松的环境。这种局面并没有延续很久：9—10世纪期间，事实上正是在哈里发统治时期，希腊语已停止使用。

我们已经提到的一些近东地区的知识分子逐渐迁居到君士坦丁堡，并对文化复兴做出很大贡献，这一复兴的开端可以上溯到780年前后。拜占庭文化复兴与西欧发生的同样事件即我们所谓“加洛林文艺复兴”大体同期，还有哈伦（786—809年在位）和马蒙（al-Mamun，813—833年在位）统治下的巴格达，阿拔斯王朝的宫廷也出现了文化活动的高潮，这种时间上的巧合绝非偶然。当我们观察欧洲这两次复兴运动，就会发现非常相似的情况：两者都是为复兴罗马国家的梦想而激发起来，不是指异教的罗马国家而是指君士坦丁皇帝及其继承者的基督教帝国；两者都促进了对正确的、古老的语言习语的培育，这一方面需要用于模仿学习目的的“古典”文学作品的积累，另一方面需要手抄本、概要和其他有助于学术的文献的编纂整理；两者都采用更为简洁的字体，即用于书籍制作的文字；两者都见证了宫廷学校的建立；两者也都扩展到视觉艺术领域，特别突出的是珍贵材料艺术品加工。当然也有不同点：加洛林文艺复兴特别强调教士的改革和教育，而这并没有成为拜占庭帝国主要的考虑。即便如此，相似之处非常明显，以至于它们本身就提出某些相互影响的可能性。然而，这个课题尚未引起学术界足够的重视。

当我们更为仔细地考察那些可以确定在8世纪君士坦丁堡能够看到的少量图书时，可能会看到，这里的学术复兴不是源于教会或修道院学校——事实上我们也不了解当时这类学校的情况，而是源于朝廷秘书部。在这次复兴中表现特别突出的人物中，许多人都有这个背景，即使他们后来有些担任主教或当了修道士。塔拉修斯（Tarasius）被说成是极有学问的人，谙熟古代诗词格律，他在50岁时被任命为君士坦丁堡牧首（784—806年在任），在此之前他就曾担任首席秘书（该部门总管）。尼基弗鲁斯也是一位宫廷秘书的儿子，他后来还继承了这一职位，最后于806—815年间担任君士坦丁堡牧首。当他还年轻时就试图复兴古希腊的历史编纂传统，自7世纪初以后这个传统就中断了。佛提乌是他所在时代最伟大的学者，与塔拉修斯有亲戚关系，他在858年被委任为君士坦丁堡牧首之前担任首席秘书。圣狄奥多尔（759—826年）是富有的国库长官的儿子，他的学问不是从修道院学来的。他的叔叔圣柏拉图（St Plato，约735—814年）属于同样富有的社会阶层：他受训成为皇帝幕僚中的公证员，投身修道后，又成为抄书员。我们实在找不到教会学校的案例。

有三位首席秘书相继被任命为牧首，他们都是普通的基督教信徒，这种提拔多少有些不合常理，显然，这说明中央政府非常清楚，这个职位需要受过良好教育、才能过人的人选，而这样的人选很难在教士中找到。但是，这也表明国家在真正推行促进教育的政策之前，耽搁了数十年时间。从传说中我们了解到，政府采取第一个措施是在830年，涉及数学家利奥。据说这位杰出人物是在安德罗斯岛（Andros）上通过研究修道院图书馆里的古书获得了广博的学问，这真是令人难以置信。他后来在其君士坦丁堡简陋的住宅里建立了一所学校，教授哲学、数学、天文学和音乐，他的私塾学生人数众多。其中一位学生后来被阿拉伯人俘虏，并被送到哈里发马蒙面前，这位哈里发对其超群的几何学学问大为折服。马蒙盛情邀请利奥到他的宫中讲学，并许以重金，但是皇帝狄奥菲鲁斯（829—842年在位）拒绝放他离开，并任命他为那所“四十殉道者”教堂的公立教师，享有俸禄。这个传奇故事并不是杜撰出来的，由此我们可以得出结论，在毁坏圣像运动结束前，只设一个公立世俗学者席位。

此后采取的第二个措施是由恺撒·巴尔达斯（Caesar Bardas）施行的，他在855—866年间担任摄政王，又是佛提乌的赞助人和亲戚。据说世俗科学早在前几任粗鲁无知的皇帝统治期间（他们是毁坏圣像派分子）就已经长期衰落，巴尔达斯对此深感忧虑，故而在被称为马格瑙拉（Magnaura）的宫殿里建立宫廷学校。该学校的校长就是上述大学者利奥，他在此讲授哲学，还设有几何学、天文学、修辞学等其他教席，都分别设立首席教授。被任命的这四大首席教授中只有利奥和语法学家哥麦塔斯（Kometas）多少得到确证。尽管我们得知这个学校播下的种子要在此后上百年才能结出果实，但是我们确实很不了解该学校的活动，也不知道它继续开办了多长时间。此后，学校的信息全无，直到君士坦丁七世统治时，他再度发现各种科学都被忽视，因此恢复了设有四个相同首席教席的学校。他任命的教授中，有三位是宫廷官员（其他的信息我们不了解），一位是尼西亚主教亚历山大（Alexander of Nicaea），他教授修辞学，据记载他是卢西恩（Lucian）著作的注释者，但他不是吸引教士注意力的最合适的作者。亚历山大似乎并没有在这个席位上待很久：他后来遭到流放，该事件的背景一直不太清楚。然而，我们了解到，这个皇帝很可能对该校的学生很感兴趣，他从这些学生中招募法官、管理者和都主教。

我们对皇帝涉足教育改革的事情所知不多，仅限于叙述史料中的记载。如果“巴尔达斯大学”（就像它被人们极为夸张地称呼的那样）真的开办了一个多世纪的话，那我们怎么对其后来的活动、教授、毕业生和对于学术界的影响一无所知呢？可以肯定地说，在9—10世纪，希腊文学的水平大为提升，或者说变得更为精致讲究。存在过大约两个世纪的文风得到恢复。正如我们所知道的那样，这种情况在历史写作中表现得十分突出，我们还必须说直到950年前后都没有人继续尼基弗鲁斯（在8世纪80年代）所做的那些努力，尽管它极为平庸。古代晚期的写信技巧和规范格式在9世纪20年代重新流行，并得到忠实的模仿和推广。韵律警句短诗也再度流行，正如我们将要看到的那样。甚至圣徒传记这种传统上以通俗语言写作以便赢得广大读者喜爱的文体也采取古老文雅的写作方式，同样的情况也发生在布道词的写作中。所有这些都恰好开始于“巴尔达斯大学”建立之前，也没有得到太多政府的鼓励。

然而，拜占庭学术复兴最重要的成就不在于“促进”当代文学，而在于保护拯救了相当大范围的古希腊古典文学作品，附带也保护了早期基督教文学作品。从西方文化的观点看，甚至应该说这种拯救行动是我们得益于拜占庭帝国最多的地方。除埃及破烂文献中个别零散的残片外（有时候它们相当珍贵），我们所知道的古希腊古典作品大部分是通过拜占庭手抄本传下来的。假如没有9—10世纪这些默默无闻辛勤耕耘的人，我们就根本不会知道柏拉图（Plato）或者亚里士多德（Aristotle，除翻译文本外），也不会知道希罗多德（Herodotus）或者修昔底德，更不会知道埃斯库罗斯（Aeschylus）或者索福克勒斯（Sophocles），更不用提其他那些著名的和不太著名的作家。更进一步说，所有现存有争议的文献都是因为当时在手抄本中重复抄写造成的。凡是没有重新抄写的文献都已经遗失了。但在这里我们必须要做一下说明。

在古代，书籍都写在卷轴纸草上。通常，作品都只写在一面，词与词之间没有断句，用大写字母抄写，不标注重音（这在希腊语中非常容易导致混乱）。为了便利的缘故，每个纸草卷轴都不可能太长，例如《伊利亚特》（*Iliad*）这部作品，没有一本“书”超过900诗节，相应地约有30个“书页”，这样整个史诗就需要24个卷轴。纸草文书只在埃及生产，相对便宜和保存久远，但是，这种古代的形式也有一些缺点：它所占的保存空间太多，单个卷轴“书”所包含的文献内容太少，而且要想找到某个段落也非常困难。

1—4世纪，装订成册的书籍，也就是我们所知道的成本书逐渐取代了卷轴纸草书，这是整个文献发展史上最伟大的进步之一。装订成册的书籍能够比卷轴书容纳多得多的内容，特别是它的书页都是由可以进行两面抄写的羊皮纸构成，这样一来，全部《伊利亚特》作品都能够适当地写入一本书中。它节省了书架的空间，还非常容易对某些段落进行标注，这也可能就是为什么基督徒非常喜欢把他们的《圣经》装订成册的原因。为找到当天阅读的内容，你需要做的事情就是在书中插入标记。此外，《圣经》是本超长的书：仅仅《旧约》就有可能长达十几个卷轴书。而装订成册的《圣经》是由羊皮纸做成的书，价格非常昂贵，其原因是它的重要性与日俱增。

埃及地区先后为波斯人和阿拉伯人所占领，纸草的供给虽然并没有完全中断，却大为减少，此后持续了一个多世纪，直到书籍的生产问题得到解决，才又发生新的进步。人们开始使用草写小字抄写书籍，其年代尚不能准确确定，但是可以肯定是在8世纪末之前：现存最早的能够确定年代的书籍是斯塔迪乌斯（Studius）修道院抄写的书，其年代在835年。小写体不能被说成是一项发明，因为草书形式早就被用来书写文件了，但是这种形式一直是特殊的字体，只有受过训练的文书人员才会使用。这种形式需要被接受用于生产书籍，也需要读者逐渐习惯阅读它。这就是说小写体具有明显的好处：书写更加紧密，因此需要的羊皮纸更少；而且书写起来更快，因为书写中不必每写一个字母就抬起笔来。书写形式逐渐转变为小写体的过程也称为文字书写转型，也不是纯粹机械化的，而更像是一种新排版形式的变化。所有的词语都被分开书写，并标注了重音。标点符号的运用也逐渐频繁。此外，原有的章法被打破了。换言之，排版编辑都不得不符合文献本身的要求。直到10世纪中期前后，小写和大写（安色尔字体）混用。此后，安色尔字体除用于标题外几乎很少见了。后来再度发生字体变革，这种安色尔字体无论是在装订成册的书籍还是在卷轴书籍中就都逐渐废弃不用了。

书写字体转变的过程持续了几十年，甚至几个世纪，这一点都不令人惊奇。有证据表明，这个过程从学术领域看首先开始于科学和哲学论文，而后扩展到演说家和历史学家，最后结束于诗人。如果我们试着想象一下从最早时代直到古代晚期的全部希腊成文文献，那么毫无疑问，它经历过逐渐简化精炼的过程：5—6世纪的简化变动远比9世纪的变化大得多，而9世纪所发生的变化的相当大部分已经消失。我们还说不出来这种简化的大概形式，但还是可以提供一些例证。在埃及一些并非主要的学术中心地区，人们发现了一些埃及纸草文书，使我们了解了许多以前不为人知的文学文献，其中最有名的是剧作家美南德尔（Menander），他也是新戏剧最著名的倡导者，但是在拜占庭时期逐渐默默无闻。约翰·斯托比乌斯（John Stobaeus，5世纪人）在其名言集萃中引用385位作者的话，其中大部分我们只知其名。（现在人们最为了解的）佛提乌拥有斯托比乌斯这本书的全文本，我们现在仅存其中一部分。（6世纪）拜占庭帝国的斯蒂发努斯（Stephanus）完成的名为《引得》（*Ethnica*）的地理学地名词典也大体类似于这种情况。

像斯托比乌斯和斯蒂发努斯这样的作家在其参考书目中抄袭了更古老文献汇编中那些不太有名的作家，就算我们承认存在着这种可能性，也情不自禁地要扪心自问，查士丁尼时代哪来的这么多仍旧可以查阅的书籍？在君士坦丁堡，由君士坦丁二世于公元357年以前建造的教堂里有一个世俗作家公共图书馆，476年被大火烧毁，损失了12万卷书籍（是这样宣称的）——如果这些书都是卷轴书的话，这个数字并非不可能。我们尚没有明确的证据表明，这个图书馆后来是否重新修建，我们也不清楚像吕底亚的约翰（John Lydus，他也是查士丁尼时代的人）这样冥顽不化的研究古董的老学究是从哪里找到所有他引用的那些书籍，尽管有一次他告诉人们，他在塞浦路斯找到了一本《女先知西比尔》的手抄本。牧首图书馆确实是存在的，但是其藏书可能只限于宗教文学（正如我们恰巧了解到8世纪的情况那样），而且保存得并不太好。9世纪宫廷图书馆的情况我们简要地提到过，收藏有先知书。后来君士坦丁七世把它扩大了，但也是就塞满一所小楼的阁楼。当814年利奥五世下令编纂支持毁坏圣像运动的教会文献书目时，他安排这个活动刻意追求的目的就是建立宫廷图书馆（可能是出于保密的缘故），但是书籍必须从各个修道院和教堂收罗来。人们得到的印象就是，古老的手抄本源源不断地汇集到许多地方，各个图书馆开展孜孜不倦的搜寻工作后，才能进行抄写誊清工作。其中有些文本甚至可能是在阿拉伯人控制的地区找到的。侯奈因·伊本–伊沙克（Hunain ibn-Ishaq，9世纪人）是将科学和哲学文献从希腊语翻译为阿拉伯语的著名翻译家，他游历过亚历山大里亚、大马士革和哈兰（Harran）等地，就是为找寻希腊手抄本。

两度担任过君士坦丁堡牧首的佛提乌（858—867年和877—886年在任）是我们下一位观察对象。他一直在有争议的背景下完成其阅读笔记，包括290卷书，对应为380种作品（由于有些卷可能包括几部不同的作品）。这些笔记通常被称为《书目》（*Bibliotheca*），涉及的每本书都有几行甚至十几页的相关内容，大多包括该书的内容摘要和读者评价。这些作品大部分是基督教的（233种），还有147种是属于异教或世俗的。不包括学校的教科书、诗歌和戏剧。另外，藏书具有极大的多样性。这些书的绝大部分非常突出地显示出它们属于古代晚期，更往后时代的书则很少出现。

佛提乌阅读的书中有一半多一点现在已经完全佚失或者仅存残篇，这表明他参考的是这些书古老的抄本，而其中有疑问的（或者大部分）的作品都不被看好，以至于没有引起人们足够的兴趣进行抄写。使我们感到莫大遗憾的是，他没有告诉我们他是从哪里找到这些书的。如果他的私人收藏就包括这些书，那么他一定拥有一个远比目前人们记录下来的任何其他拜占庭图书馆都更为丰富的收藏。除了这个谜团之外，他那个图书馆收藏的书没有一本完整保存下来，而我们在其弟子恺撒里亚的阿瑞萨斯（Arethas of Caesarea，约860—约939年）的藏书中，还能找到6本手抄本，这也成为别人抄写的对象，我们还能多多少少确定其他25本手抄本来自佛提乌的图书馆。

拜占庭学术复兴的下一个阶段正好是君士坦丁七世（912—959年在位）统治时期，这个时期被称为“博学的时代”，尽管更准确的叫法应该是“编纂的时代”。君士坦丁七世像他的父亲一样天性好学，他被篡位皇帝罗曼努斯·拉斯卡利斯（“一个无知的皇帝”）排挤在权力核心之外，因此有大量闲暇时间投身于他的研究。一旦他回到皇帝宝座（也许在那之前），便立即开始实施一系列图书整理编纂计划——一批合作者推进了这些计划。历史学家们因此应该心存感激之情：如果没有《礼仪书》《帝国政府》（关于帝国外交关系的论文）和《论军区》（*De thematibus*，关于帝国省区的研究），我们对于拜占庭帝国的了解就要少得多。上述三部作品主要是为实用目的编写，但是其内容大部分都涉及古代研究，都关注帝国官职如何运转。其他作品则具有多种多样的特点：《农志》（*Geoponica*）是本关于古代晚期农业的论文集；《兽志》（*Hippiatrica*）是本关于兽医科学的论文集。君士坦丁七世似乎还下令编纂一本医学百科全书和另一本动物学百科全书。但是其多项计划中最浩大的一项是通常被人们称为《通志》（*Excerpta historica*）的编纂计划。这是部从历史学家的作品中广泛挑选出来的摘录文集，涉及从希罗多德时代一直到9世纪“僧侣”乔治（George the Monk）时期的作家。全书是按照主题排列的，每个部分分别标注诸如“皇帝的敕令”“胜利”“公开演讲”“狩猎”“婚姻”和“发明”之类的题目。在53个标注题目的部分中，只有三十六分之一部分地保存了下来，构成6卷本的印刷书籍，因此整部书应该相当于200多卷印刷书籍。唯一可能从规模如此浩大的藏书中获得好处的大概就是皇帝本人，我们可以想象一下，这位皇帝不时地为这个或那个目的从书中寻找着前人事例，也可能是宫廷阴谋，或者是派遣的使节，或者是英勇作战的事迹。

君士坦丁七世对系统知识的痴迷也扩展到宗教领域。我们确实了解到，他曾下令编纂一部被称为《历书》（*Synaxarion*）的历法，包括众多整理出来的圣徒传记，按照每天纪念某人某事的方式排列，该历法可能成为此后内容更广泛的圣徒传记（共148部）文集的蓝本（这一点我们把握还不大），据说“大官人”西蒙（Symeon the Logothete）以通用而典雅的希腊语对该历法进行修饰，也就是人们通常所知的易于背诵的改写本历法。最后，还有一部相当于拜占庭百科全书的作品，人们神秘地称之为《词海》（*Souda*，字面意思是“渠道”），包括大约3万个词条，按照字母排列：难解的词汇、历史注释、文学诠释、谚语格言等，大部分涉及古代知识。该作品完成的时间可以确定在10世纪末以前，明显受君士坦丁七世的思想影响，尽管尚无证据表明它与他有直接的联系。

我们重构的君士坦丁七世思想影响下的文化活动究竟是什么呢？缺少法律科学的原因在于，对查士丁尼法典这类法律典籍进行希腊语的翻译"清理"活动早就进行了，从巴西尔一世时期开始并在利奥六世时期完成：其成果就是60卷本的"皇帝立法"（Basilica），其大部分内容是恢复古代立法而非侧重于实用目的。军事科学则早由利奥六世做过整理。至于其他方面，人们得到的印象是，君士坦丁七世一直致力于搜集整理和归纳消化所有有用的知识，其中大部分都可以追溯到古代晚期阶段。其圣徒传记计划造成普遍的混乱，但是其世俗知识计划也意味着其影响很难扩展到宫廷以外很广泛的地方。它只为未来的皇帝及其同时代人提供大量参考藏书。

拜占庭帝国在君士坦丁七世之后再也没有经历另一次文化黑暗时期。并不是所有他能够看到的那些文献都保存了下来，但是人们仍然继续抄写9—10世纪抄写和摘录的大量浩繁的书籍（可能还不仅仅是偶然进行的），而且继续阅读它们。拜占庭学术复兴不仅挽救了许多古代古典作品，而且还决定着幸存典籍的内容，这一点需要加以强调，因为这是拜占庭人选择的结果。古籍文献并非随意进行抄写，它们被抄写是因为人们认为它们或者是适用于实践的目的（如医药、农业、军事科学、天文），或者可以作为珍藏珍奇知识的手段，或者可以作为文学风格的典范。此外，还有一个财政因素。阿瑞萨斯有时就记录下他在这些方面的支出金额，使我们了解到，他抄写欧几里得（现藏牛津）花费了14个金币（nomismata）；抄写柏拉图（对开471页）花了13个金币，使用的羊皮纸则花了8个金币；抄写基督教使徒文集（现藏巴黎）花了20个金币，还花了6个金币来购买羊皮纸。这是一笔相当大的花销，超过了最富有的个人能够承担的极限。我们对比一下就清楚了，一个中级朝廷大臣的年俸总额为72个金币。按照今天的物价水平换算（在可比的范围内），阿瑞萨斯的柏拉图文集大约花费了5000英镑。在文献中尚无学术机构赞助的记载。

考虑到多种局限性，保存下来大量古籍就是相当突出的功绩了，我们几乎没有任何抱怨，我们还能做出什么其他不同的选择吗？拜占庭人与我们的趣味不同，他们对戏剧几乎没有兴趣，喜欢散文更甚于诗歌，他们最讲究修辞：因此埃柳斯·亚里斯泰迪德（Aelius Aristides）大量的作品（现存有超过200个手抄本）只有几个读者，还有卢西恩、希美留斯、里巴尼乌斯、塞米斯提乌斯、赫里修斯等其他许多类似作家也是如此。对辞藻华丽的追求流行一时，甚至超过宗教狂热，这就是为什么我们至今只有“背教者”尤里安的演讲和书信，当然还有他的《驳加利留斯》（*Contra Galilaeos*）。令人惊讶的是，早期的基督教作家很少受到关注，可能是因为人们认为他们过于陈旧，有些人在思想上还是值得怀疑的。殉教者查士丁（Justin Martyr）、雅典那格拉斯（Athenagoras）、泰坦（Tatian）、亚历山大里亚的克莱蒙特等作家的文本传统只能从阿瑞萨斯于914年制作的唯一的手抄本中找到。摘引自《致狄阿格内图书信》（*Epistle to Diognetus*）的文本只保存在此后出现的一个手抄本中，而该手抄本现在也被损毁。至于《赫马牧人书》（*Shepherd of Hermas*）这个最古老的基督教文本文献，在古代晚期广为流传阅读，出现在4世纪著名的圣徒古籍文献大典中，但是后来人们只能在另一本晚至15世纪的希腊手抄本中找到它。

我们可以通过某些异乎寻常的事例看出通行的标准。我们称之为希腊文集的那种书就是一本包含有4000行警句格言的语录，涉及公元前6世纪到公元10世纪的作家。最初，警句格言就是用来刻写在石碑上的，但是后来它逐渐发展出献词的功能，包括爱情、醉酒和笑话等主题。它在希腊化时期特别流行，第一部警句格言文集就是在这个时期开始编纂的。类似的成果直到6世纪仍然继续出现：黑暗时代前最后一部文集是公元565年以后不久问世的《阿佳塞阿斯格言》（*the Cycle of Agathias*），其中使用了大约25位同时代作家的作品，他们大多是律师和行政官员。皮西迪亚的乔治

（George of Pisidia）是著名的诗人，他在希拉克略统治时期撰写过几本警句格言文集，后来这种文体就消失了。它再度出现是在9世纪初，当时有一组毁坏圣像派的警句被镌刻在皇帝宫殿入口处，当作一种宣言。圣狄奥多尔逐句驳斥这些警句，他自己还撰写过一本超过100句的宗教题材的警句语录，从而惹上麻烦。此后，拜占庭文人继续写作警句语录，但很少有悲歌哀调（这就反映出警句格言文集的适用标准），它们通常是十二音节抑扬格诗，这种形式更符合中世纪希腊语的发音。

希腊警句格言产生在宫廷学校的氛围中，最早是由一位名叫君士坦丁·基发拉斯的教士完成的，时间在917年。他的手抄本没有保存下来，但是我们非常幸运地从一本问世不是太晚的“帕拉丁二十三书”（Palatinus 23，现存于海德堡）中得到一部，这本书通常被确定为930—950年成书。它按照不同命题分为15卷，开章的标题为“基督教警句格言”，可能是为恢复民心振奋士气，但是后面的内容变为情人间的恋爱（卷五），甚至同性恋情（卷十二），这些倾向显然属于异教。

从拜占庭人的观点看，警句格言非常难得，虽然认为拜占庭人创造了这种文体的意见还是引发出许多有趣的问题。基发拉斯及其一小群合作者如何能够找到这么多古代的警句格言加以使用？我们听说，这群人中有个名叫格里高利的成员，就是从希腊和小亚细亚地区的石碑上临摹碑刻，而且君士坦丁堡还有多种基督教警句格言文集就是直接从纪念碑上临摹下来的。而大量的诗歌肯定是来自多种手抄本。这就意味着基发拉斯不仅能够接触到《阿佳塞阿斯格言》，而且能接触到许多更早的警句格言集，它们甚至可以上溯到公元前1世纪加达拉的梅利埃格（Meleager of Gadara）编纂的《加兰格言》（*Garland*）。另外，他为什么这么不嫌麻烦？唯一合理的答案就在于，他这样做是为找到学习榜样。但是我们还要问，为什么其中包括性趣方面的格言？可能善良的基发拉斯非常欣赏它们，或者不愿意遗漏掉任何他在途中恰巧得到的古代残句。无论如何，他值得我们感激万分，即便最终凄婉哀歌式格言在拜占庭世界只有有限的未来。

古典学家在看待拜占庭学术复兴时主要对保存古希腊文献感兴趣，而拜占庭帝国史家可能希望问一些有关但不同的问题：这些文献对于那些在9世纪及以后几个世纪阅读它们的人究竟产生过什么影响？读者是否接受这些古代作品的信息和价值呢？几乎没有发现什么迹象显示跨越基督教和异教之间鸿沟的思想苗头。以马可·奥勒留的《沉思录》（*Mediations*）这部最著名的古代书籍为例。佛提乌完全不了解这本书，而阿瑞萨斯却拥有一个更古老的版本，正如他对此所说的那样，“还不算太破”。他又抄写了一本，而将原有的旧本送给他的主教朋友，并推荐说它具有“很大的教益”。阿瑞萨斯手抄本《阿拉斯》（*Alas*）现在佚失，现存的版本是14世纪的一个手抄本。还没有记载表明任何拜占庭读者特别为《沉思录》所感动，但是当它们首次在欧洲出版（1559年）时，确实引起一阵轰动。

拜占庭学术复兴的目的应是修复黑暗时代留下的裂痕，并恢复古代晚期考究典雅的文学文化，以及它的语法、规范、韵律，及其多种多样知识广博的补充读物。在这方面，复兴运动是成功的，除了这个被重新塑造的文化之社会基础非常薄弱外，在一个特定时期，所有教育机构和整个帝国各地包括帝国政府职位和更高级教会职位的候选者，可能不会超过几百人。此时只在君士坦丁堡能够进行必要的学校教育。我们也不能指望在这样的环境下出现任何“人文主义”的迹象。只有某些类似于“市民”的公众阶层形成以后，民心才可能开始发生变化，而这种情况直到11世纪中期都没有出现，尔后则出现在非常有限的范围内。

正如我们已经说过的那样，这场复兴运动也对艺术家产生了某些影响。以巴西尔一世创立的王朝名字命名的“马其顿文艺复兴”多少有些误导人，这种现象更多地是受少数学者意见的影响，而缺乏相应的文献证据。而其影响范围也极其有限。众所周知，君士坦丁堡几乎没有保留下来几件9—10世纪的艺术作品：圣索菲亚教堂有一些镶嵌画，其本身令人叹为观止，但是却没有表现出任何与古代明显的联系。还有几座破败的教堂，其中一个是907年建立的君士坦丁·利普斯修道院，其中保存着许多建筑装饰雕刻的残片。事实上，皇宫没有保留下什么艺术品，除了一块镶嵌地板。我们依旧只能靠我们仅有的那点基础材料形成我们的结论，我们了解较多的唯一器物是货币。货币的质量有些许改善，但是仍然属于纯粹的中世纪货币，货币上印的是皇帝和神祇正面的形象，没有出现要恢复古代侧面头像的意向，如同查理曼所做的那样。我们也没有发现任何圆形雕刻的迹象。即使在建筑雕刻中，诸如科林斯柱头这样的古典元素也消失了。“文艺复兴”只是出现在微型艺术中，大部分用来装饰手抄本和象牙雕刻。我们讨论的手抄本数量不会超过十几部，大部分是基督教的内容。这些文本中最古老的是现存于巴黎的纳西盎的格里高利抄本，能被确定为是880年前后的皇室用品。另一本现存于梵蒂冈的《圣经》属于10世纪前半期，是由叫作利奥的国库官员完成的。这一类作品中最晚完成的是（约980年）后来被现代学术界重新确定为几个版本的《圣经》（现在分别收藏于都灵、佛罗伦萨、哥本哈根），是为一个叫作尼基塔斯（Niketas）的帝国皇帝阁僚抄写的，其最初的原本属于535年。剩下要讨论的手抄本还都不清楚它们的所有者，但都是从皇帝宫廷流传出来的。世俗内容的手抄本中唯一突出的例证是尼坎德（Nicander）有关有害动物的诗集抄本《解毒秘方》（*Theriaca*），现存于巴黎。

上述手抄本中的微型绘画或多或少都表现出古代的特征，例如笼罩在蓝色和粉红色的背景中；城市、河流、山川和其他抽象品格的拟人化表现；具有庞培（Pompeian）绘画建筑风格的虚构因素；装饰着彩带和顶端带有花瓶装饰的奉献柱廊。这些很可能是从5—6世纪的蓝本中临摹下来的，带有强烈的虚幻色彩。

同一时期的象牙雕刻数量相当多，但是没有几件可以确定其年代。有一件象牙板描绘罗曼努斯二世（Romanos Ⅱ）于945年迎娶贝尔莎/尤多西亚（Bertha/Eudokia）的场景（现存于巴黎），还有一件可能是为君士坦丁七世制作的象牙三折板（现存于罗马威尼斯宫），它们都表明，最好的作品多完成于10世纪中期。它们的古典特征大多表现在身着皱褶长衫的基督教显贵人物形象上。而许多象牙盒匣却与此相反，雕饰着异教神话的场景，展现出的人物矮胖，并不优美，还饰有飞翔的丘比特。

古代时尚到公元1000年前后就已经衰落了。它只局限于珍奇异物，确实很少面向公众，对于当时艺术生产的主流也发挥不了太大的影响，直到13世纪末帕列奥列格王朝时期，才再度复兴。

| 第九章 |

传播福音：拜占庭的使命

乔纳森·谢帕德（Jonathan Shepard）

拜占庭皇帝作为君士坦丁大帝的继承者，在宫廷颂歌和赋曲中被人们赞誉为“可与使徒媲美”。上帝选择皇帝而非牧首或者任何其他教会人士来宣传福音，使罗马世界的所有居民皈依基督教的做法是一种有用的政治后盾：因为它将使皇帝自己的臣民和外国人产生皇帝与上帝权力至高无上的深刻印象。皇帝作为继承最初基督教使徒工作的形象是通过在大皇宫内举行的圣灵降临节（Pentecost）盛典仪式来塑造的。在典礼上，人们以热情洋溢的话语赞颂圣灵降临。唱诗班高唱祈祷皇帝是“罗马人的欢愉和骄傲，他们将吸引那些讲各种外国话的人们只讲一种基督教信仰的语言”。巴西尔一世的传记是由其孙子君士坦丁七世完成的，该书盛赞他对“这一使徒传教工作”的态度，即吸引不同民族信仰耶稣基督。正是人们的这种认识使得皇帝成为推动传教工作的关键，不仅仅是在这类皇帝的传记中，而且在大量有关拜占庭籍传教士的圣徒传记中也有类似记载，其中众所周知的是君士坦丁–西里尔（Constanine-Cyril）和美多迪乌斯（Methodios）兄弟俩的传记。这类颂歌一定都有某种制度性基础。皇帝声称有权在某些情况下改变教会教士的等级和范围，并对那些与世隔绝、没有大主教或完全没有教会组织的地区负有特殊责任。黑海北部以外地区的情况就是如此。从古代晚期以来，这里就是“野蛮”民族不断出现的地区，处于骚扰拜占庭帝国位于克里米亚各港口和帝国在巴尔干半岛领土的民族名单之上。人们一定希望皇帝能够高度关注此事，使这些北方民族皈依基督教，即使只是将此当作消除其侵扰的手段之一也行。

初看起来，现实情况似乎很符合皇帝作为热情传教“使徒”的形象。拜占庭传教士造访的这些黑海北方地区还有很多西方和东方的民族，其冗长的名单复杂多样。鲍里斯汗王统治下的保加尔人很可能于864年接受了基督教，尽管鲍里斯曾经转而向罗马教宗表示忠诚，但是不久以后，他又于870年重新投入东正教怀抱，开始与巴西尔一世打交道。关于后者的具体细节情况很不幸非常模糊，但是很可能是给了鲍里斯一个机会同意其任命自己的大主教，尽管他本人未必完全同意。巴西尔一世派遣的传教士打着“皇帝特使和教士”的名义，他们被派到塞尔维亚和巴尔干半岛西部地区其他斯拉夫人族群。君士坦丁–西里尔作为真正的学者和皇帝的官员于860—861年被派往哈扎尔人汗王的朝廷，他和他的兄弟美多迪乌斯在两三年间深刻阐释了福音，并为使摩拉维亚（Moravia）大公拉斯迪斯拉夫（Rastislav）及其臣民能够读懂福音书而将其翻译成斯拉夫语。早在10世纪，占据高加索北部山地的半游牧民族阿兰人的君主就接受了拜占庭的基督教，并在一个僧侣和后来拜占庭帝国派去的主教的帮助下，开始强迫其臣民皈依基督教。自948年前后，至少有两拨匈牙利人在其酋长率领下访问过君士坦丁堡，其领袖都接受了洗礼。在这两次有记载的访问之后，“某位叫希罗狄奥斯（Hierotheos）的僧侣”被新任命为“匈牙利人的主教”，他后来随同来访者一起返回。另外一次“国家级访问”也发生在这个时间前后，他们是在其罗斯民族领袖率领下来访的，其残暴野蛮的恶名远超匈牙利人。奥尔加（Olga）女大公与其随从和其他贵族两次来访，在皇宫里受到接见，也就是在她访问的某个时间，她接受了洗礼。一代人以后，即大约988年，奥尔加的孙子弗拉基米尔也接受洗礼，大批基督教传教士被派往基辅，根据消息灵通的阿拉伯作家记载，他们是些牧首和主教。

弗拉基米尔按照皇帝巴西尔二世的名字给自己取了个基督教名字。而奥尔加的教父则是君士坦丁七世。她还依照皇帝妻子的名字为自己取名为海伦娜（Helena），以此作为教名。同样，鲍里斯汗王也根据当时拜占庭皇帝米海尔三世的名字给自己取名为米哈伊尔。拜占庭人不允许皈依的民族忘记他们是后者的恩主。每一位保加利亚继位君主都是当时拜占庭皇帝的“教子”，这种观念弥漫在写给他的书信的字里行间。在写给阿兰人君主的书信中也以同样的口气提醒他受恩惠于皇帝，并在精神上依赖皇帝。

有些传教活动促进大城市教区的发展，并最终推动向更偏远地区的第二波传教。然而，没有证据表明进行过进一步努力来到处传播福音和拯救灵魂，也没有出现与皇帝自诩的“使徒”角色相符合的活动。在7—9世纪初的任何时间里，皇帝似乎并没有主动推进任何重大的传教活动。利奥五世曾于816年试图请一些保加尔人使节参加基督教崇拜仪式，以此加强他和他们刚刚订立的和约。他的尝试遭到嘲笑，人们认为这就像把珠宝投给蠢猪一样：暗指最好还是让保加尔人去过他们自己的野蛮生活。这种情况自9世纪60年代以后发生了变化，但是在我们上述的主要事例中，都是外国君主采取主动的态度，他们要求皇帝派遣能够深刻阐释基督教信仰的教师，或能够着手帮助他们建立宗教组织的高级神职人员和教士。根据君士坦丁-西里尔的传记，他前往哈扎尔和摩拉维亚的传教活动反映出皇帝在努力满足这些国家的君主各自提出的要求，派满腹经纶的学者批驳犹太教和穆斯林异教分子，并协助教导这些民族理解纯正的基督教信仰。大约与此同时，罗斯人于860年未能在其袭击君士坦丁堡的洗劫中得到丰厚的战利品后，提出接受传教的要求。有一位主教被派前往，这个活动没有取得什么成果，但是却给了佛提乌一个宣称罗斯人是皇帝的“臣民和属下”的机会。皇帝米海尔三世非常可能是受当时局势下发生的一系列特殊事件的压力，才对这类要求采取比以前四平八稳的态度以及更加主动的回应。罗斯人的袭击在君士坦丁堡居民中产生了极大的恐惧，抓住机会派遣一位高级教士去北方地区以避免他们再度来袭应该是明智的，这个机会看起来是抓住了。与此同时，哈扎尔人君主及其贵族于861年前后，不顾君士坦丁–西里尔一再说服他们接受基督教的努力而决定接受犹太教，这种冷漠的回绝对拜占庭人是个极大的羞辱。此事肯定警示拜占庭人，野蛮人可能以他们愚蠢的方式看问题，他们令人意外地鲁莽地转向了这种对拜占庭皇帝没有好处的一神教。同样的转变事件也似乎多次发生在紧邻拜占庭帝国的地方。9世纪60年代初，保加利亚汗王鲍里斯就犹犹豫豫地想要接受东法兰克国王“日耳曼人”路易（Louis the German）方面的基督教。米海尔三世难以平静地看待鲍里斯和法兰克教会组织或者西方教会间建立正式的关系：这将非常可能强化鲍里斯和路易之间刚刚开始发展的政治联盟。

当初这十年的局面就是如此，这个时期皇帝指导下的传教活动出现空前活跃的情况。如果我们按照拜占庭人关于这些事情发展的看法去解释的话，保加利亚人接受基督教东正教信仰是米海尔三世主动传教的结果：他威胁对保加利亚人发动地面和海上进攻来恫吓鲍里斯，后者被吓坏了，为了取得和平而提出皈依基督教。皇帝因此可以被看作保加利亚人皈依的指导者。显而易见，由此得出的推论就是，米海尔三世发动了一次有先见之明的攻势，以阻止鲍里斯主动与西方教会结成任何联盟。然而，这就使拜占庭有关鲍里斯主动要求皈依的其他版本的描述变得一文不值。根据其中一种版本的说法，他在信仰上得到一位被俘僧侣的指导，后来在其妹妹的劝说下接受了基督教，而她本人则是在君士坦丁堡皇宫逗留期间皈依基督教的。还有一种版本说他是在一位为他绘制最后审判画像的僧侣的影响下皈依基督教的，这幅画画得极为逼真，鲍里斯相当震撼，立即接受了洗礼。这些描述并不一定因为其带有明显的圣徒传记色彩而完全不可信。当时很可能确实出现过这种情况，皇帝因鲍里斯过分亲近东法兰克人而发出军事威胁，迫使鲍里斯本人采取主动行动请求接受拜占庭皇帝派遣的教士为其洗礼这样的事：后者可能花了一些时间权衡利弊，认为放弃异教信仰而使其本人的王位不被他人取代是有利的，也可能是他注意到哈扎尔人君主当时刚刚接受犹太教信仰的先例。无论人们如何重构解释这些事件的进程，有一点是清楚的，那就是拜占庭皇帝并不是完全随心所欲地为保加尔人提供传教：即使他实际上是在关键时刻强迫他们接受东正教，他当时这样做也是为了阻遏西方拉丁人势力扩大影响。

有关9世纪60年代以前在帝国疆域外的拜占庭传教事业的证据非常少，而在这十年之后派遣的传教士分布广泛，或者满足地方君主的要求，或者对抗敌对的异教。这似乎并不是由皇帝单方面主动采取的传教行动。这种宣传和实际情况之间的显著差异并不会使我们感到惊奇。使异教信徒皈依基督教只是皇帝负有的基督教领袖的多种责任之一，它实质上是将皇帝置于至高无上的地位，既君临他自己的臣民之上，也在其他外国“民族”之上。宣传和宫廷礼仪的基本功能是突显和炫耀皇帝接近上帝的特殊地位，而这是他无与伦比虔诚信仰的结果，使他成为君士坦丁一世的最佳继承者。皇帝威严的“孤傲”使所有民族在其“睿智的力量”面前无不“战栗发抖”，这是君士坦丁七世写给其继承人的信仰手册的主调。皇帝为北方野蛮人贪婪无理的要求所困扰：他们要求参加皇宫盛典完美的仪式，而君士坦丁七世的目的则是要指导他的儿子在安排时要把他们排除在外。该训示所要告诫的是遏制这些北方野蛮人觊觎皇帝的皇冠、皇袍和皇家公主，它强调认可某些基督教传统。他们应该接受这样的道统，远离“皇家血统”是依据上帝的旨意。缓和这种排外性的一个明显办法通常是接受基督教信仰，而这也引起君士坦丁七世的某些困窘。他确信像927年保加利亚基督教沙皇彼得与一位拜占庭公主结婚这样的涉外婚姻可以说是个可仿效的先例。他坚持认为，即使这个婚姻违反了教会法和所谓君士坦丁大帝的禁忌，但对那些可能援引它作为先例的人来说，它并没有遭到任何实质性的反对。这样，当其在祖父的《传记》中努力地将巴西尔一世于一个世纪前在保加尔人中传播福音的“使徒”工作理想化之时，他自己却悄悄地从这种传教工作的意义上退缩了：因为这将向那些桀骜不驯的野蛮人敞开大门，后者希望能够多多少少得到地位平等的待遇。当这些传教事业开始后，君士坦丁七世情不自禁地放任其自行发展，正是他主持了马扎尔人酋长和奥尔加女大公的洗礼仪式，他还成为后者的教父。但是他在派遣主教前往匈牙利时，似乎有些犹豫是否对奥尔加做同样的事情。这反映出，当"野蛮的"民族都变成有自信心的基督徒时，他很难预测其外交后果，就像保加尔人所做的那样。

而且，皇帝自己宣称的"使徒"角色并不等于他就必然大力支持使偏远之地的所有民族皈依，事实上在很大程度上是做那些生活在帝国疆域内的个人或社区的工作，无论是自愿的还是不自愿的，或者是直接对抗那些敌对的宗教领袖。因此，在许多宫廷盛宴上也有穆斯林战俘出现，他们都穿着白条纹长袍。这样的服饰也穿戴在刚刚接受洗礼的新皈依者的身上，给战俘选择这样的服饰可能是要突显皇帝能改变一切的能力，甚至连萨拉森人的污点也不例外。与穆斯林特别是与巴格达哈里发的斗争，是促使9—10世纪时期皇帝成为福音传播者的一种主要驱动力。皇帝作为现世最高的基督教君主，有必要对穆斯林教士对基督教的批评进行驳斥，有必要被看作坚守着智能和军事方面阵线的领袖。根据9世纪中期一篇题为《驳斥穆罕默德》的论文的记载，皇帝"甚至呼吁阿拉伯人要虔诚，他用以福音真理批驳的方法将后者荒谬可笑、极端错误的渎神论调驳得体无完肤"。派遣学者和教士与使团一起前往巴格达的重要作用就是以权威的方式对付这些批评信仰的论调，并设法在阿拔斯王朝宫廷上与穆斯林长老进行辩论。他们简洁的阐释就是要维护皇帝作为基督徒保卫者的智慧声誉：他们并非真的急于使一些个人皈依基督教，他们也没有真的想要使哈里发或其他穆斯林君主皈依基督教。9世纪中期时，像佛提乌和君士坦丁-西里尔这样的青年知识分子都参加过这样的使团。正是依靠这些年轻人，皇帝转而决定积极回应9世纪60年代来自斯拉夫人和其他北方地区君主的主动请求，而他并没有积累起任何在宫廷中深刻阐释信仰的个人经验。这也有助于说明，在现存对这类君主宣教使用的文本中为何都采用极为刻板的语调。当时担任君士坦丁堡牧首的佛提乌在保加利亚的鲍里斯皈依基督教后不久就给他写了一封长信，对他的这个新皈依者没有做出任何宽让：大公会议决定下来的信条写得十分明白，鲍里斯的责任就是用启发式的术语去宣讲，而这种术语主要来自佛提乌所熟悉的那些古典希腊的权威作品。由美多迪乌斯使用教会斯拉夫语写作的布道词在道义上的种种要求非常严厉，这构成摩拉维亚法规的内容。这表明，那种思维深邃语气刻板的风格准确地记录了他们的工作情况，这都保留在描述美多迪乌斯和君士坦丁－西里尔传播福音活动的传记中。伊戈尔·舍甫琴科（Ihor Ševčenko）说，那些用于传教工作的“材料过分复杂学究气了”，其风格仍然保留在罗斯《往年纪事》（*Primary Chronicle*）这部书中，那段“演讲式”的文字据说就是一位拜占庭“哲学家”于10世纪80年代末期对基辅大公弗拉基米尔说的。当时弗拉基米尔正对犹太教、伊斯兰教等一神的不同分支进行认真权衡，并最终难以拒绝地选择了拜占庭风格的基督教。早在9世纪，伏尔加河流域的保加尔人统治者就曾接受过伊斯兰教，当时帝国当局尚不能以平静的态度认真看待伊斯兰教在黑海北方地区的传播。这样，传教活动在很大程度上就是君士坦丁堡通过与其他“书本经文上的宗教”进行论战的形式来进行的，其风格特点在于维护皇帝虔诚信仰和最高睿智方面的名声。为了继续完成这些任务，更早期的传教领袖需要解答统治管理和公平正义方面的问题，他们在其作品中可能也在口头上保持道义说教的制高点。

在某些方面，拜占庭当局在传播福音工作中的作用也反映在诸如商业等其他方面。传统的看法认为，外国人到君士坦丁堡来，而不是由拜占庭向外传教或者引导所有人类都归顺福音书的行为是有利而适宜的。我们也没有充分证据证明君士坦丁堡存在传教“学校”或此类特殊的训练，例如对那些外派人员进行相关的语言训练；也没有发现专门用于对外派遣教士冒险拯救灵魂的文学作品。有教养的主教在被外放出“上帝保护之城”及其宫廷环境前往边远教区期间满怀悲凉之情，这不仅仅是文学上的僵化模式。尽管如此，当局内省式的“姿态”还包含着现实主义的态度，并有助于吸引那些外国君主，这多少有些自相矛盾。

尽管中期拜占庭教会已经采取更为公开主动传教的态度，使它赢得了为信仰做出更多牺牲的美誉，但是这并不一定就会掀起皈依基督教的高潮。在任何存在着拥有适度凝聚力的政治机构的地区，当地君主的许可是开展传教工作必需的条件。事实上，那些在其社区内具有社会地位、影响力和各种资源的人，对传教工作给予的积极合作也多多少少是不可或缺的，特别是当普通民众将要被引导着放弃其寻求美好的“古旧方法”时更是如此。在牧首尼古拉写给阿兰尼亚大主教的信中就表明，他非常清楚精英阶层成员的关键作用：他劝导后者对阿兰人一夫多妻的习惯多加宽容，特别是涉及那些有关的“上层”成员时更要容忍，因为“他们拥有极大的权力对抗整个民族得到拯救”。我们还必须记住，在精英阶层中经常存在对新宗教的不同意见。保加利亚的鲍里斯就突然遭到许多“贵族领袖”对皈依基督教的暴力反对，而基辅的奥尔加之子斯维亚托斯拉夫则拒绝她试图使他皈依基督教的努力。他坚持说，如果同意的话，“我的随从就会开始嘲笑我了”。以皇帝的观点看，使北方各民族上层出现基督徒将会获得相当大的好处，正如事实表现出来的那样，特别是那些具有更稳定社会结构的民族的领袖对此采取非常主动的态度就更为有利。如果一个君主对其本人接受拜占庭帝国基督教感兴趣的话，或者他更不幸在各种不同的一神教形式间犹豫不决的话，皇帝就会采取行动，而他的知识分子就会为这个君主提出统治管理的详细思路。就此而言，帝国的皇帝就是榜样。

十分荒唐可笑的是，帝国当局对于抓住每个“传教机会”派遣经过培训的教士团队去传教持非常超然的态度，并对此明显缺乏热情，这反倒使得其信仰崇拜礼仪对外国君主产生更大的吸引力。这很可能部分因为像宫廷礼服和公主之类有价值且珍贵的“东西”太稀罕，部分因为这些非常稀罕的“东西”对有主见的君主开放的范围更大。如果可以使用一种当地语言编写文献的话，那他就可能抓住机会培植一批有教养的贵族和可能的属下，而且会出现规模可观的在本土成长起来的教士，进而就能掌控一个关系更紧密、更复杂成熟的宗教文化网络。这样的选择对于斯拉夫人是适用的，用一种能够表达清晰的字母形式拼写斯拉夫口语方言，这种形式的文字也应是明白易懂且适合希腊文《圣经》翻译的文学语言，基督教礼仪官员和教会教父关于信仰的教诲都能够以此进行翻译。这套文字体系是君士坦丁-西里尔发明出来的，其兄弟美多迪乌斯则与他一起完成翻译任务，并在君士坦丁-西里尔于867年去世后继续进行翻译，完成和编纂大量新的作品，在这些作品中就包括君士坦丁-西里尔本人的生平传记。没有特别明确的证据表明，拜占庭当局派遣传教士前往摩拉维亚之初就曾预先设计好了如此大规模的翻译计划。最初好像是这兄弟俩在远离帝国朝廷的中欧地区进行翻译，而许多朝廷官员也可能有理由怀疑这样给斯拉夫君主（archontes）创造一套适用的政治文化是否有意义。美多迪乌斯的几个很有天赋的弟子，以及一些翻译文本在885年美多迪乌斯去世后仍然为保加利亚的鲍里斯所用。鲍里斯欣赏当时新翻译的纯文学作品的魅力，这不仅有助于进一步的布道工作，而且也提升了他自己的地位。但是只有在其儿子西蒙时期，翻译工作才得到全面发展，他鼓励翻译教父关于信仰教条和布道词的论文，他本人也亲自担任贵族的直接教育者，成为全国普通臣民的启蒙者。他从统治之初就证明自己已经准备好使用“强制力”来贯彻其主张，要求皇帝承认其自治，并受到尊敬的对待。这些要求和其以后要求被承认为沙皇都使他成为帝国当局的“威胁”，而他自918年以后对帝国欧洲省区的入侵和洗劫蹂躏，在普通拜占庭人看来，更使他成为“沾满了基督徒鲜血的罪人”。西蒙的暴虐及其后来一直坚持独立自治的基督教政策，都强化了诸如君士坦丁七世这样的拜占庭皇帝对向所有民族的君主主动传教的质疑。

正是这样的逻辑得出的结论认为，拜占庭“传教帝国”缺乏思想内核。如果这样看问题的话，那就过分低估了中世纪早期任何企图通过和平手段改变巴尔干半岛和欧亚地区社会与文化习俗的行动所面临的难题，同时也忽视了活跃在帝国外部边境地区的僧侣和教会的作用。那些活跃在君士坦丁堡的政治家绝没有轻视这些驻外传教士的重要性，他们有时千方百计利用后者，并与后者保持联系。当米海尔三世应摩拉维亚人的要求挑选君士坦丁-西里尔及其兄弟美多迪乌斯去传教时，就是看中他们贯彻信仰的可靠性，以及与听众直接交流的能力。根据美多迪乌斯生平传记的记载，他对他们说："你们是塞萨洛尼基人，塞萨洛尼基人都会讲流利的斯拉夫话。"兄弟俩可能都担任过这个大都市政府的高等教育成员，而且他们还都有一些边境地区"民族"的血缘关系，他们具有的语言技巧和才能恰好能适用于米海尔三世的计划。而帝国其他决策者都显示出他们深知派遣这个城市周围来的人进行传教工作的好处。由巴西尔一世的孙子君士坦丁七世撰写的巴西尔传记记载，他派去保加利亚的不是贵族高官而是"从山野土洞召集来的虔诚的僧侣"。不仅仅是其宣传讲解的能力和讲斯拉夫话的能力，他们自信廉洁，具有基督徒的其他优良品行，这些都增加了他们从事传教工作时可以信赖的声誉。

传播基督教福音的许多工作大多由僧侣社团非正式地甚至在无意间从事，它们早已在帝国边境内外边远地区建立起来。有许多修道院的证据主要来自考古学，而各地遗址的年代和有关它们的准确来源与档案材料的解释也经常充满争议。但是有一点几乎没有争议，那就是早在鲍里斯皈依基督教以前，保加利亚就建立起男修道院和女修道院了。它们非常可能在以前是位于属于拜占庭领土的地区内，后来在9世纪初，保加尔汗王就将它们纳入自己的统治范围。然而，还有证据表明，更往北的地区也存在过修道院，特别是在多不罗加（Dobroudja）地区穆加特拉（Murgatlar）这个地方，有几个洞窟小教堂。有些僧侣具有突出的布道才能，但是通常没有用上，甚至在野蛮人社会更上层中也无用武之地：那位通过绘画《最后的审判》而使鲍里斯极为震撼的僧侣就是应这位君主的委托，前来绘制一幅描述终极目的的可怕而震慑人心的作品的。这个故事不能仅从字面上去理解，其含义还有更大的重要性，因为很多僧侣凭借其绘画技巧服务于异教主导的社会。在拜占庭世界边疆地带的许多地区都发现有和穆加特拉那些小教堂类似的小教堂，它们都还没有倒塌，这说明这些教堂都与拜占庭传教活动有一定联系。其中好几例都是结构简单、单一主堂的建筑，后殿有个加长半圆形祭坛，规模中等，这就使它们建造起来较为简易且花费不多，便于在摩拉维亚施工。在克里米亚的赫尔松（Cherson）地区和高加索山脉北部地区也发现有其他小教堂，这里的僧侣在10世纪前后向阿兰人进行“官方正式”的传教中发挥了重要作用。这些小教堂非常可能经常对那些自发前来或中央政府派遣来的僧侣进行登记接待。在某些特定时期派遣这些传教的僧侣团队，这种情况可以从尼古拉写给“我们的教子”的信中看到，后者忙碌于加强“偏远”地区的信仰，当时可能就是指阿兰尼亚这个地区。

随着927年以后保加利亚和拜占庭紧张关系的缓和，特别是962或963年阿索斯圣山大拉夫拉（Great Lavra）修道院的建立，经过拜占庭人训练的僧侣前往巴尔干半岛及其北方地区的人数越来越多，无论是个人还是组成团队的，都变得越来越常见。波兰、匈牙利和罗斯君主先后于10世纪下半期接受洗礼，但是其宣传能力和强制力还不足以一下子强制其臣民接受这种新宗教信仰及其相关礼仪和价值规范。波兰和匈牙利君主对罗马教廷的忠诚也没有使他们的国家对东正教僧侣和教士彻底关闭大门。有位叫作阿托尼特（Athonite）的僧侣同时也是教士直到11世纪20年代可能还在波兰活动。另外，国王安德烈一世（Andrew Ⅰ）在维塞格拉德（Visegrad）附近和巴拉顿湖（Lake Balaton）中、类似于阿索斯圣山的岛上建立了修道院，过着“希腊人”和东正教禁欲苦修风格的修道生活。这些遗址大多位于帝国疆域外匈牙利南部地区，这里的东正教教士和教堂在11—12世纪占主流地位。东正教遗址在匈牙利南部地区的出现极有可能是因为修道士希罗狄奥斯及其继承者从事过传教，他们被誉为“都主教”，地位不断提高。在基辅大公弗拉基米尔接受基督教的那一代人期间，也有罗斯修道士居住在阿索斯圣山。其中一位名叫安东尼（Anthony），在其教父的压力下返回罗斯，这个教父可能是个拜占庭人，对他说："回到罗斯去，让圣山的恩泽降临于你，将有更多修道士因你而来。"依据安东尼的理解，这个教父的主要目的似乎在于坚守严格的苦修禁欲，而不是传播福音。安东尼一回到基辅，就在俯瞰第聂伯河的一个悬崖山洞定居下来，成为隐居者。但是，"善良的民众"很快就了解到他的修道生活方式，并给他送来食物。此后在他周围逐渐聚集起"十二位"兄弟同志，事实上，这些修道士（他们的数量还在增加）在基辅附近民众中发挥着重要作用。他们的修道院长就像君主的咨询顾问和心理辅导师，岩洞（Cave）修道院的毕业生后来在遥远的东北地区建立起新的修道院。他们中有一位叫库克沙（Kuksha）的就是在向维亚提什（Viatichi）异教徒传播福音时殉道的。岩洞修道院在繁荣基督教礼仪和在罗斯人中启示神意的场合具有独特的重要性。阿托尼特派僧侣的目的可能就是要宣传禁欲的各种意义，而重返北方的教士可能还是比较少，但是他们致力于北方基督教生活的努力产生了更直接的影响，比大多数从君士坦丁堡派遣来的只能讲一种语言的都主教的影响更迅速。

阿索斯如同塞萨洛尼基一样地处讲斯拉夫语为主的巴尔干半岛核心区的边缘地带，这里的许多修道院都与皇帝保持密切联系。从赫尔松就可以看出，使边远地区与早已传遍福音的地区和现实物质世界的中心地区联系起来的方式相当困难。这个克里米亚半岛港口城市看起来就是个闭塞的地方性小镇，而当地市镇和小定居点都建在克里米亚南边沿海地带，它们甚至更与世隔绝，只是处于皇帝权力的松散管辖下。正是由于这个原因，8世纪末和9世纪初那些崇拜圣像的僧侣到这里避难，另外这里似乎早就有数量可观的修道士小团体和修道院社区，它们已经深入半岛南端的山区内地。小教堂和修道室都建在悬崖峭壁上，诸如离赫尔松不远的英克曼（Inkerman）和科尔曼丘（Tepe Kermen）这类地方，后者更靠内陆。当地保存着僧侣对地方居民产生影响的痕迹，例如在巴克拉（Bakla），要塞就建在墓穴坟地上。这些墓穴坟地可能属于一些有身份地位的人，从其名字看实际上既有突厥人也有基督徒，都使用希腊语刻写。赫尔松本身就有许多可能属于传教工作的痕迹，诸如白黏土浅口杯之类的文物，杯底画有黑色的十字架，其年代被确定为9—10世纪。这种类型的其他样品大部分都是在远离帝国边界的地区发现的，如多瑙河下游的普里斯拉夫、塞萨洛尼基、刻赤（Kerch）海峡和诺夫哥罗德（Novgorod），它们的年代大多确定在972—989年之前，正是罗斯人接受基督教的时期。它们都被称为“圣礼用杯”，新近皈依基督教的成年人都用其来喝奶和蜂蜜，象征他们得到了重生、此后将进入天国这个事实。

在赫尔松发现的这些“圣礼用杯”有几个样本表明，在当地传教工作开展的规模相当大。事实上，尼古拉的信件也说明他对传播福音事业有极为浓厚的兴趣，至少对赫尔松的一位大主教极为关注；这些物证本身也证明帝国当局非常清楚赫尔松作为下级传教站的价值。通过海路进行的交通也相当频繁，至少在夏季皇帝要短暂地到这里巡视总督和其他官员，检查他们在这个大草原上的活动。

这些联系纽带有时常常被用于传教活动：赫尔松大主教就被委派负责对哈扎尔人的传教工作，他可能在那里待过一段时间。牧首尼古拉对他“为那个误入歧途的民族抱有的热情”表示极度赞赏，还让他挑选一个人担任哈扎尔的大主教。这个赫尔松大主教很可能远比君士坦丁堡人更善于每天与其居民中的野蛮人即哈扎尔人和罗斯人打交道。还有很多阿兰人在这个城市留下涂鸦，从中发现的迹象表明，君士坦丁-西里尔正是在这里强化学习希伯来语言，而后上路去哈扎尔汗王的宫廷。

罗斯商人大约在9世纪下半期经常到访这里，而赫尔松人早在此以前很久就适当地定期访问第聂伯河中游地区。特别重要的是，大公弗拉基米尔在于赫尔松接受洗礼后，便带着该城教士回到基辅，他们在基辅帮助他主持全体臣民在第聂伯河中集体受洗的仪式。来自赫尔松的教士阿纳斯塔修斯（Anastasios）成为弗拉基米尔的亲密助手，后者委任他负责请拜占庭“建筑大师”为大公建造教堂，挑选赫尔松本地教士作为他的下属参与工作。根据罗斯《往年纪事》记载，阿纳斯塔修斯将赫尔松供水管道的位置泄露给了弗拉基米尔，其背叛行为使该城失陷于后者。这个传说未必不可信，赫尔松教士在刚刚接受基督教的基辅的教士群体占大多数的现象因此可以得到一个简单的说明：他们具有与罗斯人打交道的经验，即便不一定有个人的私交，但非常可能熟练掌握斯拉夫语言，罗斯人在其商贸活动中需要雇佣这些语言助手。

赫尔松教士大约在988年进入基辅，这不是皇帝而是弗拉基米尔采取积极措施的结果，而帝国当局当时正准备从君士坦丁堡派人去全面传教，安条克的亚赫亚（Yahya of Antioch）对此有所提及。当时，皇帝在错综复杂的传播福音工作中所起的作用看起来不是主角而是次要角色。传教活动的主要动力在北方人中，他们出于各种原因，寻求接受基督教，或者只是得到更多关于拜占庭东正教派的信息。在许多诸如黑海草原这样的地区，基督教从来也没有真正扎根，帝国政府通常认为游牧生活方式很难与基督教礼仪相融合。其实，早在当地君主选择成为基督徒并强制其臣民接受新宗教以前，大量基础性工作可能已经由在拜占庭世界边缘地带生活的那些单个僧侣或教士群体完成了。但是，颂扬皇帝是领导人们获得拯救的活使徒这样的宣传并非没有实际意义，而皇帝也确实十分看重接受社会精英皈依和在宫廷里接见被俘的访问者，他的宫廷凝聚着虔诚、奇迹和权力，让许多来自不同国度的外国精英阶层的成员着迷。这种情况也反映在君士坦丁七世的文学活动和某些人的思想中。根据罗斯《往年纪事》关于奥尔加访问君士坦丁堡的记载，君士坦丁七世就在奥尔加接受基督教洗礼仪式中发挥主导作用。这个确定其特殊作用的故事在这本书中看起来完全是虚构出来的。

君主主持传统隆重的仪式这样的观念显然极大地吸引着巴尔干半岛和大草原北部地区野心勃勃的君主。他们能够治理其领土内处于他们统治下的居民，至少在表面上保持基督教崇拜的形式，而教士和唱诗班也能够为祈祷的民众提供其自身需要得到的拯救。教会组织深入各地分散的居民点和崎岖的山区，其作用就是为统治当局确定地理界限及其合法性。无论是拜占庭教士（非常常见）还是当地教士都在尽力使君主的财富和收益最大化。像罗斯君主那样统治权力比较分散的君主，事实上也一直维护着传教的教会，这些教士大部分不得不寻求统治当局为其提供物质保护。他们也很少坚持反对君主的政策，除了有关教会信条教义的政策之外。无论如何，拜占庭帝国内的东正教并不寻求当领袖，出于相同的动机，他们既不承担统治管理的责任也不发展使这种行为合理化的理念。甚至在帝国晚期，当高级教士（而不是皇帝）聆听普通民众的要求时，当大主教和修道院长因经营其广大地产和贸易网络而致富时，他们首先追捧青睐的还是避免参与世俗权力斗争的思潮。“公共政策”问题（例如抵抗土耳其人）一直不是牧首考虑的主要问题。保持教义和礼仪不受新思想和外国的影响是拜占庭教会的主要职责，他们也很少注意教育问题和书本学术问题，这些都超出了他们的主要职责范围。

东欧教会优先考虑的问题也非常类似。当蒙古人于13世纪中期征服罗斯各地君主国时，教士就接受了新统治秩序，认为这是上帝的意旨，甚至确认可汗就是他们合法的主子“沙皇”。反过来，他们得到财产和广泛的管辖权。15世纪中期蒙古人统治衰弱后，莫斯科大公发现自己的管辖区存在广阔的权力真空地区，教士受拜占庭典礼仪式和诸如阿加佩托斯（Agapetus）这些早期拜占庭作家的作品强化皇权思想的影响，宣称沙皇受上帝委任，而且只有他能对上帝负责。只要沙皇坚持纯正的信仰并公开尊重教会是独立机构，他就能够避免遭遇许多——甚至在字面上的——暗杀，像恐怖的伊凡（Ivan the Terrible）遭遇到的那样。当“拉丁人”或其他异端教派千方百计强迫这里的信徒接受虚伪的教义时，教会有时也会挺身而出。17世纪中期，沙皇及其牧首试图纠正《圣经》文本和礼仪书，试图将其礼仪传统纳入希腊人的教会礼仪，因此引发了狂暴的抗议，抗议者宣称反对基督者（Antichrist）的时代又回来了，许多僧侣和教区神职人员宁可选择结束自己的生命也不愿意因为背弃传统而玷污他们的灵魂。“老信徒”（就像他们称呼的那样）人数成千上万，他们的后代大部分生活在俄罗斯帝国边远地区，一直活动到苏联时代，到20世纪末，其人数因为青年信仰者增加而增多，他们顽强地试图改变俄罗斯“民族国家”的表达形式。

“老信徒”的立场以极端形式反映出拜占庭人留给讲斯拉夫语各民族的遗产的优缺点。已完成的大量神圣作品和礼仪书籍被翻译成斯拉夫语文本，有助于人们日常的崇拜活动和个人敬神拜上帝，使得一小部分虔诚的信徒模仿那些沙漠教父，引领着禁欲苦修的生活方式。与斯拉夫口语相差不远的书面语言也在发展，使原创性写作能够满足当地多种需求。在这些作品中最突出的是从翻译过来的拜占庭作品中摘引出来的《往年纪事》，它阐述了教义和虔诚的行为，其中结合着罗斯君主的业绩和血腥斗争的传说。在诺夫罗罗德和其他城市发现的白桦树皮书信本身就证明，沿着主要河流散布的各个城市中心都有相当广泛的功能性文学文献。这些书信作者致力于使其读者熟悉基督教的祈祷、圣人和斋戒日，他们用当地语言对“十字架”起誓。这些礼仪、信仰制度和专门知识有助于强化秩序和社会凝聚力，其附属内容广泛流传于广大国土，激励着开展长距离借贷和信贷活动，这样就促进了蒙古征服前的贸易繁荣。然而，教会对传统的尊崇也加强了农民对陌生事物已存在的疑虑，赋予其广泛的意识形态层面的辩解理由，打击了任何可能打算学习书本知识以了解未来的个人。正像“老信徒”表现出来的那样，书籍的本土语言具有基本的象征意义，而文本之神圣不可侵犯首先就阻止了修改错误和矛盾的企图。从弗拉基米尔接受基督教以后，无数封闭而多样性的小团体出现在自黑海草原至北极圈、从巴尔干半岛南部到乌拉尔山脉甚至更远的广大地区。无论它们具有何种特殊的制度机构，它们存在本身都得益于东正教的传教努力，其关于不同礼仪、教义和传统的特定知识都经受了他们的高层教士之间的竞争和政治领主的权力斗争。长期的非基督教信仰统治、巴尔干半岛的土耳其人、罗斯的蒙古人都没有使它削弱，而是促进其形成。东正教具有共同事业的观念跨越了语言和文化的差异，甚至在20世纪末得到强化，在俄罗斯人、保加利亚人、希腊人对其塞尔维亚东正教同胞反对科索沃分裂分子和“西方”干涉表示同情和积极支持之际表现得特别明显。虽然20世纪特别重视物质和外交利益，因为它们在促成联盟上发挥着重要作用，但是，在这些因素背后存在着鲜明的发展传统，拜占庭皇帝、教士和僧侣就是在这个传统中保持着这些联盟。

| 第十章 |

分裂瓦解（1204—1453年）

斯蒂芬·W. 赖纳特（Stephen W. Reinert）

从政治史发展进程角度看，拜占庭帝国经历的最后二百五十年常常给读者留下一种不断加速分裂解体、凄凉衰亡的印象。这个过程始于1204年4月欧洲十字军骑士肢解和占领帝国大部分领土，结束于1453年5月29日奥斯曼军队疯狂进攻君士坦丁堡，并最终使拜占庭帝国传统寿终正寝。在这一头一尾两个时间之间发生的大部分事情看起来像个烧开的小锅，里面沸腾翻滚着无穷尽的内乱外战，其中有些无足轻重且无法理解，但是却极大地耗费着极为有限的经济资源。总之，就是在这几个世纪，一度庞大的拜占庭帝国演变成为荒谬可笑的小国，变为混乱无序并丧失国家功能的政治实体，总体上看充满了持续贫困的恶性循环、荒唐的自大和普遍的焦虑（Angst）。就是在这个广泛的背景下，它的艺术、建筑和古典学术领域却出现了罕见的文化繁荣，似乎是为撰写拜占庭国家史最后几章提供唯一有说服力的理由。

读者的阅读疲劳是可以理解的，其得出的总体印象也确实是准确的。但是历史学家还是应该认真研究一下其面对的那些灾难、败落与衰亡，而拜占庭晚期历史的叙述事实上远比初学者可能想象的复杂得多。因此我们的目的将是浏览考察拜占庭历史的这段剧目，抛开1453年的神学困惑，以同情的心态了解晚期拜占庭的命运。为了达到这个目的，我们还要用六个段落来叙述政治变革，而每位皇帝统治的年代都不是偶然的巧合，而是各种各样重大历史课题得出的结果。总的看来，我们在这里讲述的是一段与残酷无情且通常占绝对优势的厄运顽强抗争的故事，虽然它充满悲伤的情调，其间不时闪现出英勇无畏和爱国主义的事例。尽管帕列奥列格王朝的皇帝大多是平庸无能之辈，但其中至少还有一个曼努埃尔二世（1391—1425年在位）可以名列最伟大的拜占庭政治家和14世纪文化复兴杰出人物的名单。

1204—1261年：解体、幸存和为收复君士坦丁堡而战

事实上早在第四次十字军到达君士坦丁堡以前拜占庭帝国的结构就开始解体，12世纪80年代中期保加利亚和塞尔维亚相继脱离帝国控制，自12世纪80年代直到13世纪初期，塞浦路斯、伯罗奔尼撒半岛和安纳托利亚西部地区的独立政权不断崛起，1204年4月，黑海南岸又建立起“特拉布宗帝国”，这些都是明证。然而，这个时期的解体都发生在边缘地区，而十字军骑士对君士坦丁堡发动的狂暴攻击和洗劫（1204年4月12日—15日），以及当年和次年的征服战争却是从拜占庭最核心地区来肢解帝国的。到1210年，从这个暴力狂飙的旋涡中，也就是“以上帝的名义”对被扣上“上帝的敌人”恶名的“希腊人”进行的残酷迫害中，在以前的拜占庭领土上产生出六个新的法兰克人国家、十几个独立的小领主领地以及大量分散的威尼斯和热那亚殖民区。

其中四个法兰克人新国家值得一提。直接继承君士坦丁堡拜占庭统治的是所谓“君士坦丁堡拉丁帝国”，其首位皇帝是佛兰德斯（Flanders）伯爵鲍德温（Baldwin，1204—1205年在位）。这个拉丁帝国存在了57年，

但是其最后一位真正有力的君主是鲍德温的继承人亨利（Henry，1206—1216年在位）。它建立后的领土范围包括君士坦丁堡、色雷斯沿海部分地区、安纳托利亚，以及萨摩斯（Samos）、希俄斯（Chios）、莱斯博斯（Lesbos）等岛屿，但是到1225年，又萎缩到比首都大不了多少。第二大的法兰克人国家出现在1204年初，即由蒙费拉（Montferrat）侯爵卜尼发斯（Boniface，1207年去世）建立的“塞萨洛尼基王国”。它最初的领土范围在马其顿和塞萨利，但是在1207年卜尼发斯在对阵保加利亚人时战死以后，其运势迅速消失。这个王国的领土此后不久便于1224年重新归由希腊人控制，只是留下一点法兰克人曾经统治过的痕迹。更长命一些的拉丁人国家是“亚加亚公国”（Principality of Achaia），它是尚普利特的威廉（William of Champlitte）和以前的第戎（Dijon）子爵杰弗里·维利哈登（Geoffrey Villehardouin）征服的结果，后者是从香槟（Champagne）来的。最初，该国的中心在伯罗奔尼撒半岛西北部的安兹拉维扎（Andravidas），一直存在到1430年，实力不断衰弱，最终被米斯特拉斯（Mistra）的希腊人吞并掉最后几块领地。最后一个亦即第四个是“雅典和底比斯公国”，它的建立也是通过蒙费拉侯爵卜尼发斯的征服实现的，但他很快就将被征服领土转给勃艮第（Burgundian）骑士奥托（Otho de la Roche，死于1225年）。底比斯在两个世纪的时间内是最繁荣的城市，城中有生产丝绸和其他精美织物的作坊，以及犹太商人和热那亚大贾的殖民区。1311年，该公国被桀骜不驯的加泰罗尼亚（Catalan）雇佣军团征服；1388年，它又被佛罗伦萨的阿加乔里（Acciajuoli）家族购买，并一直控制该国到1456年[1]被奥斯曼军队征服。这样，几个主要的法兰克人国家都是在1204年以后建立的，理论上构成封建等级制，其中君士坦丁堡的拉丁皇帝处于最高等级。除此之外，威尼斯共和国获得大量航海商路领土，并由此迅速扩张其地中海商业帝国。威尼斯在这些年里取得的

[1] 英文原版误作1450年。

重要收获包括君士坦丁堡八分之三的城区、都拉基乌姆（Dyrrachium）、爱奥尼亚群岛（Ionian）、爱琴海大部分岛屿、伯罗奔尼撒半岛南部重要海港迈索尼（Methoni/Modon）和科罗尼（Koroni/Coron）、克里特，以及色雷斯地区沿黑海的其他重要港口。

令人惊讶的是，拉丁人对拜占庭核心地区的占领并没有促使他们沿袭拜占庭政治传统的旧制。前拜占庭国家的许多希腊因素确实被法兰克和意大利新国家实体接受，同时一些“罗马人”重新聚集在伊庇鲁斯（Epiros）、尼西亚、特拉布宗这三个重要地区，三者此时都具有拜占庭国家继承人的特点。最值得注意的是1204年4月在拉丁人攻陷君士坦丁堡以前建立的特拉布宗帝国。其创建者阿莱克修斯和大卫（David）是科穆宁王朝的后人，该帝国一直存在到1461年奥斯曼军队夺取特拉布宗都城为止。从经济上看，这个黑海南岸的重要港口城市享有来自奢侈品贸易，特别是来自西亚和远东香料贸易的极大财富。然而，我们的历史叙述要围绕更中心地区即伊庇鲁斯和尼西亚来进行，这两个新兴的希腊人中心越来越泰然自若地应对法兰克人，而首先要对付的是统治君士坦丁堡的拉丁人。

君士坦丁堡大约有一半居民在拉丁人征服以前就设法逃出城，移居到希腊西北地区，即伊庇鲁斯山地、阿卡那尼亚（Acarnania）和埃托利亚（Aetolia）。在米海尔·科穆宁·杜卡斯领导下在此建立小公国，他是前拜占庭皇帝伊萨克二世和阿莱克修斯三世的远亲。这个小国按照习惯被称为“伊庇鲁斯专制君主国”（Despotate of Epiros），尽管米海尔本人从来没有领受过“专制君主”（despotes）这个头衔。米海尔大体上将自己塑造成集聚在阿尔塔（Arta）附近地区的希腊人所欢迎的领袖和有凝聚力的人物，在其统治（1204—1215年）下，伊庇鲁斯逐渐成为保存拜占庭文化的欧洲中心，同时也是策划抵抗拉丁人在该地区军事扩张方案和组织（希腊人）军队的中心。米海尔后人的历史延续得很久远。事实上，他们的国家可以一直追寻到1461年，虽然并不连贯，最终还是被奥斯曼人征服。

在小亚细亚，希腊人最重要的后继国家是所谓“尼西亚帝国”。它位于安纳托利亚西北地区，其创立者狄奥多尔一世·拉斯卡利斯（Theodore I Laskaris）是阿莱克修斯三世·科穆宁的女婿。拉斯卡利斯王朝目标明确，就是重建拜占庭帝国国家机构，即将皇帝的核心机构、宫廷、牧首、官僚机构和军队统统迁移到卑斯尼亚地区。直到1208年，他一直不是真正加冕的皇帝，新当选的牧首米海尔·奥托里亚努斯（Michael Autoreianos）在这一年为他加冕，由此他正式宣称自己是“流亡的”拜占庭帝国的皇帝。其继承人统治尼西亚帝国一直到1261年，就是在这个对后世影响深远的年头，君士坦丁堡被拉斯卡利斯王朝正式收复。由于尼西亚帝国事实上控制着安纳托利亚平原西部边缘地区，因此其经济发展繁荣，成为沿河流域富庶之地谷物生产、手工加工及贸易的集合地，大体上聚集了十几个重要的城市。首都尼西亚有坚固的城墙防护，地理位置恰好在最接近君士坦丁堡的地方。

我们不能在此详细描述1204—1261年间法兰克人、意大利人和希腊人的新兴国家的历史。然而对于拜占庭历史命运极为重要的问题是，伊庇鲁斯和尼西亚都抱着同样的收复君士坦丁堡的雄心，最终尼西亚成为两者中的强者，并赢得了最终胜利。尼西亚的发展事实上是三位君主共同的成就，他们是创立者狄奥多尔一世、其继承人约翰三世·杜卡斯·瓦塔特泽斯（John Ⅲ Doukas Vatazes）和最后的米海尔·帕列奥列格（Michael Palaiologos），后者篡夺了瓦塔特泽斯的孙子约翰四世（John Ⅳ）的皇位，并重返君士坦丁堡，建立了统治帝国都城的末代王朝。

拉斯卡利斯王朝的狄奥多尔一世作为抵抗者领袖在尼西亚登基，他组织难民和卑斯尼亚当地的希腊人建立战斗部队，阻击法兰克人向安纳托利亚地区的扩张，同时也防范来自东方的塞尔柱人的入侵。此后，他竭尽全力取得重大胜利，但是到1214年他与拉丁人签署友好协议时，后者仍旧滞留在尼科米底亚半岛上。他通过这个协议与法兰克人建立友好关系（modus vivendi），1219年，他又同样与君士坦丁堡的威尼斯人达成和平的原则性意向。但是，这些亲善举动绝不可能使狄奥多尔获得神学和教会上层的同意和支持，他的主要目的是稳定与那些欧洲新国家的关系，确保新建立的尼西亚国家建立在稳固的基础上。其统治期间采用的管理方式大体上是中央政府集权，明显是以前君士坦丁堡模式的简化版。总之，他的统治虽然常常不太稳固，但却是个可靠的开端。

伊庇鲁斯和尼西亚之间的全面对立冲突是在狄奥多尔一世的女婿和继承人约翰三世·杜卡斯·瓦塔特泽斯统治时期呈现白热化的。13世纪20年代期间，伊庇鲁斯似乎就要实现其目标了，特别是在米海尔一世的继承人狄奥多尔·科穆宁·杜卡斯（约1215—1230年在位）夺取塞萨洛尼基（1224年）和亚得里亚堡（1225年）后——他于几年后加冕为皇帝。然而，伊庇鲁斯的辉煌是短命的，狄奥多尔在克罗科特尼塔斯（Klokotnitas）战役中被保加利亚人击败俘虏，而后该国极大部分领土被保加利亚暂时吞并。但是，当伊庇鲁斯之星的光辉逐渐暗淡之际，约翰三世·杜卡斯却在安纳托利亚稳定地加强自己的实力。1224年，他在伯曼农战役（Battle of Poimanenon）中驱逐法兰克人，并于1231年的某个时候，将塞尔柱人赶出马恩德河流域（Maeander Valley）。直到他于1254年去世的这段时间，他的所有行动目标就是向欧洲扩张，旨在重新占领君士坦丁堡。1246年，他指挥的战役特别成功，通过战斗从保加利亚人那里夺取马其顿大部分地区，还占领了塞萨洛尼基，伊庇鲁斯的帝国梦就此破灭。

希腊人恢复对君士坦丁堡统治的荣耀既没有落到约翰三世的儿子狄奥多尔二世（1254—1258年在位）头上，也没有落到他的孙子约翰四世（1258—1261年在位）头上。前者更像个哲学家和学者，在其宫殿里聚集了一批群星闪耀的文学家，他们的成就延续着帕列奥列格时代文化复兴以前的历史。而后者在7岁时登上皇位，但国务实际控制权却很快落到米海尔·帕列奥列格手中，他是小亚细亚最大的军事家族的远亲，最初担任摄政王，不久后当上了共治皇帝。米海尔很快就证明了他的重要价值，他指挥战胜了东山再起的伊庇鲁斯、亚加亚和西西里的联盟（1259年），捍卫了尼西亚帝国在欧洲的地位，并且此后通过夺取米斯特拉斯、莫奈姆瓦夏（Monemvasia）和迈那（Maina）建立起未来收复莫利亚（Morea）的跳板和基地。他作为共治皇帝所取得的最著名的成就是1261年7月从拉丁人手中夺回君士坦丁堡，而这不过是一次好运突降的行动，是由其将领阿莱克修斯・斯特拉泰谷波洛斯（Alexios Strategopoulos）率领的一小队巡逻兵完成的。尽管如此，当米海尔于一个月后庄严“入城”时，还是由牧首阿森纽斯（Arsenios）为他加冕，庆祝拉斯卡利斯王朝数十年战略计划的胜利，他成功地成为帝国唯一的君主。尔后的12月，他下令将约翰四世刺瞎。

1261—1341年：早期帕列奥列格王朝重建的努力

随着信仰东正教的希腊人恢复对君士坦丁堡的统治，米海尔八世（Michael Ⅷ，即米海尔・帕列奥列格，1261—1282年在位）及其直接继承人面临的挑战是：保持和维护拉斯卡利斯王朝在安纳托利亚和欧洲的遗产，收复和重新整合自1204年大灾难之后丧失的支离破碎的残余领土。这是个可怕而无法应对的挑战，但是早期帕列奥列格王朝的皇帝已经敏锐地意识到了这一点。在1261—1341年期间，该王朝的创立者米海尔八世极为成功地应对着这一挑战。而在其子安德罗尼卡二世（1282—1328年在位）和后者长孙安德罗尼卡三世（1328—1341年在位）统治期间，这个国家的命运就遭到巨大的挫折，即便如此，到1341年帝国丧失安纳托利亚疆域后几十年，拜占庭帝国仍然拥有成为具有相当影响力的巴尔干国家的资源和可能性。

36岁的米海尔八世在成功登上君士坦丁堡皇帝宝座后，便发现自己面临大量令其困窘的难题，而这样的局面一直到他于1282年去世时也没有改变。他刺瞎约翰四世的行为引发了对他统治合法性的质疑，在首都，牧首阿森纽斯为此开除了米海尔八世的教籍（为此他于1265年被解职，并被约瑟夫一世取代）；在卑斯尼亚，米海尔八世逐渐被人们（尤其是将士）视为践踏拉斯卡利斯王朝光荣遗产的篡位者。经历了拉丁人将近六十年的统治后，君士坦丁堡的城市基础设施几乎成为废墟，这也证明鲍德温和亨利的继承者确实无能并且国家极其贫困。米海尔八世最终预料到那些新近被驱逐出君士坦丁堡的人，特别是拉丁皇帝鲍德温二世和威尼斯人，肯定会投入复辟势力的阵营，而要对付复辟势力就必定要做出代价高昂的军事和外交回应。米海尔八世凭借自己的威望，不仅成功地稳固了统治，而且极为成功地应对这些挑战。随之而来的花销确实相当巨大，而应对这些麻烦现实的任务将落到其极其无能且愚蠢的儿子及继承人安德罗尼卡二世身上。但是这个"新君士坦丁"十分在意的当务之急只是如何保住其皇冠，如何按照拜占庭皇帝的传统和东正教习惯重建君士坦丁堡，如何防御西方对首都的进攻，而且不惜任何代价。

米海尔八世的重建计划包括，重点修复布拉舍奈（Blachernai）皇宫；按照东正教的风格重新粉饰圣索菲亚教堂；重新构筑城防工事〔如城墙、康托斯科留（Kontoskelion）码头〕和公共建筑物（如市场、街道、浴场、港口、济贫院）；重建几个主要的修道院。同时，建筑和修缮全城其他几个教堂的事务则由私人负责赞助。皇帝本人甚至掏钱修建在1203年被十字军骑士烧毁的清真寺，他还着眼于建立更多的政治、军事和经济联系，特别是与马穆鲁克（Mamlukes）王朝的联系。

米海尔八世在军事外交领域面临的最严重挑战来自天主教的西欧。被废黜的皇帝鲍德温二世决心收复他认为属于他的遗产，最初将复辟的希望寄托在其亲戚、西西里王（Sicilian King）曼弗雷德（Manfred）身上。但是，曼弗雷德还没来得及行动，就成为教宗和霍亨斯陶芬（Hohenstaufen）王朝斗争的牺牲品了。当时，教宗克莱蒙特四世履行其前任乌尔班四世的承诺，邀请法国国王路易九世的兄弟安茹伯爵查理（Count Charles of Anjou）接收西西里王国的遗产，也就是说，要完全履行教会的承诺。查理长期侵扰并于1266年在贝内文托战役中击败曼弗雷德，这样西西里和意大利南部就落入法国的手中，查理则成为其首位国王。

由于教廷现在成为西西里国王的座上客，克莱蒙特四世就准备支持鲍德温二世的复辟事业。1267年5月，教宗在维特伯（Viterbo）进行调停，达成一项协议，根据该协议查理将提供军事援助收复君士坦丁堡，而鲍德温二世则为此提供领土许可权，而后，前者的女儿与后者的儿子订婚，达成联姻。当查理还未能马上履行其提供军援的诺言时，米海尔八世就运用其老辣娴熟的谈判技巧，成功瓦解了敌对阵营。米海尔八世通过与教宗和路易九世（Louis Ⅸ）进行一系列久拖不决的谈判，成功地阻止了安茹（Angevin）王朝的进攻，他允诺的条件就是有可能达成罗马和君士坦丁堡之间教会的合并，这项合并计划最终于1274年7月在里昂第二次大公会议（Second Council of Lyon）上实现了。这次合并实际上是皇帝和时任教宗格里高利十世（Gregory Ⅹ）之间达成的协议，其关键性条款是承认教宗的至高地位、天主教关于炼狱的信条和“和子说”（filioque）。

里昂第二次大公会议达成的教会合并决议只是米海尔抓住的一个混乱而短暂的机会。它在暂时阻止安茹伯爵查理发动入侵的同时〔直到1273年鲍德温二世去世，他仍在继续策划帮助其女婿考特尼的腓力（Philip of Courtenay）收复君士坦丁堡的计划〕，也彻底摧毁了米海尔八世对其臣民的信义，当时他们绝大多数人认为他是个可恶的叛徒，在最敏感的问题上，也就是东正教信仰问题上向拉丁人投降。而且，这个机会的军事价值到1281年时就变得一文不值了，这一年，在查理影响下，他的朋友西蒙·德·布里（Simon de Brie）当选为教宗马丁四世（Martin Ⅳ）。同年7月，马丁确信米海尔八世承诺的教会合并不过是虚幻的政治伎俩后，便支持查理和腓力远征收复君士坦丁堡的计划。次年10月，他宣布开除米海尔八世的教籍，指责后者是“那些天生分裂并追求分裂古代宗教的希腊人的保护者”。当然，对于查理来说，这就等于教会同意他发动进攻，进而为拉丁人重新征服君士坦丁堡。

这样的军事行动可能非常容易造成拜占庭帝国的灾难，但是米海尔八世机敏地要弄手腕从查理的王国内部摧毁其基础。当他听说曼弗雷德的女婿阿拉贡的彼得三世（Peter Ⅲ of Aragon）渴望为其妻子收复霍亨斯陶芬王朝的遗产时，米海尔八世立即与之结盟，并慷慨地为他提供进攻西西里的资金。而且，这笔资金很可能通过特殊渠道从拜占庭帝国直接送到西西里人手里，而后者正在安茹王朝的统治压迫下（主要是财政上的）受尽折磨，他们与彼得一起策划发动了起义。这次起义就是著名的“西西里晚祷起义”，爆发于1281年3月30日或31日，它彻底打乱了查理进攻君士坦丁堡的计划，为彼得入主西西里并成为那里第一位阿拉贡国王铺平了道路。

米海尔八世在削弱查理和挽救君士坦丁堡幸免于拉丁人进攻方面的作用确实被公认为是其最伟大的外交胜利之一，在他一生中也确实屡建这样的功绩。但是非常明显，这个功绩也只不过得到其臣民的认可而已。几乎所有人都对他在几个月后的离世感到高兴，但仍没有考虑拒绝为他提供一个体面的东正教葬礼。从拜占庭人的前途看，米海尔八世的政策使得皇帝的统治与社会上大多数人疏远了，而沉重的税收强加到他们头上，特别是在安纳托利亚地区，人们已经无法忍受。此时留给其儿子及继承人安德罗尼卡二世的任务是使帝国政府重新赢得东正教民心，并努力恢复能够得到财政支撑的政府管理。

许多历史学家认为，24岁继位登基的安德罗尼卡二世是个可悲且无能的统治者，极其缺乏战略洞察力，没有能力有效处理他当时面临的最重要的军事威胁。但其宗教政策是务实有效且受到欢迎的，他上任后的第一项施政措施就是取消里昂第二次大公会议教会合并的决定，并为那些因米海尔八世处理教会事务而受到不公对待的人平反，求得他们的谅解，而这只能更加疏远与教宗之间的关系。他在上任之初采取的经济措施也是短视而具有破坏性的，例如减少海军和陆军的人数，对依附农（pronoiars）征收额外税来为战争筹款，下令将拜占庭金币（hyperpyron）贬值。最后，他未能阻止帝国在巴尔干半岛和安纳托利亚丧失大片领土，未能平息在其统治末期爆发的王朝内讧，他的无能导致帝国非常失败，预示着1241—1271年间这个国家无可挽回的衰败。

安德罗尼卡二世在巴尔干半岛面临的主要困难来自如何对付聂曼加（Nemanjid）王朝，斯特凡·乌罗什二世·米卢廷（Stephen Uroš Ⅱ Milutin，1282—1321年在位）领导下的塞尔维亚人发动咄咄逼人的扩张进攻，其显著的军事行动就是1282年占领斯科普里，并于13世纪90年代晚期不断在马其顿边境地区进行游击战式的抢劫袭击。当拜占庭抵抗入侵的战事屡遭挫折时，安德罗尼卡二世转而于1299年试图通过和解协议调和双方的关系，他将自己5岁大的女儿西蒙妮（Simonis）嫁给米卢廷，并割让已被塞尔维亚人征服的北部地区作为“嫁妆”，也就是从奥赫里德（Ochrid）经斯提普（Štip）到斯特鲁米卡（Strumica）拱形前线分布的一系列城堡。塞尔维亚人由此突进到拜占庭疆域内，其进军依旧进行，在斯特凡·乌罗什四世·杜尚（Stefan Uroš IV Dušan，1331—1355年在位）统治时期，这一攻势达到高潮。但同时，这个协议开启了对塞尔维亚宫廷加强拜占庭文化传播的重要时期，这在杜尚统治时期达到顶点。

安德罗尼卡二世统治时期，拜占庭帝国安纳托利亚地区领土的丧失尤其惨重，他完全不像米海尔八世，对土耳其人向沿海地区的扩张忧心忡忡，因为这一扩张在整个13世纪70年代不断加强。当时塞尔柱人国家正从中央地区解体，到14世纪初，最终被一批小君主国或领主国（beyliks）取代。安德罗尼卡二世在其父亲去世前两年，曾亲眼看到土耳其人对马恩德河流域的袭击抢掠，并造成巨大灾难和人口锐减，而这还是在门特什领主国（Menteshe beylik）崛起的早期阶段。作为帝国唯一的皇帝，安德罗尼卡二世决心强化安纳托利亚地区的军队，保持在该地区更经常和活跃的武装力量，然而，他忙于巴尔干半岛事务，无暇实现自己的想法，直到13世纪90年代。此时，奥斯曼贵族势力已经做大，他们在奥斯曼领导下于索古特附近的尚加留河（Sangarios）南岸地区渡河侵扰洗劫名义上属于拜占庭帝国的领土，参与者既有穆斯林也有基督徒。

1290—1307年，安德罗尼卡二世采取各式各样的措施抵抗土耳其的军事攻势，但是没有一个持续有效。1290—1293年，这位皇帝将其宫廷迁往安纳托利亚，亲自监督边防要塞的重建，总的看来，其意在提振士气。1294—1295年，其军事将领阿莱克修斯·菲兰塞罗潘努斯（Alexios Philanthropenos）在马恩德河流域取得重大胜利，但是这些战果迅即丧失。菲兰塞罗潘努斯因为发动政变失败而被刺瞎。1302年春季，安德罗尼卡二世的儿子米海尔九世和穆扎伦（Mouzalon）将军分别发动远征，恢复对马恩德河边防地区的控制，并将长期困扰他们的奥斯曼人驱逐出尼科米底亚附近地区。然而，他们的胜利都毫无意义，1302年7月，穆扎伦将军在巴弗斯（Bapheus）遭到惨败，被视为奥斯曼贝格（Beg）对拜占庭帝国取得的首次重大胜利。同年夏末，孤注一掷的安德罗尼卡二世请求加泰罗尼亚雇佣军团提供军事援助。该雇佣军团由6500名彪悍的军士组成，为了得到极其高昂的军饷，在雇佣军团长罗杰·德·弗洛尔（Roger de Flor）的率领下，于1303年春夏迅速赶往安纳托利亚作战，将聚集在基兹库斯到菲拉德尔斐亚（Philadelphia）一带的土耳其人击退，同时对该地区肆意烧杀抢掠。而这一战果也迅即丧失。加泰罗尼亚雇佣军团一撤出这些地区，土耳其人就立即恢复袭击，并围困一些重要的军事要塞。就在这个关键的时刻，加泰罗尼亚雇佣军团本身就成为拜占庭帝国的祸患。因为罗杰在前往亚得里亚堡拜访米海尔九世期间遭到刺杀，他们就在色雷斯地区进行了两年的复仇战争，当地的城市和乡村都遭到无情的洗劫和抢掠。1307年夏季，这支雇佣军团开始为新的目标向西移动，最终于1311年击败布里尼的沃尔特（Walter of Brienne），成为底比斯和雅典公国（Duchy of Athens and Thebes）的主宰。这样，加泰罗尼亚雇佣军团不仅没有促进拜占庭人在小亚细亚地区的收复行动——安纳托利亚仍被丢弃在混乱中，反而使色雷斯和马其顿地区成为一片焦土。

此后，安德罗尼卡二世很少向安纳托利亚派兵。相反，他加强了与波斯的蒙古伊尔汗国（Mongol Ilkhanids of Persia）朝廷的谈判，企图争取其发动对土耳其人的军事攻击，特别是对奥斯曼人的袭击。此时，奥斯曼人已开始长期围困尼西亚。显然，这些计划还是遭到失败。在其统治的最后十几年期间，奥斯曼人和卡拉斯（Karasi）贵族迅速崛起，就像萨鲁汗（Saruhan）、阿伊丁（Aydin）和门特什领主国主宰安纳托利亚地区南部一样，他们成为拜占庭帝国在安纳托利亚西北地区的土耳其继承者。与此同时，那些不愿意继续生活在土耳其人统治下的罗马人逃往马尔马拉海对岸的拜占庭领土，或者躲避到几个尚未被征服的军事要塞附近，也就是在尼西亚、尼科米底亚、普鲁萨（Prousa，今布尔萨）附近的卑斯尼亚地区。然而，到1326年，奥斯曼的儿子奥尔汗就占领了普鲁萨，并在此定都。在这些地区的南部，安德罗尼卡二世统治结束时控制的唯一重要的半自治中心地区只剩下菲拉德尔斐亚地区（最终于1390年失陷），而其居民为保持这份殊荣不得不向邻近的盖尔米扬（Germiyan）贵族支付贡赋。

安德罗尼卡二世统治的最后8年间，王朝内战持续不断，这导致了陷入深刻困窘的老人（1320年时安德罗尼卡二世已经60岁）和他20多岁的一个多少有些鲁莽轻浮的孙子安德罗尼卡三世之间激烈的冲突，前者的各项政策尽数破产，而后者作为其父亲米海尔九世的直接继承人参与继承皇位。然而，在皇室发生了一次悲剧性事件后，年迈的安德罗尼卡二世于1320年取消了他孙子的继承权。当时安德罗尼卡三世的弟弟被暗杀，他的父亲经不起打击，因悲伤过度而去世。安德罗尼卡三世随即组织军事对抗，由于允诺大幅度削减税收而广得民心。两位安德罗尼卡之间的内讧从1320年持续到1328年，整个内战大体分为三个阶段。在内战的第一个阶段（1321年），安德罗尼卡三世进军君士坦丁堡，最后经过谈判获得色雷斯作为其封地。第二个阶段（1322年）以安德罗尼卡三世被正式任命为共治皇帝而结束，同时他还拥有一支由国家供给军饷的军队，并入住季季莫蒂霍（Didymoteicho）。第三个阶段也是最后阶段爆发的公开战争（1327—1328年）差不多就是一场巴尔干半岛的国际战争，支持安德罗尼卡三世的是保加利亚人，而支持安德罗尼卡二世的是塞尔维亚人。战争的最高潮是安德罗尼卡三世于1328年5月23日夺取君士坦丁堡，而后，其祖父便被废黜。后者于1332年去世，身份是修道士安东尼奥斯（Antonios）。这个漫长多变的时期显然对帝国统治造成了巨大的破坏和削弱，经济特别是农业遭受严重损害。而其负面影响虽然尚待显现，但是必定深刻而持久。

安德罗尼卡三世登基时31岁，随之产生出新的君主御前顾问班子，其中最有权势的当属极其富有的大贵族约翰·坎塔库泽努斯（John Kantakouzenos），时任军队总司令（Grand Domestic）。他们共同面临着恢复帝国和类似重建的挑战，也就是将拜占庭帝国降低到欧洲小国的地位，同时要应付不断崛起的周边邻国，其北方有强大的塞尔维亚，南方有安纳托利亚西北地区正在崛起的土耳其贵族。安德罗尼卡三世在安纳托利亚的目标很明显有两个方面——既要维持对卑斯尼亚地区几个边远前哨（尼西亚、尼科米底亚）的控制，同时还要保护东爱琴海诸岛屿不要落入正在崛起的土耳其贵族手中。1329年夏天，他发动解除尼西亚包围圈的最后努力，但是帝国军队在佩雷卡诺斯（Pelekanos，6月10日）被奥尔汗打得大败，两年后，这个城市就被攻陷了。安德罗尼卡三世千方百计防止尼科米底亚遭遇同样的命运，他于1333年8月与奥尔汗谈判支付贡赋换取和平，这是他与奥斯曼人第一次进行类似的谈判，但是这一协议的价值十分有限，1337年，尼科米底亚向后者投降。这样，到此为止，拜占庭帝国的卑斯尼亚领土实质上就被奥斯曼贵族吞并，后者的繁荣活跃给当时的阿拉伯旅行家伊本·巴图塔（Ibn Battuta）留下深刻的印象。在西部沿海地区，拜占庭人取得期待中的胜利，1329年，收复希俄斯，就是在这里，安德罗尼卡三世亲自会见萨鲁汗酋长（beg of Saruhan）和阿伊丁酋长（beg of Aydin）乌穆尔（Umur）派来的使节。6年后，安德罗尼卡三世便与后者结成紧密的联系，并得到财政资助，使得他能够收复莱斯博斯岛。

安德罗尼卡三世和坎塔库泽努斯在欧洲方面表现出高超的军事外交技巧，收回塞萨利（1333年）和伊庇鲁斯（1340—1341年），从而使这块自1204年以后就脱离帝国控制的相当大的领土重新并入帝国疆域。然而可悲的是，正是这个地区不久将成为塞尔维亚人攻击的目标及其定居地，当时斯特凡·杜尚于14世纪40—50年代创建了巴尔干半岛小“帝国”，还部分地得到拜占庭人的资助。斯特凡·杜尚于1331年登基，很快即恢复其向南部地区的扩张。他发动的一系列战争一直持续到1334年。这一年，安德罗尼卡三世在和谈达成的协议中割让了5个重要的军事要塞，其中包括奥赫里德和普里莱普（Prilep），并正式承认自从米卢廷国王时期就开始被塞尔维亚人侵占的领土合法化。这样做的目的就是企图恢复稳定，同时与塞尔维亚人结盟，就像与阿伊丁结盟一样，希望得到其雇佣军团的进一步支援。

总体看来，安德罗尼卡三世的外交政策表现得相当活跃。它采取实质性的努力尽量掌控困难和衰落的形势，并设法创造一些新东西；它也成为帕列奥列格王朝历史上这类努力中最后的重要成就。

1341—1372年：国家无法逆转的衰亡

1341—1372年是充满麻烦的时期，拜占庭帝国从此一蹶不振，再也不能东山再起。这个国家又被内战撕成了碎片，特别是1341—1347年（所谓“第二次帕列奥列格王朝内战”）和1352—1357年两次内战，同时还有14世纪70年代初王朝内讧呈现白热化的新时期。持续伴随这些内战的是外族入侵和移民定居，特别是塞尔维亚人和奥斯曼人，其入侵的规模极大，具有灾难性影响。拜占庭各地城市在“第二次内战”期间及以后陷入长期的社会动乱，富人和穷人之间不断爆发流血冲突。同时，由于拜占庭帝国晚期出现的最后一次宗教争端，社会也被分裂了，这个争端就是“静默派”（Hesychasm）运动，其结果对哲学和神学思想的进一步发展产生决定性的影响。最后，大自然本身似乎也在这些年头来添乱，与拜占庭人作对，先后发生多次严重地震，产生灾难性的后果。普遍的悲惨状况又因为1347年暴发的鼠疫传染病而加剧。所有这些因素都使得1341—1372年这个时期演变成严重的衰败时期。这个国家能够苟延残喘挺过14世纪40—50年代真是个奇迹。随着14世纪岁月的流逝，拜占庭君主的主要目标越来越局限于设法保卫君士坦丁堡、塞萨洛尼基和莫利亚地区这几块领地。

这个时期各种麻烦的核心问题是领导层内部长期的争斗，它严重瓦解帝国政府，为外敌入侵提供了方便。它本质上是帕列奥列格王朝与坎塔库泽努斯家族之间长期的斗争，大体上分为1341—1347年、1347—1354年和1354—1357年三个阶段。

这个螺旋式的衰变过程始于1341年，安德罗尼卡三世的儿子和继承人约翰五世（John Ⅴ）在其父亲去世时刚刚10岁，因此需要建立一个摄政会议，其成员包括约翰的母亲萨伏伊的安娜（Anna of Savoy）、坎塔库泽努斯和牧首约翰十四世·卡莱卡斯（John XⅣ, Kalekas）。1341年夏天，麻烦出现了，野心勃勃的卡莱卡斯联合海军司令（High Admiral）阿莱克修斯·阿波卡库斯（Alexios Apokaukos），说服皇后相信坎塔库泽努斯密谋推翻安娜和幼帝约翰五世，并阴谋建立自己的王朝统治。同年9月，当坎塔库泽努斯外出到色雷斯期间，卡莱卡斯便宣布自己为摄政王，并发动对坎塔库泽努斯的家人和拥趸的暴力攻击；到10月份，安娜下令解除坎塔库泽努斯的军职。坎塔库泽努斯声称保护和维系幼帝约翰五世的权力，在季季莫蒂霍接受山呼万岁自立为帝。从而开启了一直持续到1347年2月2日的“第二次内战”。这次内战具有灾难性的后果，因为交战双方都最大限度地使用外国雇佣军。坎塔库泽努斯雇佣的是塞尔维亚人和土耳其人，而摄政王一方主要依赖土耳其人。

在整个内战期间，坎塔库泽努斯的土耳其雇佣军主要来自阿伊丁酋长乌穆尔。然而到1345年，他又与奥斯曼苏丹奥尔汗结成紧密联姻，于次年将亲生女狄奥多拉嫁给这位苏丹。这场战争持续了五年，使色雷斯和马其顿农村遭到彻底的蹂躏和破坏。外国雇佣军经常参与内战，最终各自为捞取自己的扩张利益而战。在整个危机期间，斯特凡·杜尚直到1355年去世为止，主要利用拜占庭帝国内乱之机，将塞尔维亚国家扩张为微型帝国，其范围包括马其顿大部分地区和希腊北部大片土地。最终，坎塔库泽努斯于1347年2月初胜利进入君士坦丁堡，与安娜达成和解，根据协议，他和约翰五世将作为共治皇帝一起统治，而后者在未来十年内属于地位更低的共治皇帝。这种关系在同年5月末得到确定，坎塔库泽努斯的女儿海伦娜（Helena）嫁给安娜的儿子、当时15岁的皇帝。

在这个关键时期，拜占庭帝国遭到彻底损毁，其农业和商业基础被严重瓦解，中央国库空虚，臣民贫困衰弱、精神萎靡。在此背景下，我们只能推测，开始于1347年夏末的鼠疫肯定产生非常严重的影响，可能与其附近的开罗一样，人们详细记载了这次可怕的鼠疫。而且，此后鼠疫又在14世纪60年代和15世纪20年代暴发过8次。

约翰六世（坎塔库泽努斯）与其女婿在1347—1354年间的“双人统治”是按照他的意愿安排的，虽然意义不大，但是却致力于引入新的强国势力，以便对君士坦丁堡城北重新建立的意大利人商业殖民区（热那亚和威尼斯特区）进行有利的权力平衡。为了得到支持，他于1351年对格里高利·帕拉马斯（Gregory Palamas）捍卫的“静默派”运动做出让步，正是这个政治上具有不确定性的决定最终导致此后迅速蔓延的动乱。另一方面，坎塔库泽努斯本人的支持者也感觉到他将要为自己的利益建立新王朝，因为他晋升其子马修（Mathew，1325年出生）为共治皇帝和正式继承人。同时，约翰五世·帕列奥列格也逐渐年长，开始设法掌握全权，并试图摆脱坎塔库泽努斯的控制。1353年以后，坎塔库泽努斯设法调和野心勃勃的女婿和儿子的关系，但是，在约翰五世对马修发动突然的军事攻击后，他最终将约翰五世放逐到特内多斯岛（Tenedos），并于1354年为马修加冕，授予他色雷斯地区的封地。事实上，坎塔库泽努斯最终还是暴露出他的真面目，即篡夺帕列奥列格王朝的皇位，这也是他的对手一直十分担心的。然而，帕列奥列格王朝不会被取代，因为民众和教会舆论都支持约翰五世对皇位的合法权利，坎塔库泽努斯的统治基础迅即解体。1354年，奥尔汗的长子苏莱曼·帕夏（Suleyman Pasha）率领奥斯曼土耳其人占领极为重要的要塞加利波利（Kallipolis）。奥斯曼人因此获得了从小亚细亚进军色雷斯的重要渡海地点。此后几个月，苏莱曼不仅拒绝归还加利波利要塞，而且开始向加利波里（Gallipoli）全岛大举殖民，建立奥斯曼人定居点，这将成为奥斯曼入侵色雷斯的桥头堡。这一发展变化在君士坦丁堡造成巨大恐慌，约翰五世和热那亚人借此于1354年11月策划发动恢复其皇位的政变，并使他成为唯一的皇帝。坎塔库泽努斯被废黜，成为一名修道士，晚年忙于写他的回忆录和神学论文，直到1383年去世。

约翰五世最后还要对付马修·坎塔库泽努斯，1354—1357年是帕列奥列格王朝和坎塔库泽努斯家族长期对立斗争的闭幕阶段。马修始终得到其姐夫奥尔汗的军事支援，而苏莱曼在加利波利要塞同样得到支持。这场争斗在1356年夏天达到高潮，随着马修被俘，其进攻君士坦丁堡的计划宣告破产，他宣布放弃其头衔（1357年）并随后撤退到莫利亚（1361—1383年或者1391年），内战方告结束。这样，约翰五世在其25岁时最终确立起自己作为安德罗尼卡三世合法继承人的地位。

正如上面提到的，苏莱曼·帕夏在1354年春季向色雷斯的进军迈出了土耳其向东南欧扩张的第一步。到他于1357年去世时，所有人都清楚地看到土耳其人正在从背后包围君士坦丁堡的道路上快步前进。马里查河（Maritsa）上游和中游支流地区尽数落入土耳其人的手中，重要的北方要塞季季莫蒂霍和亚得里亚堡也都进入其攻击范围。在被占领的土地上，村庄都被改作各级军事将领的军事采邑，有些事实上成为土耳其农田，来自安纳托利亚的殖民者移居到这块新的“幸运之地”。奥尔汗成为实行统治的奥斯曼在位苏丹，他对这次初步向欧洲扩张的行动究竟给了多大支持我们不得而知，他本人似乎对此没有积极地参与。1357—1359年间暂时的安定阶段后，罗姆地区的土耳其指挥官继续其抢劫袭击活动，他们于1361年11月占领季季莫蒂霍。这些袭击活动在14世纪60年代不断加强，但是奥尔汗的继承人穆拉德一世（Murad Ⅰ，1362—1389年在位）没有采取任何指向帝国心腹地带的攻击，他在统治的头十年里只是彻底征服了安纳托利亚地区。菲利普波利斯（Philippolis）位于贝尔格莱德（Belgrade）前往君士坦丁堡的公路途中，当时是保加利亚人主要的前线边防要塞，该城于1363年或者1364年被攻占。最终，亚得里亚堡可能于1369年被占领。

我们不能详细描述约翰五世对这些挫折所做的反应，显然他已明确认识到其可悲的命运。在其作为唯一皇帝统治之初，他认为唯一现实的希望是争取西方的援助，从他于1355年请求教宗英诺森四世提供舰船和军事支援就可以看出这一点，作为回报，他答应将恢复教会统一，他还提出请教宗做其子曼努埃尔二世的监护人和保护者。然而，英诺森四世对此无动于衷。十年后，约翰五世又将希望寄托在其表兄萨伏伊的阿马德奥六世（Amadeo Ⅵ of Savoy）身上，后者计划发动一次古代风格的十字军远征，扬言通过救助拜占庭帝国来收复圣地。阿马德奥确实于1366年6月从威尼斯航海东进，并从奥斯曼人手中夺回加利波利。1367年4月到6月初，约翰五世和阿马德奥在君士坦丁堡秘密策划各种各样可能的计策，包括召开大公会议以便恢复两大教会的统一，约翰五世还将亲自前往罗马，正式宣布皈依天主教信仰。当阿马德奥带着拜占庭使节回到意大利，向教宗乌尔班五世提交这一提议时，遭到后者的拒绝，因为他认为这毫无用处，但他还是欢迎皇帝的来访。可能是伤感于亚得里亚堡的陷落，约翰五世没了脾气，顺从地接受邀请，并于1369年10月17日在罗马的圣智医院宣布皈依天主教信仰。三天后，他又在圣彼得大教堂台阶上公开举行庄严的服从仪式。

没有任何其他拜占庭皇帝曾经如此屈辱地屈服于教宗，这个既成事实（ipso facto）也表明约翰五世对于其帝国的命运感到绝望的程度。他在罗马又待了五个月，并在威尼斯待了一年，于1371年秋天返回君士坦丁堡。在此期间，他没有从西方得到任何援助，巴尔干半岛的形势进一步恶化。在这关键时期，斯特凡·杜尚的帝国的后辈，主要是控制着普里莱普、斯科普里（Skopje）和奥赫里德附近地区的武卡欣（Vukašin）王，以及以塞尔（Serres）以南地区为基地的其兄弟约万·乌格列沙（Jovan Uglješa），他们试图在亚得里亚堡附近组织军队，抵抗土耳其人的进攻。1371年9月26日，大约在约翰五世重返首都前一个月，塞尔维亚军队在马里查河附近切尔门（Çirmen）正面阻击土耳其军队，惨遭全军覆灭。对于塞尔维亚人来说，这次失败的结果非常严重，因为土耳其人对南斯拉夫领土的征服吞并似乎铁板钉钉了。此时，侥幸逃脱的几个领主也都屈服于奥斯曼人，成为称臣纳贡的附属国，其中就包括武卡欣王的儿子，那位名扬四海的马克·克拉杰维科（Marko Kraljevic），而前者在此次战争中不幸阵亡。

拜占庭帝国对这次灾难的反应是复杂的。虽然约翰五世最有才华的儿子、当时任塞萨洛尼基总督的曼努埃尔打败了塞尔维亚人，收复塞尔。但约翰五世却得出了与此相反的悲观的结论，认为他必须与奥斯曼人签署附庸国协议（modus vivendi）。这个协议是与苏丹穆拉德一世签署的，根据该协议，拜占庭帝国此后必须称臣纳贡，并在需要的时候向奥斯曼军队提供兵员。作为回报，约翰五世希望穆拉德一世能够限制进入欧洲的土耳其军队攻击剩余的拜占庭领土。无论如何，这个协议的后果就是形成了一种君士坦丁堡和布尔萨（Bursa）并存的新模式，由此双方的统治阶层都被吸引来进行密切的接触和合作。

1371/1372—1394年：奥斯曼附庸国的第一阶段

约翰五世和穆拉德一世签署第一个附庸国协议后，君士坦丁堡向奥斯曼政府缴纳贡赋达二十多年。从拜占庭方面看，这个时期包括约翰五世统治末期（他于1391年去世）、其长子安德罗尼卡四世篡位时期、后者之子约翰七世（John Ⅶ）篡位时期和约翰五世的次子曼努埃尔二世统治初期。穆拉德一世的统治一直持续到1389年他在科索沃波尔耶（Polje）战役中遭到刺杀为止，而后，其杰出的儿子“雷霆”巴耶塞特（“Thunderbolt” Bayezid）继承苏丹权力，但是帖木儿（Tamerlane）于1402年7月在安卡拉（Ankara）战役中将他俘虏。这个时期的重要变化表现在两方面。首先，帕列奥列格王朝内部争权夺利的斗争死灰复燃，更加激烈，使得拜占庭帝国和奥斯曼人的关系更加纠缠不清，野心勃勃的皇位竞争者争先恐后地与奥斯曼苏丹拉关系，同样也与意大利人特别是威尼斯和热那亚人拉关系，以便得到援助来反对现任皇帝。在此过程中，皇帝的统治权威越来越遭到国内外质疑。其次，与拜占庭政治腐败同时发生的是，奥斯曼人继续向巴尔干半岛中央地区稳步进军，主要通过宗主国地位确立起对各地四分五裂的基督教附庸国的控制。在穆拉德一世统治时期，1371/1372年以后的突出事件包括攻占索非亚（1385年）和尼什（Nis，1386年），紧接着三年后，他在科索沃取得对大塞尔维亚和波斯尼亚（Bosnian）联军的决定性胜利，从而决定了各式各样塞尔维亚领主的命运。1393年，巴耶塞特最终吞并保加利亚核心地带，将其并入帝国版图。就是在这个普遍动荡的背景下，让我们浏览一下在主仆国关系第一阶段，帕列奥列格王朝与奥斯曼人之间的交往。

当约翰五世越来越深地陷入与其子安德罗尼卡四世之间爆发的血腥冲突时，因为王朝内讧导致的灾难性“附庸国关系”逐渐形成。安德罗尼卡四世当时已经是确定的皇位继承人。1373年春季，他与穆拉德一世的儿子萨维奇·塞雷比（Savci Çelebi）一同上演联合反叛的丑剧，他们的目标就是废黜各自的父亲，并取而代之，统治各自的国家。约翰五世和穆拉德一世匆忙联合部署，调集军队〔在此过程中，穆拉德一世第一次跨海进入罗马人土地鲁米里（Rumili）〕，到9月底，安德罗尼卡四世被俘，几乎被刺瞎（同样遭遇的还有其3岁的儿子约翰七世），而萨维奇·塞雷比极有可能被处死。

为惩罚他们，约翰五世将安德罗尼卡四世及其儿子关入监狱，将自己的第二个儿子曼努埃尔二世晋升为共治皇帝，由此埋下长期怨恨的种子。在这个阶段，安德罗尼卡和他的儿子在热那亚人和威尼斯人的帮助下于1376年7月逃出牢狱，并重返君士坦丁堡实施复仇。约翰五世和曼努埃尔二世被俘，也被投入监狱，他们在狱中度过三年，而安德罗尼卡则建立起自己的统治，他还加冕自己的儿子约翰为共治皇帝。穆拉德一世将对约翰五世的支持公开转移到安德罗尼卡身上，因为后者承诺不仅为其提供军队，而且归还加利波利（也就是萨伏伊的阿马德奥于1366年夺取的要塞），1377年，该要塞真的被移交给土耳其人。除王朝内斗的原因外，安德罗尼卡四世发动篡位反叛的原因真的非常难以理解，也许他就是为了表达他自己的态度，即防止约翰五世再次犯下米海尔八世可耻地屈从于教宗的大错。

1379年6月，安德罗尼卡四世于1376年叛逃的事件再度上演，此时约翰五世和曼努埃尔二世在威尼斯人的帮助下逃出监狱，这一点早在预料之中。他们立即前往布尔萨，向苏丹表示，如果他废除安德罗尼卡四世并支持约翰五世恢复皇位的话，就提供大笔贡赋；而穆拉德一世也再次提出最高要价。这样，约翰五世和曼努埃尔二世借助威尼斯舰船和土耳其军队于同年6月末对君士坦丁堡发动袭击，设法攻入城中，重新建立起他们的皇权统治。然而这一次，安德罗尼卡侥幸逃脱，随同其家人和人质躲避进加拉塔（Galata）特区，并在热那亚人的帮助下一直对抗到1381年。最终，双方于1381年5月达成家庭协议，根据协议，安德罗尼卡四世将得到宽恕，仍恢复其继承约翰五世皇位的权利，而后皇位将传给安德罗尼卡四世的儿子约翰，即后来的约翰七世。

然而，该协议还是没能恢复帕列奥列格王朝内的和平与和谐。由于曼努埃尔二世实际上被排除出继承人的行列，因此他怒气冲冲地于1382年返回塞萨洛尼基，并在此后实施进一步的叛逆行动，使得约翰五世力图与穆拉德一世和解的政策陷入窘境。到1383年，曼努埃尔二世就已经建立起对塞萨利和伊庇鲁斯的统治权。这种任性的“军事扩张”使苏丹极为警觉，于是便派遣军队要求曼努埃尔二世交出塞萨洛尼基，但是遭到后者的断然拒绝，结果双方的战事一直持续到1387年，曼努埃尔二世坚守该城，抵抗奥斯曼军队的围困。同时，安德罗尼卡四世和他的儿子约翰七世撤退到他们在塞林布利亚（Selymbria）地区的封地，但是在1385年安德罗尼卡四世去世后仍然爆发了与约翰五世的领地之争。

帕列奥列格王朝政治史的悲剧在这十年持续上演，安德罗尼卡四世和其亲属间的冲突并没有因其去世而终止。相反，悲剧像遗产一样传给他的儿子约翰七世。后者在1385年时只有15岁，却极为渴望立即履行1381年继承协议的条款。他担心自己继承皇位的权利被取消，特别是在1387年春季，当哈雷丁·帕夏（Hayreddin Pasha）夺取塞萨洛尼基，曼努埃尔二世开始耍手腕与父亲和好，也同样用计策结好苏丹时，他更加担心。这一年秋季，约翰五世最终在穆拉德一世的支持下允许其子回到君士坦丁堡，从而使曼努埃尔二世的野心得到实现：他成为共治皇帝和既定皇位继承人。当老皇帝（1387年时他年满55岁）顾念父子之情时，他坚持采取行动，以至于将其孙子逼上叛乱之路，这样也使得曼努埃尔二世的政治地位极不稳固。他被降格放逐到利姆诺斯岛（Lemnos），并一直软禁在此，直到1389年夏末或早秋。

对于约翰七世而言，曼努埃尔二世从塞萨洛尼基向君士坦丁堡进军的举动就是个充足的借口，他开始准备密谋推翻其祖父的政变，为此他打算得到热那亚人和奥斯曼人的支持。1389年5月，他前往热那亚，在此他被承认为皇帝，并得到借款。1390年初，他听到祖父驾崩的传言，返回东方拜见苏丹，此时苏丹已经从穆拉德一世换成了巴耶塞特。在这个节骨眼儿上，约翰五世确实得了重病，这促使曼努埃尔二世立即从利姆诺斯岛回到其父亲的病榻前，这可是个具有战略意义的地方，因为不言而喻，这正是即位接任皇帝的时机。但是，约翰五世却奇迹般地恢复了健康，他好像也同意曼努埃尔二世擅自从流放地回来，似乎预感到他与孙子约翰七世的战事很快就要爆发。确实，当约翰七世面见巴耶塞特时，后者同意向他提供军队，虽然我们还不是很清楚苏丹得到的报酬是什么。无论如何，争权夺利的斗争以约翰七世的胜利结束，1390年4月13日或14日夜，君士坦丁堡城内支持他的民众帮助他进入城市。他的统治只持续了几个月，在此期间，其祖父一直被困在“黄金门”附近的一个小要塞里，而他的叔叔曼努埃尔二世则匆忙从各地调集军队勤王，力图推翻其侄子的统治。

约翰七世在君士坦丁堡夺取皇权后不断遭到曼努埃尔二世的攻击，后者借助罗德医院骑士团（Knights Hospitallers of Rhodes）的帮助，为此他典当出售了一大批教会宝藏。一旦他和他的父亲恢复皇位后，就面临着恢复与巴耶塞特的友好关系这个极为重要的问题，他绞尽脑汁要尽手段防止约翰七世再度推翻他们的统治。确实，后者的挑战一直困扰着曼努埃尔二世，时断时续直到约翰七世于1408年去世为止。他最终达成与巴耶塞特的和解，其中部分条款涉及拆除“黄金门”要塞。文献证据表明，苏丹并不反对曼努埃尔二世接替约翰五世继承皇位，而后者于1391年2月去世。此后直到1394年，曼努埃尔二世都是以忠实臣属的身份对待巴耶塞特，而这就造成他极为突出的心理和思想上的混乱（正如其作品提供的证据表现的那样）。与此相反，他与自己的侄子达成的和解却极为短暂且流于形式。

1373—1394年间呈现的政治阴谋比其他任何方面都清楚地表明，帕列奥列格王朝的命运相当严重地依赖于外国君主特别是意大利人和土耳其人的意志，而这个王朝在利用其权力切实维护臣民一般福祉方面极端无能。并且还清楚表明，穆拉德一世和巴耶塞特极为巧妙地利用其基督教臣属国皇族各派的对立斗争使其利益达到最大化。

1394—1424年：起义和靠不住的恢复自治

曼努埃尔二世改变了其父亲长期奉行的屈从奥斯曼人的政策，其原因至今是个天大的谜团，特别是他当时掌握的物资和军事资源都非常薄弱。然而，就是在1393/1394年，曼努埃尔二世确实与约翰七世有过关于正式和解的谈判，其中关键的问题在于重新确定继承皇位的顺序，而约翰七世则将消息透露给了巴耶塞特，后者勃然大怒。据说巴耶塞特于1393/1394年在塞尔〔后来又移到特尔诺沃（Trnovo）〕召开的臣属国大会上，下令处死曼努埃尔二世，但后来又宽恕了他。曼努埃尔二世本人声称，这个插曲彻底摧毁了他和苏丹之间的“友情”，而当巴耶塞特要求在君士坦丁堡城内建筑新的清真寺并安插一名法官，同时在城内开辟大片土耳其租借地时，双方的冲突进一步激化。无论当时的背景如何，曼努埃尔二世于1394年春季前后中断与奥斯曼人的臣属关系，大体上就是拒绝支付贡赋，不提供军队，只是参加苏丹召集的会议。奥斯曼人认为，这就是反叛行为，是君士坦丁堡这个纳贡附属国（tekfur）的第一次反叛行动。

巴耶塞特的反应是必须进行军事镇压，于是他发动对君士坦丁堡的进攻，这场战事时断时续持续了大约8年。正如曼努埃尔二世本人作品中提供的证据所表明的，巴耶塞特最初的目标或者至少是其基本目的，不是要取代帕列奥列格王朝的统治，而是要重新扶植约翰七世上台，作为苏丹青睐的臣属。无论原因何在，苏丹对君士坦丁堡的进攻肯定对激发勃艮第的腓力（Philip the Bold of Burgundy）和匈牙利的西吉斯蒙德（Sigismund of Hungary）组织最后一次规模庞大的十字军起了重要作用（虽然很难说是关键作用）。从1394年春季到1396年秋季，奥斯曼军队在君士坦丁堡采取的行动更多的是封锁，而不是坚决围攻。然而，巴耶塞特于1396年9月25日在尼科波利斯（Nicopolis）取得对上述十字军联军的决定性胜利后，奥斯曼军队主要的军事行动就都集中到君士坦丁堡城墙下，全面彻底的围攻由此开始。形势很快变得令人绝望，但是曼努埃尔二世一直坚持组织抵抗，直到1399年底，他在布希考特将军（Marshal Boucicaut）劝说下准备前往法国向西方君主争取更多实实在在的援助，后者是早些时候带着一小队援兵来到君士坦丁堡的。在布希考特将军的有效调解下，约翰七世和曼努埃尔二世完全和解，当约翰七世留在君士坦丁堡指挥艰难的守城战时，他的叔叔则乘船前往西方。

曼努埃尔二世此后在欧洲旅行（自1399年12月10日至1403年6月），访问了几个迷人的城市，其中包括威尼斯、帕多瓦（Padua）、米兰（Milan）、巴黎（Paris）和伦敦（London）。他受到各方慷慨殷勤的款待，这期间他认为法王亨利四世是个特别有魅力和招人喜欢的东道主。即便如此，他与西方君主的谈判仍然没有为他赢得实质性的援助，或是军事援助的承诺。在其作为查理六世（Charles Ⅵ）的客人居住在卢浮宫（Louvre）的一年半时间里，他取得的最重要的成果可能是用东正教观点写出关于圣灵降临的长篇论文。

拜占庭人认为，君士坦丁堡的得救完全是因圣母马利亚的及时出手援助，这确实看起来像是个救世主的奇迹（deus ex machina），而事实上这个救世主就是帖木儿，他使得君士坦丁堡在1402年没有屈服投降。这一年7月末，当曼努埃尔二世还在巴黎时，这位大汗在史诗般的安卡拉战役中与巴耶塞特进行决战，奥斯曼军队在战役中全军覆灭，遭遇灾难性惨败，巴耶塞特本人被俘。非常明显，约翰七世早在1401年夏季就与帖木儿谈判，保证拜占庭人将会团结起来抗击奥斯曼人。随着巴耶塞特的失败，奥斯曼军队对君士坦丁堡的围攻烟消云散。1403年，约翰七世一方面与其他基督教地方势力达成和平协议，另一方面与巴耶塞特在罗姆地区的继承人，倾向于和拜占庭帝国友善的苏莱曼·塞利比达成和约。拜占庭皇帝由此被正式批准免除纳贡义务，而且约翰七世还收回塞萨洛尼基和阿索斯圣山，以及从君士坦丁堡到迈森布利亚（Mesembria）或者瓦尔纳河（Varna）一线的沿海地区，还包括几个爱琴海上的岛屿。曼努埃尔二世本人回到君士坦丁堡以后，和平协议已经生效，他能够锦上添花的只是将其私生女狄奥多拉嫁给苏莱曼。

1402年以后，拜占庭帝国的民情表现为对侥幸残存的未来抱有虽然有限但重新泛起的乐观情绪。不仅巴耶塞特的威胁彻底消除了，而且其帝国此时也瓦解了，各个部分被帖木儿打得分崩离析，陷入争权夺利的内战，巴耶塞特的几个儿子在1403年到1413年间展开长期的皇位继承战争。直到后来，穆罕默德一世在拜占庭人的慷慨支持下取得胜利。穆罕默德一世作为唯一且没有争议的君主一直统治到1421年5月，在这一时期，君士坦丁堡和奥斯曼人之间始终弥漫着和平共存的气氛。这种气氛的维持主要是由曼努埃尔二世掌握着的，但同样，穆罕默德一世也自愿抑制其重新膨胀的扩张野心。

这一和平时期很快便在1421年末被破坏了，主要是因为君士坦丁堡发生皇位更迭。因为到1420年时，曼努埃尔二世已经是个70岁的年迈老人，他下决心退出公共生活。1421年，他将皇冠摘下来交给长孙约翰八世，而后者对土耳其人的态度比他的父亲还糟糕，且不够圆滑。同时，奥斯曼方面也更换新苏丹，1421年5月穆罕默德一世去世，其子穆拉德二世继位。后者对拜占庭人的态度非常不友好，冲突的阶段开始了，最终双方将要回到1403年的主仆国关系。

约翰八世及其幕僚高参得知穆罕默德一世去世的消息后，便愚蠢地决定煽动其国内反对新苏丹的势力叛乱。结果，他们于1421年8月支持一个叫穆斯塔法（Mustafa）的反叛者，此人声称自己是巴耶塞特早年失踪的一个儿子，他也确实在欧洲得到了一些支持。然而，穆拉德二世反应果断而具有决定性，其军队于1422年1月击溃穆斯塔法叛军，穆斯塔法本人被俘并被绞死。此后，他于6月份派遣大军攻击君士坦丁堡，另一支部队进攻围困塞萨洛尼基。面对这些灾难，曼努埃尔二世再度使用制造麻烦给穆拉德二世添乱的手段，也就是公开支持后者在安纳托利亚的一个兄弟库库克·穆斯塔法（Kucuk Mustafa）要求继承苏丹权位的主张。穆拉德二世在8月24日全面进攻君士坦丁堡失利后，于9月初撤军，去对付当时被围困在布尔萨的穆斯塔法。曼努埃尔二世和穆拉德二世最终于1424年2月行谈判，并订立协议。根据该协议，君士坦丁堡重新降格为纳贡国，这是保证其幸存的代价，根据历史学家杜卡斯（Doukas）的记载，它每年要纳贡30万银币。

1394—1424年期间，局势始终是围绕着曼努埃尔二世努力从奥斯曼人的“奴役”下摆脱出来而展开的，除个别运气不佳或者老天安排的意外插曲事件，总体上他作为一个政治家和“解放者”（savoir-faire）是成功的，他缓和反叛浪潮，恢复独立自治，实现与土耳其人暂时的并存共生。很不幸，他的继承者是些更无能之辈。

1424—1453年：恢复的臣属国及最终的挫败

奥斯曼人鉴于1421—1424年间不断爆发的冲突造成的困窘，不由自主地认为帕列奥列格王朝统治下的君士坦丁堡就是其必须夺取并直接吞并的猎物，如果以前没有完成这个任务，那么现在就应该解决问题了。然而，在曼努埃尔二世（他于1425年去世）统治的最后几年，以及约翰八世统治期间（1425—1448年）和君士坦丁十一世（Constantine Ⅺ）统治初期（1449—1451年），穆拉德二世都没有采取行动，一直保持着与君士坦丁堡的和平，并且一直履行着1424年协议的条款。1451年2月穆罕默德二世继位后，土耳其人对拜占庭人的态度发生剧烈变化，因为他认为征服这个城市是其迫在眉睫的愿望。

约翰八世统治的年代笼罩着极度焦虑和一再出现的绝望气氛。当君士坦丁堡享受着1424年以后的歌舞升平时，拜占庭帝国其他地区却处于长期动乱的威胁之中。莫利亚这个在狄奥多尔二世统治（1407—1443年）期间开始扩张并驱逐拉丁人的地区，也在1423年5月末遭到图拉汉·贝格（Turahan Beg）军队惩罚性的洗劫蹂躏。在马其顿，穆拉德二世于1422年发动的围困塞萨洛尼基的战役仍在继续，围困非常严密，以至于次年该城爆发大饥荒。在极端艰难的形势下，拜占庭人被迫将这个城市交给威尼斯人（1423年9月），而后者很快就被巨大的城防支出压倒。最终，穆拉德二世于1430年春季下决心彻底攻占塞萨洛尼基，他亲自指挥大军挺进马其顿，并实现了他的目标。由于该城市的领导者曾拒绝和平投降，塞萨洛尼基遭到可怕的洗劫，三日劫掠摧毁了该城。被俘者不得用赎金赎回，全部被拉到罗姆和安纳托利亚的奴隶市场上出售。三日洗劫过后，穆拉德二世立即采取措施重建这个城市。拜占庭帝国第二大城市当时仅剩下大约2000名居民。

尽管塞萨洛尼基于1430年的陷落确实被看作厄运难逃的有力预兆，但是罗马人及其君主仍然怀抱着希望，盼望未来十五年里他们的命运能够变得更好些。有些人仍然相信，如果君士坦丁堡和罗马两大教会能够实现真正的联合，西方人将会召集起更有战斗力的抵抗援军。还有一种类似的愿望，认为中欧强国特别是匈牙利诸王最终能够认识到多瑙河对岸迫在眉睫的威胁，并发动欧洲反奥斯曼人的征伐战争。确实，在15世纪30年代末期和40年代期间，到处喧嚣着反对奥斯曼人的声音，出现乱哄哄的行动，但是其结果都不过是昙花一现。

在拜占庭方面，约翰八世于15世纪30年代末重新开始努力争取与罗马联合统一，为了消除教义信条上的差异，他在于欧洲召开的会议上开展谈判。双方同意会议地点设在意大利，皇帝及其随行人员将前往参加。这次大公会议最终在两个地方举行，后来被称为费拉拉-佛罗伦萨大公会议（Council of Ferrara-Florence，1438—1439年）。约翰八世、牧首约瑟夫（Joseph）和其他高级教会人士于1438年初按时到达费拉拉，经过漫长的谈判，双方找到达成协议的基础。东正教大体上接受教宗的至高地位，承认“和子说”争议只是语义理解上的混乱。这种解决方式仍不能使皇帝一方的所有成员感到满意，有些人也确实拒绝接受并离开了会议。然而，1439年7月6日，一项两大教会正式联合的协议最终在新修建的佛罗伦萨大教堂达成了。

正如过去一样，联合的好处在拜占庭帝国看来微不足道。最重要的是，它并没有唤起多少西方人对君士坦丁堡困境的同情。与此同时，它再度使皇帝的统治疏远东正教社会的民众。在“东正教帝国”国内和其他地方，约翰八世的行为被打上叛徒的标签，就像当年米海尔八世一样。在君士坦丁堡，因为联合而产生的争端导致民众的分裂特别严重，而他们正面临着一种不可扭转的厄运，奥斯曼人趁机重新加强了征服这个城市的努力。当然，在费拉拉–佛罗伦萨大公会议的余波中，还有一些人弄不清“穆斯林的缠头巾”是不是真的比“教宗的三重冠”更好一些。

15世纪40年代，基督教军事力量的复兴最初看起来能够保证其胜利，但是最终也没能扭转整体形势。当时，在巴尔干半岛西部和北部，确实出现了几个反奥斯曼人的强大势力。在特兰西瓦尼亚（Transylvania），亚诺什・科菲努斯・洪亚迪（Janosh Corvinus Hunyadi）成功进行了一系列抵抗进攻塞尔维亚和瓦拉几亚（Wallachia）的土耳其军队的战役。同样的精神在年轻的匈牙利国王弗拉迪斯拉夫三世（Vladislav Ⅲ）和塞尔维亚专制君主乔治・布兰科维奇（George Brankovic）那里也可以看到。在阿尔巴尼亚，出现过一位富有传奇色彩的抵抗领袖，他叫乔治・卡斯特利特（Georgios Kastriotes），或者被称为斯坎德培（Scanderbeg，这个词是Iskender Beg的误用）。这种地方抵抗精神逐渐汇集凝聚为另一次国际十字军运动。1443年秋季，大约25 000名武士组成的联军渡过多瑙河，在弗拉迪斯拉夫、亚诺什・洪亚迪和布兰科维奇率领下击溃奥斯曼军队驻扎在尼斯的地方指挥官，一度占领索非亚，而后在冬季返回巴尔干半岛北部地区。穆拉德二世当时忙于处理安纳托利亚的各种问题，被迫停战和谈（1444年6月）。然而次年秋季，匈牙利人突然破坏了这项停战协议。

弗拉迪斯拉夫在其刚刚取得的胜利的鼓舞下，认为将奥斯曼人驱逐出巴尔干半岛的机会已经到来，因此在9月份组织了另外一次讨伐，而这次没有塞尔维亚人参与。其军队于1444年11月10日在瓦尔纳河与穆拉德二世展开正面决战，最终遭到惨败，全军覆没。15世纪30—40年代死灰复燃的希望就此被彻底扑灭。

15世纪40年代末和50年代初，无论对于帕列奥列格王朝还是奥斯曼人来说，拜占庭帝国灭亡前最后一次争夺统治权的机会到来了。1448年，约翰八世在君士坦丁堡去世，没有留下子嗣后裔，只能由其弟弟君士坦丁十一世接任，后者当时是莫利亚专制君主，自1447年就成为土耳其朝廷的纳贡臣属。1451年，穆拉德二世去世，由穆罕默德二世，或称“征服者穆罕默德”（Fatih Mehmed）继位。他是整个15世纪最杰出的人物之一，君士坦丁堡的命运就掌握在他手中。

如果说19岁的穆罕默德二世在继承奥斯曼皇位时还没有一个夺取君士坦丁堡的清晰计划的话，那么君士坦丁十一世很快就为他提供了一个采取行动的借口。1451年秋季，后者威胁说，如果苏丹不给他提供一些资金补贴的话，他就要煽动反对新苏丹的叛乱。穆罕默德二世在此后6个月里，多次高调做出回应，他开始在博斯普鲁斯海峡上修建巨大的军事要塞“割喉之刃”（Boghaz-Kesen/Channel Cutter），力图控制往来于这片水域的交通，并作为其进攻君士坦丁堡的第一步准备工作。而君士坦丁十一世则坚信，这个城市的幸存完全依赖于他与西方的密切关系。当教宗特使枢机主教伊西多（Isidore）到达君士坦丁堡时，他受到极其殷勤的款待。1452年12月12日，君士坦丁十一世在圣索菲亚教堂举行庄严的仪式，庆祝教会联合——约翰八世此前故意拖延不举行这次庆典活动。事实上，这次教会联合对于君士坦丁堡抵抗穆罕默德二世军队的进攻已经毫无意义了，后者于1453年4月6日发动猛烈的攻势，并于5月29日击破城墙，攻陷该城。此后，塞萨洛尼基于1460年被占领，这个不断征服的苏丹很快就将其注意力转到更加困难的任务上，即重建这座城市，重新安置居民，使它恢复活力。

随着君士坦丁十一世在那个令人悲伤的日子里阵亡，穆罕默德二世胜利进入圣索菲亚教堂，此后这里将成为君士坦丁堡永久性的清真寺，拜占庭国家的核心永远消失了。此后，米斯特拉斯于1460年被占领，特拉布宗于1461年被征服，都是这次强大攻势的余波。当然，穆罕默德二世并没有通过这次胜利摧毁一种文化、一种信仰，或者一个民族。拜占庭生活的基本节奏还将在奥斯曼统治秩序框架的内外持续。

| 第十一章 |

帕列奥列格时代的学术

伊戈尔·舍甫琴科

尽管晚期拜占庭国家疆域狭小、政治衰败、持续贫困，但是其分散各地的希腊城市仍然绽放出绚丽多彩的文化之花。如果像某些学者说的那样将这个现象称为“文艺复兴”的话，就有可能混淆它与15世纪发生在西欧的那场真正的文艺复兴运动之间深刻的区别。如果将这个时期或者其他任何时期的类似现象说成拜占庭人文主义的话，那么也会造成认识混乱。帕列奥列格时代（1261—1453年）的文化复兴应当被看作此前拜占庭文化复兴，特别是9—10世纪（参见第八章）和11—12世纪期间文化复兴的延续，尽管这次文化复兴比其前辈更为突出。确实，环境已经发生了变化。更重要的是，疆域大大缩小的拜占庭世界已不再是以前那个幅员广阔的多民族国家：这个时期的拜占庭几乎是单一的希腊世界，基于这个事实，可以在某种程度上将其重新定义为对古代希腊的尊崇。另外，拜占庭与西方密切的关系虽然并非总是友好的，但还是意味着拉丁文学和哲学文化（无论是起源于拉丁、阿拉伯还是希伯来）不可能再遭到像9世纪的佛提乌或11世纪的普塞罗斯时期那种程度的忽视。

情况变化的明显标志可以从“Hellene”（希腊人）这个词汇反映出来，早在13世纪以前，这个词确定无疑是指“异教”，这个贬义词来自各种《旧约全书》和《新约全书》，包括伪经和次经。这些书中的“Hellene”就是指非犹太的，即异教的。“Hellene”的贬义解释在拜占庭早期几个世纪里逐渐被教会和世俗精英接受，几乎完全消解了它的中性用法。然而到13世纪，知识分子开始自豪地认定，他们就是“希腊民族”的成员。在亲缘民族认同和某些排斥“非我族类”的新背景下，对祖先的追寻促使他们追溯到古希腊光荣的过去。许多知识分子都是如此，但不是所有人都抱同样态度：当迪米特里·基多尼斯（Demetrius Kydones）于1354年将托马斯·阿奎那的《神学大全》（*Summa dontra gentiles*）翻译为希腊文时，他仍然将该书称为《反希腊人书》（*Book against the Hellenes*）。

帕列奥列格时代的文学作品非常丰富，大部分都属于成熟的拜占庭文学类型，除了那些使用民族语言写作的作品，例如骑士浪漫传奇，当然这类作品比较少。这个时期的文学代表作是三部长篇历史作品，它们涉及当时的历史事件，但是文风倾向于仿古特别是修昔底德的风格；还有数量浩繁的书信，其风格通常极为复杂难辨；韵律散文体的演讲相当冗长；以及大量的抑扬格诗歌和很少见的六步格诗歌；数量相当多的圣徒传记风格典雅；特别是两部百科全书式作品，一部是药书，另一部涉及从修辞学到“四艺”（quadrivium）的各个学科；还有一系列神学论战作品，驳斥了拉丁人、不利于东正教的异端邪说〔可能就是指帕拉米特派（Palamite）或反帕拉米特派，视情况而定〕以及伊斯兰教。最后这两类文学作品引起了狂热的信徒们最大的关注。

当时完成的作品少有遗失，多亏有了这些种类多样的作品，人们才有可能描绘出一幅相当完整的图画，反映出形成这些文学作品的文化氛围。我们确认1261—1453年两个世纪期间的文人大约有150人，既包括世俗作家也包括教会作家，他们大多活动在君士坦丁堡，但是也涉足尼西亚、阿尔塔、塞萨洛尼基、特拉布宗和米斯特拉斯等地。这些作者的通信显示出大量姓名的交错混杂，以至于好像所有的人都认识其他所有的人，并相互通信。在这个狭小的群体中，小团体聚集在几个强大的中心周围，那里能够为他们提供物质保障。按照重要程度排序，赞助资金来自皇帝宫廷，特别是在14世纪20年代爆发内战以前；其次来自周边的小宫廷；再就是来自个别贵族和富有的市民，他们各自举办“沙龙”；还有的来自牧首；最后来自大都城的大主教。举个例子来说，博学多才的尼基弗鲁斯·格里高拉斯（Nikephoros Gregoras，大约1290—1360年）的学术生涯主要是靠赞助维持的。在他年轻时，曾受到担任其所在城市希拉克利亚一本都卡（Heraclea Pontica）主教的叔父的资助。后来他前往君士坦丁堡定居，并得到牧首约翰十三世（John Ⅷ）和皇帝安德罗尼卡二世的资助，但是最为重要的是他得到宰相狄奥多尔·梅托希提斯（Theodore Metochites）提供的保护，后者公开宣称，格里高拉斯是其信仰上的继承人，并派他担任其修复的霍拉（Chora）修道院一个收入丰厚的肥缺。

书籍和文献是知识分子活动的主要物质条件。作为拉丁骑士征服活动的后果，究竟有多少历代积累的古籍文献遭到毁坏，这个问题始终模糊不清，但是可以肯定的是，帕列奥列格时代的突出特点是迫切需求古代文献文本及其抄写本和注释本。今天的古典学者们应该衷心地感谢帕列奥列格时代的前辈们所做的努力，例如迪米特里·崔克林纽斯（Demetrius Triklinios）、曼努埃尔·莫斯科波洛斯（Manuel Moschopulos）、托马斯·麦吉斯特（Thomas Magister）、马克西莫斯·普兰努底斯等人。这些学者完成了阿提卡（Attic）语言词典；整理了像赫西俄德和品达（Pindar）这类诗人作品的新版本，重新构建起具有约束性的诗歌规范要求；还整理出索福克勒斯和欧里庇得斯（Euripides）这些悲剧作家作品的新版本。他们为品达、悲剧作家和阿里斯托芬（Aristophanes）的作品做注释；他们整理的大量阅读物如索福克勒斯和狄奥克利图斯（Theocritus）的作品至今仍是公认的最经典的读物。他们重新发现了许多古代作家，数百年来的传统一直没有关注过这些作家，例如马克西莫斯·普兰努底斯就重新发现了托勒密（Ptolemy）的《地理学》（*Geography*）和潘诺堡人诺努斯（Nonnus of Panopolis）的《狄俄尼索斯》（*Dionysiaca*）。他们整理出的许多作家作品的完整文本至今仍然是我们知识的基础。还是这个普兰努底斯编辑（部分是重新发现）整理出了普罗塔克（Plutarch）的作品和《希腊警句格言文集》（*Greek Anthology of epigrams*），后面这个版本我们现在还称为“普兰努底斯文本”。古代警句格言中下流的“黄段子”，特别是那些同性恋的内容，都被这个版本删除了；他留给我们大约400句其他作品中找不到的警句。学者和貌似有学问的贵族妇女争相收集古代文献，相互传阅古代手抄本，当他们有能力时，就建立了包括世俗和宗教作品的图书馆。14世纪前二十五年，在霍拉修道院收藏的狄奥多尔的图书一直珍藏到1453年，那时它仍然是君士坦丁堡最大的图书馆。霍拉修道院收藏的某些文本或部分图书至今仍保存在伊斯坦布尔、牛津、梵蒂冈、维也纳和巴黎的图书馆里。

拜占庭的文学活动并不是件新鲜事，我们承认在帕列奥列格时代其文学活动无论在数量和质量上都达到特别高的水平，矫揉造作的阿提卡风格从来也没有超越清新质朴的风格。我们要提出的问题是，帕列奥列格时代文化复兴究竟是否在与其相关的古典遗产方面开拓出新的领域，是否扩大了其旨趣的范围，最后是否摆脱了传统的拜占庭模式的束缚。在所有这三方面，我们都可以给出大体肯定性的回答。

在本书行文中，我们一再强调拜占庭文学文化主要是建立在古代晚期基础上，也就是我们称之为的“第二博学时代”（Second Sophistic）。最广受追捧的作家不是今天古典系中研究的那些人物，而是像卢西恩、亚里斯泰迪德、里巴尼乌斯、西奈修斯（Synesius）及其基督教同仁，如卡帕多西亚的教父们，纳西盎的格里高利和圣巴西尔这样一些作家。注重文学风格而不注重思想意识形态上的可疑内容，意味着这些作家偏离他们各自所处的历史环境，恰如其表现的那样，按照永恒不朽的文学杰作的标准创作，成为一批卓越的作家。修辞学家的影响在帕列奥列格时代并没有降低，而这个时期古代的影响首次在三个而非两个方面兴盛起来。狄奥多尔在其分析评价德摩斯梯尼和亚里斯泰迪德的论文中，把他们不同类型的演讲术之间的区别归因于他们生活在不同的时代。德摩斯梯尼发表演讲的时代正是民主制的盛期，当时人们必须提出论点并就质疑的问题做出回答；而亚里斯泰迪德则生活在君主专制时代，当时的环境倾向于赞美称颂，倡导冗长的演讲。这对我们来说似乎是老生常谈，但是它确实是个关于历史理解的程度的问题。

至于我们提到的第二个方面，我们注意到人们对科学的兴趣不断增长，例如数学（这里要再度提到博学多才的普兰努底斯）、医学，特别是天文学。早在9世纪，相关的古代文献〔尤其是托勒密和西昂（Theon）的《实用天文表》（*Handy Tables*）〕就得到重新抄写，但是这个时期一直没有关于古籍的原创性作品。狄奥多尔在不进行直接观察的情况下，依据托勒密的《天文学大成》（*Almagest*）就完成了新版的《天文学概论》（*Introduction to Astronomy*），并且于1283年（安德罗尼卡二世统治元年）重新计算古代的数据，以便确定历法起点。其后有一批学者追随他，其中就包括尼基弗鲁斯·格里高拉斯。他注释整理了现存至今最完整的托勒密作品的手抄本，还因为提出修订历法而受到赞誉，并且成为格里高利历法改革的先驱。

格里高拉斯显然了解阿拉伯天文学，但是却没有公开利用它。对托勒密的严格遵循逐渐走入了死胡同。阿拉伯和波斯天文学家在天文表和论文中取得的真正进步直到公元1300年前后才传到希腊世界，首先是通过下层社会渠道，主要是那些游走于首都君士坦丁堡和东方城市特拉布宗之间的人将波斯和阿拉伯文本翻译成希腊文，例如乔治–格里高利·奇奥尼亚德斯（George-Gregory Chioniades），他曾前往波斯的大不里士（Tabriz）学习东方科技，后来还有他的追随者。到14世纪中期，托勒密的数据就被专业天文学家批评为不合时宜，“波斯”天文表于是取代了托勒密表，或者是不同的天文学书籍中各自使用托勒密的天文表或“波斯”的天文表。1352年前后，狄奥多尔一世完成的《三书》（*Three Books*）就属于后一种情况。其实早在1309年的君士坦丁堡，一篇关于星盘使用的论文就通过拉丁文翻译过来了，而其原本是阿拉伯语文本。15世纪第二个二十五年期间，成书于14世纪的一本天文学作品《六翼》（*Six Wings*）就被翻译为希腊文，而这本书的原本是希伯来语文本。这里我们还是要谈到西方的多种影响：《六翼》的作者是来自法国南部的犹太人，而该作品本身可能是通过威尼斯人或书的主人带到拜占庭来的。尽管新天文学具有非希腊和非基督教起源，但却主要是由希腊东正教教会人士发展起来的。这样，格里高利最终就成为大不里士的主教，而狄奥多尔则成为牧首学院的首脑。

另外一个扩大发展的领域是翻译拉丁语作品（主要是普兰努底斯完成的），但是这个领域特别突出地反映了中世纪的旨趣范围：如奥维德（Ovid）的作品，西塞罗的《西庇阿之梦》（*Dream of Scipio*）——该书带有马克罗比乌斯（Macrobius）的注释，还有多纳图斯（Donatus）的《语法》（*Grammar*），波埃修斯（Boethius）的《哲学的慰藉》（*Consolation of Philosophy*），以及圣奥古斯丁的作品。对当时人们思考的宗教问题更有煽动性影响的是在14世纪后半期，由德米特里厄斯（Demetrius）和普罗克洛斯·基德尼斯（Prochoros Kydones）两兄弟翻译的托马斯·阿奎那的《神学大全》和他的其他作品。

思想的原创性只能在很少几个例子中得到证明。在这方面的考察中，我们还要再次提到狄奥多尔。他非常敏锐地认识到其所在时代的衰败和他自己的文学命运处于风雨飘摇中，因此首先对拜占庭文化的一个确定原则提出了问题，主要是说帝国在现世舞台上扮演着中心角色，因而注定将一直存在到世界末日。在狄奥多尔看来，帝国就是另一种政治实体，其即将到来的灭亡无非证明了创造和毁灭的宇宙法则。狄奥多尔不像其前辈，他认为拜占庭文明既非独一无二也不比其他文明高超。作为历史相对主义者，他甚至认为异教的鞑靼贵族在某些方面比其拜占庭基督教同胞还要高尚，特别是在道德行为方面。

帕列奥列格时代的另一个怪才是新柏拉图主义者乔治·格弥斯托士（George Gemistos，约1360—1452年），他把自己的名字改作卜列东（Plethon）。他也编撰过一本天文学著作，其中引用“波斯”天文表，可能还用了希伯来天文表，但是作为原创性思想家，他的主张表现在其他方面。虽然他编纂的天文学书籍对确定复活节的日期非常有用，虽然他还在费拉拉-佛罗伦萨大公会议（1438—1439年）上为东正教事业辩护，但是卜列东在晚年却陷入新异教学说，也可能是受了意大利人文主义者的影响。他在一篇类似柏拉图论文的文章《法则》（*The Laws*）中，创造出了有些像变种的希腊神谱的神系，以宙斯为首，波塞冬（竟与赫拉结婚！）伴其左右，四种类型的众神依据权能的大小顺序排列。卜列东青睐一种奇特的信仰，混杂着琐罗亚斯德（Zoroaster）的主要思想和（柏拉图提出的）“七贤人”（Seven Wise Men）思想，并设想灵魂坠入肉体以前是永恒不灭的。他还笃信宿命论，这可能是受了伊斯兰教的影响。因此毫不奇怪，在他去世以后某个时间，《法则》一书的权威版本流传到君士坦丁堡牧首金纳迪乌斯·斯科拉里奥斯（Gennadios Scholarios）手里时，后者立即下令烧掉了它。结果，我们只能从这位牧首批驳卜列东的文章中，从卜列东追随者们抄录的大量残缺语录中，从卜列东自己的一两篇手稿中了解他的宗教思想体系。他一定在其意大利拥趸中产生过某些影响，但是在本国的同胞中却没有几个拥护者。他的骨灰被非常恰当地埋在了里米尼的马拉泰斯塔（Tempio Malatestiano of Rimini）这个最具异教色彩的文艺复兴教堂里。

到14世纪中期，能够提供给拜占庭知识分子衣食住行的赞助资源开始越来越少。极为幸运的是，他们的技巧和能力在意大利受到越来越热烈的追捧，主要是因为他们谙熟希腊语、通晓古代文献的知识，并且拥有阅读古代手抄本的能力。移民确实是艰难的选择，因为这通常意味着要皈依罗马天主教信仰，但是有些人还是准备离开正在沉没的船只。起初，就像德米图斯·西多内斯（Demetrios Kydones）那样，他们先到威尼斯住上几年，而后回国或者中途停留，定居在威尼斯人控制的克里特岛上，从这个世纪末以后，他们开始永久定居下来。这些学者的故事众所周知，是文艺复兴时期人文主义历史的一部分。这里有两个最重要的移民还是值得一提的。曼努埃尔·赫里索洛拉斯（Manuel Chrysoloras）于1415年死于康斯坦茨（Constance），而约翰·阿伊罗普洛斯（John Argyropoulos）于1487年在罗马去世，他们都在帕多瓦（Padua）、罗马、米兰、帕维亚，特别是在佛罗伦萨教过书。他们将拜占庭教学方法，可能还有课程，尤其是文学技巧介绍给意大利，并逐字逐句将亚里士多德的作品和柏拉图的《理想国》（*Republic*）翻译为拉丁文，他们教导并影响着这样一批杰出的人文主义者，如莱奥纳尔多·布鲁尼（Leonardo Bruni）、维洛那的里诺（Guarino of Verona）、马尔西利奥·斐奇诺（Marsilio Ficino）和佛罗伦萨人波焦·布拉乔利尼（Poggio Bracciolini）、约翰·卢希林（John Reuchlin）等。他们在其新家园工作良好，但是都赶不上特拉布宗人贝萨隆（Bessarion of Trebizond），后者被任命为枢机主教和名义上的君士坦丁堡牧首，还差一点当上教宗。

我们可以暂时想象一下，年迈的卜列东在君士坦丁堡陷落前一年去世，在此之前，他呆坐在米斯特拉斯的小山丘上，远眺着古代斯巴达的遗址，冥想着他的“希腊神学”，构思完善着它的礼仪，劝导祈祷者崇拜众神。虽然他越来越衰老，但是非常可能的是，他确实看透了11个世纪以前早就昭示给“背教者”尤里安的那些东西，这主要是指基督教虽然极大地受惠于希腊文明，但是到头来还是不能与它和谐相处。

|第十二章|

朝向法兰克–希腊文化的发展趋势

伊丽莎白·杰弗里斯（Elizabeth Jeffreys）和西里尔·曼戈

君士坦丁堡陷落后几年内，莫利亚专制君主国也被征服（1460年），土耳其人还兵不血刃地吞并了特拉布宗帝国（1461年）。当征服者穆罕默德于1481年去世时，讲希腊语的大部分地区都置于奥斯曼统治之下，除了那些后来被逐渐吞并的岛屿：1522年罗德岛被吞并，1566年希俄斯岛被吞并，1570—1571年塞浦路斯岛被吞并，1579年基克拉底群岛被吞并，最后，1645—1669年克里特岛被吞并。只有爱奥尼亚群岛一直没有被土耳其占领。

以前一度隶属于拜占庭帝国的大部分希腊居民都经历了或长或短的土耳其统治时期，他们此前的命运也都因为所处地区不同而有所区别。我们可以把那些11世纪末被塞尔柱突厥人征服的地区，特别是卡帕多西亚地区，和因为各种原因从历史上消失的地区暂时放在一旁。在那些可以观察到的地区中，黑海沿岸直接从希腊自治过渡到奥斯曼统治下。君士坦丁堡、塞萨洛尼基王国、伊庇鲁斯和莫利亚专制君主国在恢复希腊统治前都经历过相对短暂的拉丁人占领时期。另一方面，爱琴海诸岛以及塞浦路斯和克里特在屈服于土耳其人之前都被拉丁人统治了几个世纪。政治地位的多样化导致文化影响结果的不同，这一点直到今天仍然可以感受到。

强制推行奥斯曼统治意味着坚持拜占庭文化。无论希腊人还是斯拉夫人，这些东正教民众大部分都与其穆斯林邻居相互隔离，他们被编制在单一的“族群”（millet）中，置于君士坦丁堡牧首的管辖下。这样一来，牧首及其管辖下的城市主教就因为这种安排获得了相当大的好处。特别是当奥斯曼人吞并叙利亚、巴勒斯坦和埃及（1516—1517年）后，他们进一步得到更多难以估价的好处，因为亚历山大里亚、耶路撒冷和安条克的牧首，以及圣地和西奈各地的独立朝圣地都尽数纳入希腊人管辖的网络之中。如果希腊等级教会不能发展得比以前更为兴盛的话，那只是因为他们持续不断的争执，以及他们对其穆斯林领主愈发频繁的贿赂。牧首毫无疑问都可以看到的一项限制性条款规定，教会应保持对苏丹的忠诚。而效忠首先意味着敌视西方，这也是顺理成章的。君士坦丁堡一直将教宗视为主要敌人，同时它还要通过痛苦的经历学会与新型的基督教强国保持距离。为了保持东正教未受污染的纯洁性，就必须将教育限定在中世纪的语法、修辞、神学和亚里士多德哲学课程的范围内。同时，教会及其修道院为有文化的希腊人提供了就业的方法和普遍的机会，使他们能够迅速进入等级社会。他们还保留着拜占庭传统的文学遗产，现在这种遗产也落上了一层厚厚的灰尘。

在那些被拉丁人统治的土地上，情况有很大的区别。当然，我们还不能说当地人就欢迎这些殖民者，甚至在塞浦路斯也是同样，“狮心王”理查一世的到访显然受到了热烈的欢迎（1191年）。对于地位较高的农民来说情况有些不同，他们肯定对新主人强加给东正教教士的那些限制和羞辱感到愤怒。在克里特就爆发过好几次反抗威尼斯人的起义。然而，随着时间的流逝，“法兰克人”和更富裕的希腊人之间的关系越来越融洽。西方的服装时尚、骑士的风度和理想、各种形式的休闲娱乐在当地人中流行，而第三、第四代法兰克人中讲希腊语的人也比讲意大利语和法语的更多，他们更加尊重那些当地的圣徒。

这里，我们必须回顾一下以前的情况。拜占庭帝国和西方之间的文化联系显然从来也没有完全中断，但是在十字军时代以前却在持续削弱。只有意大利是个例外，拜占庭帝国势力在那里一直存在到1071年巴里陷落为止。意大利商人，首先是比萨和阿马尔菲的商人于10世纪开启在君士坦丁堡的贸易活动。威尼斯名义上是拜占庭帝国的臣属，它按照拜占庭风格建造和装饰其圣马可大教堂。1066—1071年重建的蒙特·卡西诺（Monte Cassino）大教堂的装饰（不是其建筑）主要倚赖拜占庭艺术家。但是，当意大利大量接受拜占庭影响的同时，这些影响却很少扩展到阿尔卑斯山以北地区，也很少向南方传播。自古代晚期直到公元1300年前后，在文学领域，除了几部圣徒传记外，事实上没有拉丁作品被翻译为希腊文。地中海东西区域之间的文化差异不断缩小，这一点特别清楚地表现在13世纪以后的文学发展上。例如，这个时期之后出现的浪漫文学作品都是最能吸引今天读者的拜占庭文学，它们也是现代希腊文学的先驱作品。

大部分拜占庭时期的文学作品都具有特殊的写作风格，这是处于其文化环境之外的人很难欣赏的：它们大多是神学的，很多是遵循特定的语言规则写做出来的，这就要求多年的学习，而这些规则越来越远离口头语言。然而，第四次十字军东征之后的时期，前几代人的语言习惯越来越被人们忘却，特别是在那些帝国边缘地区，新的文学话题更加吸引作家的注意力。

新的文学题材包括刚刚提到的浪漫传奇。尽管出现了对爱情故事短暂的兴趣，这类题材的小说在拉丁东方地区非常流行，却从来没有在拜占庭文学领域占据主流地位，它们是在12世纪中期时用极为典雅的语言写成的。这一时期，出现了一系列重要的爱情小说，涉及那些倒霉的情侣，例如名为沃山多罗斯（Velthandros）和赫里桑查（Chrysantza），或者里维斯特罗斯（Livistros）和罗丹妮（Rodamni）等人的故事。他们通常龟缩在城堡中，还会碰上怪兽妖魔和女巫神汉，以及来自民间故事的种种灾祸，或者是海岛和狂暴愤怒的父母，这些是来自古典希腊的传统神话。在这样一个混合文化的背景下，这些文本非常受欢迎，这一点可以从其中几个特点得到说明。有些文本就是不同的翻译版本，其中最突出的是《特洛伊战争》（*War of Troy*）和《弗罗留斯和普拉齐亚–弗罗拉》（*Phlorios and Platzia-Phlora*），前者是法文本，而后者是意大利文本。还有一些，譬如《阿奇里斯》（*Achilleis*），在发式和服装时尚方面可能表现出的是法兰克文化特征。在所有对这些作品的分析中，还有一种极具争议的意见是，它们表现的宫廷文化更多属于西方封建习俗，而不是拜占庭的等级制度。另外还有一个包括所有术语的用词表，其中许多词汇借用了法语、意大利语和拉丁语。而且，这些情侣之间的关系被描写成西方流行的方式，确定无疑属于西方的爱情习俗（amour courtois）。

也许与浪漫传奇中隐含的对个人关系的关注有关，显然个人的自我感觉以及他（而从未有过“她”）对周围环境的反应也重新引起了人们的兴趣。就此而言，我们发现有斯提凡诺斯·萨奇里基斯（Stephanos Sachlikis）这类陷于雷西穆诺（Rethymnon）之夜众多女士热烈追求中的人物，也有在牢狱中苦思冥想，反思因其粗心大意铸成大错从而改变其命运的莱奥纳尔多·德拉伯塔斯（Leonardo Dellaportas），还有可以讲述其梦境的马里诺·法雷尔（Marino Falier）。所有这些作者都来自15世纪初克里特岛的威尼斯–希腊城市。在此地，外来的威尼斯贵族非常有效地吸收当地希腊的“权威”（archontes）因素从而发展出一种特殊的文化，带有浓厚的意大利和希腊特点。由此，又发展出戏剧，例如赫尔塔奇斯（Chortatsis）那些戏剧，都是用16世纪末年雷西穆诺和干尼亚（Chania）之“学院式”文学语言写作的。

历史写作肯定不是一种新的题材，因为它是拜占庭文学传统最突出的特征之一，我们发现这个时期的叙述文学较多关注地方史，而不关注以君士坦丁堡为舞台的皇帝活动。这些叙述文学记载的都是法兰克人社区建立的历史。因此，从14世纪末以后，出现了《莫利亚编年史》（*Chronicle of Morea*），记述尚普利特的威廉和杰弗里·维利哈登如何用骑士方式于1205年控制整个伯罗奔尼撒半岛，使这段历史在此后一百多年继续流传，并以多种版本保存至今。这段历史以（意大利语、加泰罗尼亚语、阿拉贡语、法语和希腊语）多种版本保存下来也说明，当时不断发展的社会具有多元文化的特点，这一点也反映在持续争论的问题上，即这部编年史最初究竟是用法语还是希腊语写作的。《托科编年史》（*Chronicle of Tocco*）的情况就更为清晰，该书没有使用其他语言而是使用希腊语写作，尽管它涉及的是统治盖法罗尼亚（Kephallonia）的意大利–希腊人王朝的历史。这部由利奥条斯·马克海拉斯（Leontios Makhairas，约1380—1432年）撰写的关于卢斯格南（Lusignan）君主的历史叙述生动，具有明显的塞浦路斯经典语言规范和用词特征。其中描画宫廷生活的小插图给人留下了混杂社区浓厚的地方特征的深刻印象。

上述所有作品都具有一个鲜明的共同特征，即它们都是由希腊裔作家写作的。这种书写方式与那种一落笔就能想象得出来的正式的古希腊语言风格相去甚远。据说曼努埃尔·莫斯科波洛斯（1265—1316年）和托马斯·麦吉斯特（1270—1347/1348年）就是用前者练习语法的。这些出自法兰克人所定居的拜占庭世界各地的文本，使用的都是当时的希腊口语形式。在马克海拉斯的作品中，这一点特别突出，因为他使用的是塞浦路斯方言。在其他作品中，没有出现使用地方方言的现象，但是都具有规范的语言格式和句法结构，预示着现代希腊语的特点。对于这种现象最合理的解释是，这些作品产生自多种语言环境，而拜占庭语言传统在这些地方正逐渐消失。读者群体包括那些希腊口语能力非常好但对纯正希腊语不太清楚的人群，他们可能没有办法理解希腊官方语的复杂性。君士坦丁堡严格的审查制度和教育也不断地清除着书面希腊语中的外来新词汇。上述情况在这些地区都不存在。毫无疑问，多种文化的混杂一定会促进对欧洲其他地区文学时尚的了解，正如那些翻译文本所表明的那样。我们应该记住，13世纪和14世纪欧洲法兰克文学最鲜明的特色之一就是使用各民族语言写作成为主流，使用法语和意大利地方俚语是新的创举。

使用民族语言写作还必然造成一种现象，这是上述提及的所有作品之诸多特征中都具有的另一个共同特色，即它们都以韵文的形式写成，除了马克海拉斯外。当时采用的规范是十五音节韵律散文诗，它最早出现在10世纪，是否有古典和古代的来源还不清楚。古典范式的缺失意味着它们没有形成固定的使用规则。因此，对于作者和读者而言，就很容易采用日常生活用语的模式，其韵律和形式都很适合。十五音节韵律散文诗与日常生活用语方式结合得相当融洽，以至于它在事实上成为现代希腊语言文学的国家标准。它与早期出现的文本还是存在一些细微的差别，科那罗斯（Cornaros）浪漫传奇史诗《埃罗托克里托斯》（*Erotokritos*，1590—1610年）就缺少一些灵活变通的形式，不像浓缩了克里特威尼斯人社会和文学焦点问题的赫尔塔奇斯的戏剧。在此后几个世纪，作家们自觉地创作十五音节韵律散文诗，形式多种多样，例如索罗莫斯（Solomos，1798—1857年）、帕拉马斯（Palamas，1859—1943年）、里特索斯（Ritsos，1909—1990年），甚至还有埃利提斯（Elytis，1911—1996年）。他们写出了史诗和传统风格的民谣。尽管我们无法确切地知道这些作品所继承的古代遗产，但无疑这些作品具有的口头文学传统接收了来自这一时期法兰克-希腊社会的冲击。

在很多情况下，创做出这些文本的地区可以从文本自身的内容反映出来：比如塞浦路斯（马克海拉斯）、克里特（萨奇里基斯、德拉伯塔斯）、伯罗奔尼撒（《莫利亚编年史》）。还有的像《特洛伊战争》这种情况，文本本身显示不出其地区，这就迫使人们不得不陷入争论，这样一部长篇且与法兰克生活有密切关系的作品大概率出自一位资助人的赞助，而他也一定生活在与法国和希腊有密切联系的地区，这样的地区可能就只有处于14世纪末代安茹王朝统治下的莫利亚地区了。当然还有这样的情况，作者极有可能常年定居在君士坦丁堡城里，因为这个城市也不能免除多元文化的强大影响。在这个城市里，多年来一直存在好几个拥有意大利读者的庞大社区，其中最突出的是加拉塔地区的热那亚人，而帝国皇室自12世纪开始就一直致力于与西方家族联姻。例如安德罗尼卡二世的儿子狄奥多尔·帕列奥列格（Theodore Palaiologos），这位蒙费拉侯爵事实上很难与其他意大利贵族相区别，而他本人于1327年在君士坦丁堡撰写出拉丁文本的有关政府的论著。

狄奥多尔的表兄安德罗尼卡·帕列奥列格（Andronikos Palaiologos）的文学创作活动可能揭示出这个时期这些文本中出现的许多问题。这位安德罗尼卡被公认为是浪漫史诗《卡利马豪斯和赫利索尔伊》（*Kallimachos and Chrysorrhoi*）的作者，该作品是否以他本人的浪漫故事为基础从行文中看还不十分确定。我们一直认为卡利马豪斯在文本中处于被描写的边缘，而不是主要角色。从语言学的角度看，作品属于希腊语规范的较低层次，但还可以接受。其中充满了民间传说的成分，还有些许的法兰克特色。而这个文本是唯一一部我们从一开始就确信能够确定其作者的浪漫传奇作品。

匿名作家的法兰克–希腊作品数量真是多得惊人。实际上，除马克海拉斯的作品外，所有的浪漫传奇和历史作品都属于此类，尽管没有一部克里特人的诗歌归属于此。再度成为这个领域写作规范的诗歌风格可能就是许多业已规范模式化的作品，其表现形式应该最好说成是传统的口语风格，而这种诗歌确实应该采取匿名形式，以便提升作者的社会地位。

在造型艺术领域，我们也看到自12—13世纪以后，拜占庭因素和拉丁因素的融合。最明显的是体现西方风格的建筑物在拉丁人控制的各大城市和殖民区里拔地而起，不仅有城堡，还有教堂、修道院和私人宅第。在君士坦丁堡的意大利商业殖民区，意大利人似乎早在公元1204年以前就开始建造他们自己的教堂，而在拉丁帝国时期，这里肯定进行过许多建设活动。1303年，在面对着金角湾北面的地方建立起的热那亚人的商业殖民区，都是意大利风格。莫利亚专制君主国的首府米斯特拉斯则开始修建法兰克建筑物，专制君主的多层宫殿更显西方风格而非拜占庭风格。在塞浦路斯，精致的尼科西亚（Nicosia）大教堂和法马古斯塔（Famagusta）大教堂就是由法国建筑师按照哥特风格建造的，更不用说其他大量的重要建筑。希腊人因此开始逐渐密切接触他们以前从未见过、且在技术上更为先进的建筑传统。他们采取有选择的学习借鉴表明他们愿意学习，比如钟楼、高耸的拱顶、突出的堞眼，可能还有彩色玻璃窗。人物雕像除了那些浅浮雕圣像外，一直遵循着拜占庭传统发展，此时则受到了更占主导地位的法兰克风格影响，例如墓地纪念碑——虽然不全是雕像。

在绘画这个拜占庭艺术最为突出的神学艺术形式，也是最容易受到影响的领域中，拜占庭的影响显然超过了西方的影响。当雨果·布克哈尔（Hugo Buchthal）打算重新建立手抄本插图画家学校时，他发现这些法国和意大利艺术家正在模仿或者接受拜占庭圣像绘画的模式，同时还保持着典型的西方绘画特点，比如对封面做整页的装饰——他们都是活跃在12—13世纪耶路撒冷和阿卡（Acre）的艺术家。最近，一大批“十字军圣像”在西奈山圣凯瑟琳修道院这个当时的朝拜中心被发现和确认，它们是由西方画家按照拜占庭圣像画习惯完成的。这所修道院与西方的联系比与君士坦丁堡的联系还要密切。令人印象最深刻的是，君士坦丁堡的一所教堂内发现了有关圣方济各13世纪40年代或50年代生活片段的壁画，它们的画法肯定已经转向拉丁风格了。

帕列奥列格王朝统治时期，尽管其政治经济持续衰落，但是出现了风格独特的宗教画极为繁盛的现象，大约在一百年前吸引了欧洲学者的关注。米斯特拉斯的壁画和君士坦丁堡霍拉修道院的镶嵌画，都被认为是与意大利早期艺术家如比埃特罗·卡瓦里尼（Pietro Cavallini）、西马布（Cimabue）和杜乔（Duccio）的作品极为相似的绘画。人们就究竟谁是第一位的问题一直争论不休，没有形成最终的答案。我们现在知道帕列奥列格风格大约形成于1260年：我们首先能够在塞尔维亚所伯卡尼（Sopocani）圣三一修道院看到这种风格的壁画，而同一时期特拉布宗的圣索菲亚教堂里的那些壁画也不能说不带有这种风格。我们在缺乏有力证据的情况下推断，这两个处于拜占庭世界东西两端的建筑装饰壁画都是由来自“中心地区”的艺术家完成的，但是这个中心在13世纪60年代究竟位于何处？流行的观点认为，帕列奥列格风格虽然借鉴了某些西方的圣像画法〔例如《耶西之树》（*Tree of Jesse*）〕，但是源自拜占庭艺术，可以上溯到非常古老的画法，特别是10世纪手写本插图画技术。如果这种意见成立的话，我们就可以将其看作一种自觉的努力，他们试图建立以古代画法为基础的东正教宗教画画派，以便满足更丰满更具图景式叙事风格的新品位。这种风格显然出现在东西方艺术传统融合的大背景下。

帕列奥列格风格尽管失去了它最初的新鲜感，但是一直到最后都是拜占庭绘画的主流风格。它并没有促成我们在意大利看到的那种快速发展。到乔托（Giotto）为阿雷那教堂（Arena Chapel，约1306年）装饰绘画时，也就是霍拉镶嵌画完成的10年前，意大利已经远远地走在前面，没有什么可以向拜占庭艺术学习的了。至14世纪中期，无论如何，君士坦丁堡的艺术品订单肯定已经几近枯竭，这就迫使艺术家到其他地方寻找活路。他们中间最著名的是希腊人狄奥发尼斯（Theophanes），他移居莫斯科，在那里培养了许多弟子，其中包括安德烈·卢比烈夫（Andrei Rublev）。其他人则移居克里特，当时这个地方逐渐发展成为拜占庭绘画最活跃的中心，直到土耳其人征服该岛为止。最近几年从威尼斯档案馆发现，百余位有名有姓的画家极为活跃，他们完成了大量圣像画，偶尔还绘制壁画。他们按照准工业方式工作，满足国内外消费者的需要，他们使用蜡纸刻版，代代相传。特别令人感兴趣的是，他们能够根据客户的要求从拜占庭风格变为哥特式风格。换言之，他们的东正教客户可以避开西方的圣像，反之亦然。两种传统在各自虔诚信仰的基础上依旧保持着鲜明的区别。

然而，意大利绘画最终广泛流行。16世纪时，主要通过刻版版画形式渗透的西方影响还只是偶尔看到。画家克里特人狄奥发尼斯于1527—1546年在迈特奥拉（Meteora）和阿索斯圣山建立了几个大的画家圈子，他们遵循拜占庭传统绘画，但是也通过版画模仿拉斐尔（Raphael）之后的画，譬如马坎托尼奥·雷蒙迪（Marcantonio Raimondi）完成的《杀戮无辜者》（*Massacre of the Innocents*）。同样，在阿索斯圣山，大拉夫拉修道院和狄欧尼修（Dionysiou）修道院活跃着的“天启”画派（Apocalypse）接受了杜雷（Durer）木版画的灵感。到公元1600年，拜占庭风格走到了尽头。最著名的希腊画家多梅尼科·狄奥托克布罗斯（Domenico Theotokopoulos）离开克里特，开始其从事意大利风格圣像绘画的生涯，后来完全被当时的风格主义绘画所征服。尽管他否认这一点，但是其著名作品中的拜占庭因素只剩他的希腊文签名了。

编年大事记

<table>
<tr><td rowspan="6">君士坦丁一世（306—337年在位）</td><td>312年，在米尔万桥战役中击败马克辛提乌斯</td></tr>
<tr><td>313年，颁布宗教宽容敕令；马克西明去世</td></tr>
<tr><td>324年，于克里索波利斯击溃李锡尼；建设君士坦丁堡</td></tr>
<tr><td>325年，第一次（尼西亚）大公会议</td></tr>
<tr><td>330年，君士坦丁堡启用</td></tr>
<tr><td>337年，受洗</td></tr>
<tr><td colspan="2"></td></tr>
<tr><td rowspan="3">君士坦提乌斯（337—361年在位）</td><td>340年，君士坦斯击败君士坦丁二世</td></tr>
<tr><td>350年，马格恩提乌斯反叛和君士坦斯遇刺</td></tr>
<tr><td>355年，尤里安加冕为恺撒</td></tr>
<tr><td colspan="2"></td></tr>
<tr><td>尤里安（361—363年在位）</td><td>363年，入侵波斯</td></tr>
<tr><td colspan="2"></td></tr>
<tr><td>约维安（363—364年在位）</td><td>363年，自波斯败退；尼西比斯投降</td></tr>
<tr><td colspan="2"></td></tr>
<tr><td rowspan="2">瓦林斯（364—378年在位）</td><td>365—366年，普罗柯比起义</td></tr>
<tr><td>378年，哥特人在亚得里亚堡击败罗马人</td></tr>
</table>

<table>
<tr><td rowspan="4">狄奥多西一世（378—395年在位）</td><td>381年，第二次（君士坦丁堡）大公会议</td></tr>
<tr><td>388年，篡位皇帝马克西姆斯被击溃</td></tr>
<tr><td>391年，颁布反对异教法令</td></tr>
<tr><td>394年，篡位皇帝尤根尼乌斯被击溃</td></tr>
<tr><td colspan="2"></td></tr>
<tr><td>阿卡狄乌斯（395—408年在位）</td><td>408年，阿拉里克入侵意大利</td></tr>
<tr><td colspan="2"></td></tr>
<tr><td rowspan="4">狄奥多西二世（408—450年在位）</td><td>410年，阿拉里克洗劫罗马</td></tr>
<tr><td>431年，第三次（以弗所）大公会议</td></tr>
<tr><td>439年，汪达尔人占领迦太基</td></tr>
<tr><td>441—447年，阿提拉在巴尔干半岛取得多次胜利</td></tr>
<tr><td colspan="2"></td></tr>
<tr><td rowspan="2">马克西安（Marcian，450—457年在位）</td><td>451年，第四次（卡尔西顿）大公会议</td></tr>
<tr><td>453年，普尔西里亚（Pulcheria）和阿提拉去世</td></tr>
<tr><td colspan="2"></td></tr>
<tr><td>利奥一世（457—474年在位）</td><td>471年，阿斯巴尔（Aspar）倒台</td></tr>
<tr><td colspan="2"></td></tr>
<tr><td rowspan="3">泽诺（474—491年在位）</td><td>475—476年，巴西尔斯库斯（Basiliscus）篡位</td></tr>
<tr><td>476年，废黜皇帝罗慕路斯</td></tr>
<tr><td>484年，伊鲁斯（Illus）叛乱</td></tr>
<tr><td colspan="2"></td></tr>
<tr><td rowspan="4">阿纳斯塔修斯一世（491—518年在位）</td><td>492—497年，伊苏里亚人起义</td></tr>
<tr><td>502年，波斯人围困阿米达</td></tr>
<tr><td>505年，建设达拉要塞</td></tr>
<tr><td>513—515年，维塔利安（Vitalian）起义</td></tr>
<tr><td colspan="2"></td></tr>
<tr><td>查士丁一世（518—527年在位）</td><td>525年，地震摧毁安条克</td></tr>
<tr><td colspan="2"></td></tr>
</table>

<table>
<tr><td rowspan="12">查士丁尼一世（527—565年在位）</td><td>532年，尼卡起义；与波斯订立“永久”和约</td></tr>
<tr><td>532—537年，建造圣索菲亚教堂</td></tr>
<tr><td>533—534年，贝利撒留征服北非</td></tr>
<tr><td>535—540年，贝利撒留转战意大利</td></tr>
<tr><td>540年，波斯人洗劫安条克</td></tr>
<tr><td>542年，君士坦丁堡流行瘟疫</td></tr>
<tr><td>544—549年，贝利撒留第二次远征意大利</td></tr>
<tr><td>548年，狄奥多拉病逝</td></tr>
<tr><td>552年，纳尔西斯（Narses）在意大利击败托提拉（Totila）</td></tr>
<tr><td>553—554年，第五次（君士坦丁堡）大公会议</td></tr>
<tr><td>559年，库特里古尔斯人（Kutrigurs）入侵色雷斯</td></tr>
<tr><td>562年，与波斯人订立和约</td></tr>
<tr><td colspan="2"></td></tr>
<tr><td rowspan="4">查士丁二世（565—578年在位）</td><td>568年，伦巴德人入侵意大利</td></tr>
<tr><td>572年，波斯战争爆发</td></tr>
<tr><td>574年，提比略被任命为恺撒</td></tr>
<tr><td>577年，斯拉夫人和阿瓦尔人入侵巴尔干半岛</td></tr>
<tr><td colspan="2"></td></tr>
<tr><td rowspan="2">提比略二世（578—582年在位）</td><td>578年，波斯战争再度爆发</td></tr>
<tr><td>582年，阿瓦尔人占领塞尔米乌姆（Sirmium）</td></tr>
<tr><td colspan="2"></td></tr>
<tr><td rowspan="3">莫里斯（582—602年在位）</td><td>587年，斯拉夫人渗透进伯罗奔尼撒半岛</td></tr>
<tr><td>590—591年，库斯罗二世（Khusto Ⅱ）逃往罗马，后被重新扶上王位</td></tr>
<tr><td>602年，巴尔干半岛驻军兵变</td></tr>
<tr><td colspan="2"></td></tr>
</table>

福卡斯（602—610年在位）	603年，波斯战争爆发
	608年，迦太基总督希拉克略反叛
希拉克略（610—641年在位）	614年，波斯军队夺取耶路撒冷
	616年，波斯人入侵埃及
	622年，“徙志”（穆罕默德前往麦地那）
	623年，遭到阿瓦尔人伏击
	626年，阿瓦尔人和波斯人围攻君士坦丁堡
	627年，在尼尼微战役中击溃波斯人
	628年，与波斯人缔结和约
	630年，“真十字架”重回耶路撒冷
	632年，穆罕默德去世
	636年，亚穆克河战役
	638年，阿拉伯人占领耶路撒冷
	640年，阿拉伯人夺取埃及
君士坦丁三世、希拉克略三世和希拉克罗纳斯（641年在位）	641年，瓦伦提努斯获得统治权
君士坦斯二世（641—668年在位）	647年，阿拉伯人入侵小亚细亚
	655年，海战失利
君士坦丁四世（668—685年在位）	671[1]—678年，阿拉伯人封锁君士坦丁堡
	约680年，保加利亚国家建立
	680—681年，第六次（君士坦丁堡）大公会议

[1] 此处以阿拉伯舰队进驻马尔马拉海南岸的基兹库斯作为封锁君士坦丁堡的开端。英文原版正文作670—671年（见本书第109页），编年大事记作671年。据查证，两种说法皆有，故未作统一。

<table>
<tr><td rowspan="2">查士丁尼二世（685—695年在位）
第一统治期</td><td>688—689年，远征塞萨洛尼基</td></tr>
<tr><td>692—693年，在塞巴斯托波利斯（Sebatopolis）为阿拉伯人所击败</td></tr>
<tr><td colspan="2"></td></tr>
<tr><td rowspan="2">利奥提乌斯（695—698年在位）</td><td>695年，耶路撒冷修建圆顶清真寺</td></tr>
<tr><td>697年，阿拉伯人占领迦太基；罗马人曾短暂收复该城</td></tr>
<tr><td colspan="2"></td></tr>
<tr><td>提比略三世（698—705年在位）</td><td>700年，阿拉伯人入侵亚美尼亚</td></tr>
<tr><td colspan="2"></td></tr>
<tr><td>查士丁尼二世（705—711年在位）
第二统治期</td><td>707—708年，阿拉伯人夺取提安纳（Tyana）</td></tr>
<tr><td colspan="2"></td></tr>
<tr><td>菲利皮库斯·巴尔达尼斯
（711—713年在位）</td><td>712年，基督“一志论派”异端东山再起</td></tr>
<tr><td colspan="2"></td></tr>
<tr><td>阿纳斯塔修斯二世（713—715年在位）</td><td>714年，阿拉伯人准备进攻君士坦丁堡</td></tr>
<tr><td colspan="2"></td></tr>
<tr><td>狄奥多西三世（715—717年在位）</td><td>716—717年，阿拉伯人入侵小亚细亚西部地区</td></tr>
<tr><td colspan="2"></td></tr>
<tr><td rowspan="5">利奥三世（717—741年在位）</td><td>717—718年，阿拉伯人围攻君士坦丁堡</td></tr>
<tr><td>718年，西西里叛乱</td></tr>
<tr><td>726或730年，颁布毁坏圣像法令</td></tr>
<tr><td>727年，希腊叛乱；阿拉伯人围攻尼西亚</td></tr>
<tr><td>740年，阿拉伯人在阿克洛伊农（Akroinon）战役中战败；君士坦丁堡严重地震</td></tr>
<tr><td colspan="2"></td></tr>
</table>

君士坦丁五世（741—775年在位）	741—743年，阿塔瓦斯多斯政变篡位 747/748年，瘟疫流行 750年，倭马亚王朝结束；占领梅利泰内（Melitene） 751年，伦巴德人夺取拉韦纳 754年，毁坏圣像派的希厄里亚大公会议；教宗与法兰克王国结盟 756—775年，对保加利亚战争 762年，阿拔斯哈里发曼苏尔（al-Mansur）建立巴格达
利奥四世（775—780年在位）	778年，拜占庭人在盖马尼恰（Germanicea）取得胜利
君士坦丁六世（780—797年在位）	781年，阿拉伯人入侵小亚细亚 787年，第七次大公会议（第二次尼西亚会议）；谴责毁坏圣像派 790年，伊琳妮单独统治 792年，保加利亚人在色雷斯打败拜占庭帝国
伊琳妮（797—802年在位）	800年，查理曼在罗马加冕为帝
尼基弗鲁斯一世（802—811年在位）	805年，拜占庭帝国恢复对伯罗奔尼撒的控制 806年，阿拉伯人进军安卡拉 809年，哈里发哈伦去世 811年，尼基弗鲁斯一世被保加利亚人击溃并杀害
米海尔一世（811—813年在位）	812年，保加利亚人夺取迈森布利亚和德维尔托斯 813年，保加利亚人在亚得里亚堡附近获胜

<table>
<tr><td rowspan="2">“亚美尼亚人”利奥五世
（813—820年在位）</td><td>814年，保加利亚汗王科鲁姆去世</td></tr>
<tr><td>815年，重新实行毁坏圣像政策</td></tr>
<tr><td colspan="2"></td></tr>
<tr><td rowspan="3">“结巴”米海尔二世（820—829年在位）</td><td>821—823年，“斯拉夫人”托马斯叛乱</td></tr>
<tr><td>827年，阿拉伯人开始占领西西里</td></tr>
<tr><td>约827年，阿拉伯人开始占领克里特</td></tr>
<tr><td colspan="2"></td></tr>
<tr><td>狄奥菲鲁斯（829—842年在位）</td><td>838年，阿拉伯人摧毁阿莫利翁和安卡拉</td></tr>
<tr><td colspan="2"></td></tr>
<tr><td rowspan="7">“醉鬼”米海尔三世（842—867年在位）</td><td>843年，最终恢复圣像崇拜</td></tr>
<tr><td>856年，废黜皇后狄奥多拉</td></tr>
<tr><td>858—867年，佛提乌牧首第一任期</td></tr>
<tr><td>860年，罗斯人进攻君士坦丁堡</td></tr>
<tr><td>863年，阿拉伯人在波桑（Poson）战败</td></tr>
<tr><td>约864年，保加利亚人皈依基督教</td></tr>
<tr><td>866年，巴西尔一世刺杀恺撒·巴尔达斯</td></tr>
<tr><td colspan="2"></td></tr>
<tr><td rowspan="4">巴西尔一世（867—886年在位）</td><td>872年，小亚细亚保罗派战败</td></tr>
<tr><td>873年，战胜阿拉伯人</td></tr>
<tr><td>877—886年，佛提乌牧首第二任期</td></tr>
<tr><td>878年，阿拉伯人夺取叙拉古（Syracuse）</td></tr>
<tr><td colspan="2"></td></tr>
<tr><td rowspan="4">利奥六世（886—912年在位）</td><td>894—896年，对保加利亚战争</td></tr>
<tr><td>902年，陶尔米纳（Taormina）陷落</td></tr>
<tr><td>904年，塞萨洛尼基遭到袭击</td></tr>
<tr><td>911—912年，收复克里特的努力失败</td></tr>
<tr><td colspan="2"></td></tr>
<tr><td>亚历山大（Alexander，912—913年在位）</td><td></td></tr>
<tr><td colspan="2"></td></tr>
</table>

皇帝	大事
君士坦丁七世（913—959年在位）	913年，保加利亚汗王西蒙兵临君士坦丁堡城下
	917年，西蒙在安希亚洛斯（Anchialos）取得胜利
	920—944年，罗曼努斯一世·利卡潘努斯任共治皇帝
	923—944年，约翰·库库阿斯（John Kourkouas）取得抗击阿拉伯人战争的胜利
	941年，罗斯人远征君士坦丁堡
	946年，罗斯大公奥尔加皈依基督教
罗曼努斯二世（959—963年在位）	961年，尼基弗鲁斯·福卡斯征服克里特
	962年，奥托一世加冕（神圣罗马帝国）皇帝
尼基弗鲁斯二世·福卡斯（Nikephoros Ⅱ Phokas，963—969年在位）	965年，征服塔尔苏斯；吞并塞浦路斯
	969年，征服安条克和阿勒颇
约翰一世·齐米斯基斯（969—976年在位）	971年，吞并保加利亚东部；击败斯维亚托斯拉夫
	975年，入侵巴勒斯坦
“保加利亚人屠夫”巴西尔二世（Basil Ⅱ Boulgaroktonos，976—1025年在位）	989年，弗拉基米尔受洗
	997年，保加利亚沙皇塞缪尔蹂躏希腊地区；马扎尔人皈依基督教
	1000[1]年，吞并格鲁吉亚君主国
	1001—1018年，征服保加利亚
	1022年，吞并瓦斯普拉坎（Vaspurakan）地区的亚美尼亚王国

[1] 另有说法为1001年。

君士坦丁八世（1025—1028年在位）	
罗曼努斯三世（1028—1034年在位）	1031年，夺取埃德萨
米海尔四世（1034—1041年在位）	1038年，乔治·曼尼亚克斯（George Maniakes）开始收复西西里
	1040年，保加利亚起义
米海尔五世（1041—1042年在位）	
邹伊和狄奥多拉（1042年在位）	
君士坦丁九世（1042—1055年在位）	1043年，罗斯人进攻君士坦丁堡
	1043—1044年，曼尼亚克斯叛乱失败
	1044—1045年，吞并阿尼王国
	1054年，与教宗分裂
狄奥多拉（1055—1056年单独执政）	
米海尔六世（1056—1057年在位）	
伊萨克一世·科穆宁（1057—1059年在位）	1058年，牧首米海尔·克洛拉里奥斯被罢免
君士坦丁十世·杜卡斯（1059—1067年在位）	1061—1091年，诺曼人占领西西里
	1064年，塞尔柱突厥人占领大亚美尼亚
罗曼努斯四世·戴奥真尼斯（1067—1071年在位）	1071年，诺曼人攻陷巴里；拜占庭人在曼济科特战役大败

<table>
<tr><td>米海尔七世・杜卡斯（1071—1078年在位）</td><td>1071—1081年，塞尔柱突厥人占领安纳托利亚高原和耶路撒冷</td></tr>
<tr><td colspan="2"></td></tr>
<tr><td>尼基弗鲁斯三世（1078—1081年在位）</td><td>1078年，与尼基弗鲁斯・布里恩尼奥斯（Nikephoros Bryennios）和其他人发生内战</td></tr>
<tr><td colspan="2"></td></tr>
<tr><td rowspan="5">阿莱克修斯一世・科穆宁
（1081—1118年在位）</td><td>1082年，诺曼人占领希腊西北地区；授予威尼斯贸易特权</td></tr>
<tr><td>1091年，帕臣涅格人战败</td></tr>
<tr><td>1097年，第一次十字军通过（拜占庭疆域）</td></tr>
<tr><td>1099年，法兰克人建立耶路撒冷王国</td></tr>
<tr><td>1108年，击败伯厄蒙德</td></tr>
<tr><td colspan="2"></td></tr>
<tr><td rowspan="3">约翰二世・科穆宁（1118—1143年在位）</td><td>1122—1126年，与威尼斯开战</td></tr>
<tr><td>1127年，与匈牙利开战</td></tr>
<tr><td>1137年，吞并安条克</td></tr>
<tr><td colspan="2"></td></tr>
<tr><td rowspan="6">曼努埃尔一世・科穆宁
（1143—1180年在位）</td><td>1147—1149年，第二次十字军东征</td></tr>
<tr><td>1152—1154年，与匈牙利开战</td></tr>
<tr><td>1159年，入侵安条克</td></tr>
<tr><td>1171年，君士坦丁堡的威尼斯人被逮捕</td></tr>
<tr><td>1176年，在密列奥塞法隆（Myriokephalon）战役中被突厥人击败</td></tr>
<tr><td>1180年，斯特凡・内马尼亚（Stephen Nemanja）建立塞尔维亚君主制</td></tr>
<tr><td colspan="2"></td></tr>
<tr><td>阿莱克修斯二世（1180—1183年在位）</td><td>1182年，君士坦丁堡的拉丁人遭到屠杀</td></tr>
<tr><td colspan="2"></td></tr>
<tr><td rowspan="2">安德罗尼卡一世・科穆宁
（1183—1185年在位）</td><td>1184年，伊萨克・科穆宁自立为塞浦路斯君主</td></tr>
<tr><td>1185年，诺曼人占领塞萨洛尼基</td></tr>
<tr><td colspan="2"></td></tr>
</table>

伊萨克二世（1185—1195年在位） 第一统治期	1186年，保加利亚独立
	1187年，萨拉丁夺取耶路撒冷
	1189—1192年，第三次十字军东征
	1191年，英格兰国王理查一世占领塞浦路斯
阿莱克修斯三世（1195—1203年在位）	1201—1204年，第四次十字军东征
伊萨克二世（1203—1204年在位） 第二统治期	
阿莱克修斯四世为共治皇帝	1204年，阿莱克修斯·科穆宁建立特拉布宗帝国
阿莱克修斯五世·杜卡斯（1204年在位）	1204年，君士坦丁堡被十字军骑士攻陷
君士坦丁堡的拉丁帝国	
佛兰德斯的鲍德温（1204—1205年在位）	
亨利·佛兰德斯（1206—1216年在位）	
库特奈的彼得（Peter of Courtenay，1217年在位）	
尤兰德（Yolande，1217—1219年在位）	
库特奈的罗伯特二世（Robert Ⅱ of Courtenay，1221—1228年在位）	
鲍德温二世（1228—1261年在位）	
布列讷的约翰，摄政王（John of Brienne，1229—1237年在位）	
尼西亚的希腊帝国	
狄奥多尔一世·拉斯卡利斯（1208—1221年在位）	1219年，创立塞尔维亚人独立教会；狄奥多尔与威尼斯议和

约翰三世·杜卡斯·瓦塔特泽斯（1221—1254年在位）	1222年，蒙古人出现在欧洲
	1235年，牧首日耳曼努斯二世（Germanos Ⅱ）任命保加利亚教会牧首
	1240年，蒙古人摧毁基辅
	1246年，夺取塞萨洛尼基
狄奥多尔二世·拉斯卡利斯（1254—1258年在位）	1254年，马穆鲁克突厥苏丹国在埃及建立
	1258年，蒙古人摧毁巴格达
约翰四世·杜卡斯（1258—1261年在位）	
米海尔八世·帕列奥列格（1259—1261年在位）	1259年，佩拉岗尼亚（Pelagonia）战役
	1261年，君士坦丁堡的拉丁帝国统治结束
君士坦丁堡的希腊帝国	
米海尔八世·帕列奥列格（1261—1282年在位）	1269年，拜占庭吞并米斯特拉斯
	1274年，里昂第二次大公会议；米海尔屈服于罗马
	1281年，西西里晚祷起义
安德罗尼卡二世（1282—1328年在位）	1282年，塞尔维亚人占领斯科普里
	1302年，奥斯曼人在巴弗斯击败拜占庭军队
	1303年，呼吁加泰罗尼亚雇佣军团援助
	1308年，奥斯曼土耳其人进入欧洲
	1321—1328年，与安德罗尼卡三世之间的内战
	1326年，奥斯曼土耳其军队占领普鲁萨

安德罗尼卡三世（1328—1341年在位）	1331年，奥斯曼土耳其人占领尼西亚
	1331—1355年，塞尔维亚君主斯特凡·杜尚统治
	1332年，安德罗尼卡二世去世；狄奥多尔·梅托奇提斯去世
	1337年，奥斯曼土耳其人占领尼科米底亚
约翰五世（1341—1354年在位） 第一统治期	1341—1347年，内战
	1347—1354年，与约翰六世共同统治
	1351年，君士坦丁堡大公会议批准“静默派”
	1354年，奥斯曼土耳其人占领加利波利；与约翰六世之间的内战
约翰五世（1354—1376年在位） 第二统治期	1354—1357年，与马修·坎塔库泽努斯之间的内战
	1355年，塞尔维亚人控制希腊大部分地区
	1369年，奥斯曼土耳其人夺取亚得里亚堡；向罗马屈服
	1371年，塞尔维亚人在切尔门战役中被土耳其人击败
	1371/1372年，成为穆拉德一世的臣属
安德罗尼卡四世（1376—1379年在位）	1376—1379年，内战
约翰五世（1379—1391年在位） 第三统治期	1387年，奥斯曼土耳其人占领塞萨洛尼基
	1389年，塞尔维亚人在科索沃战役中大败；巴耶塞特一世即位
约翰七世·帕列奥列格（1390年在位）	

<table>
<tr><td rowspan="9">曼努埃尔二世（1391—1425年在位）</td><td>1393年，土耳其人征服塞萨利和保加利亚</td></tr>
<tr><td>1394年，否认对巴耶塞特的臣属</td></tr>
<tr><td>1396年，十字军在尼科波利斯战败</td></tr>
<tr><td>1397—1403年，巴耶塞特一世围困君士坦丁堡</td></tr>
<tr><td>1399—1403年，游历欧洲</td></tr>
<tr><td>1402年，帖木儿在安卡拉击败土耳其人</td></tr>
<tr><td>1403—1413年，土耳其内战</td></tr>
<tr><td>1422年，穆拉德二世围困君士坦丁堡</td></tr>
<tr><td>1424年，再次臣属于土耳其人</td></tr>
<tr><td colspan="2"></td></tr>
<tr><td rowspan="3">约翰八世（1425—1448年在位）</td><td>1430年，土耳其人再次夺取塞萨洛尼基</td></tr>
<tr><td>1438—1439年，费拉拉-佛罗伦萨大公会议</td></tr>
<tr><td>1444年，十字军在瓦尔纳战败</td></tr>
<tr><td colspan="2"></td></tr>
<tr><td rowspan="3">君士坦丁十一世（1449—1453年在位）</td><td>1451年，穆罕默德二世即位</td></tr>
<tr><td>1452年，穆罕默德二世修建鲁米利亚城堡（Rumeli Hisarı，“割喉之刃”）；庆祝与罗马（教会）统一</td></tr>
<tr><td>1453年，君士坦丁堡陷落</td></tr>
<tr><td colspan="2"></td></tr>
<tr><td colspan="2">1460年，土耳其人占领米斯特拉斯</td></tr>
<tr><td colspan="2">1461年，特拉布宗陷落</td></tr>
</table>

读客®

激发个人成长

多年以来，千千万万有经验的读者，都会定期查看熊猫君家的最新书目，挑选满足自己成长需求的新书。

读客图书以“激发个人成长”为使命，在以下三个方面为您精选优质图书：

1. 精神成长

熊猫君家精彩绝伦的小说文库和人文类图书，帮助你成为永远充满梦想、勇气和爱的人！

2. 知识结构成长

熊猫君家的历史类、社科类图书，帮助你了解从宇宙诞生、文明演变直至今日世界之形成的方方面面。

3. 工作技能成长

熊猫君家的经管类、家教类图书，指引你更好地工作、更有效率地生活，减少人生中的烦恼。

每一本读客图书都轻松好读，精彩绝伦，充满无穷阅读乐趣！

认准读客熊猫

读客所有图书，在书脊、腰封、封底和前后勒口都有“**读客熊猫**”标志。

两步帮你快速找到读客图书

1. 找读客熊猫

2. 找黑白格子